認識的モダリティと推論

ひつじ研究叢書〈言語編〉

第 82 巻　意志表現を中心とした日本語モダリティの通時的研究　　　土岐留美江 著
第 83 巻　英語研究の次世代に向けて　　　吉波弘・中澤和夫・武内信一・外池滋生
　　　　　　　　　　　　　　　　　　　　　川端朋広・野村忠央・山本史歩子 編
第 84 巻　接尾辞「げ」と助動詞「そうだ」の通時的研究　　　　　　漆谷広樹 著
第 85 巻　複合辞からみた日本語文法の研究　　　　　　　　　　　　　田中寛 著
第 86 巻　現代日本語における外来語の量的推移に関する研究　　　　橋本和佳 著
第 87 巻　中古語過去・完了表現の研究　　　　　　　　　　　　　　井島正博 著
第 88 巻　法コンテキストの言語理論　　　　　　　　　　　　　　　堀田秀吾 著
第 89 巻　日本語形態の諸問題　　　　　　　　　　　須田淳一・新居田純野 編
第 90 巻　語形成から見た日本語文法史　　　　　　　　　　　　　　青木博史 著
第 91 巻　コーパス分析に基づく認知言語学的構文研究　　　　　　　　李在鎬 著
第 92 巻　バントゥ諸語分岐史の研究　　　　　　　　　　　　　　　湯川恭敏 著
第 93 巻　現代日本語における進行中の変化の研究　　　　　　　　　新野直哉 著
第 95 巻　形態論と統語論の相互作用　　　　　　　　　　　　　　　塚本秀樹 著
第 97 巻　日本語音韻史の研究　　　　　　　　　　　　　　　　　　高山倫明 著
第 98 巻　文化の観点から見た文法の日英対照　　　　　　　　　　宗宮喜代子 著
第 99 巻　日本語と韓国語の「ほめ」に関する対照研究　　　　　　　　金庚芬 著
第 100 巻　日本語の「主題」　　　　　　　　　　　　　　　　　　　堀川智也 著
第 101 巻　日本語の品詞体系とその周辺　　　　　　　　　　　　　村木新次郎 著
第 103 巻　場所の言語学　　　　　　　　　　　　　　　　　　　　　岡智之 著
第 104 巻　文法化と構文化　　　　　　　　　　　　　　　秋元実治・前田満 編
第 105 巻　新方言の動態 30 年の研究　　　　　　　　　　　　　　　佐藤髙司 著
第 107 巻　認識的モダリティと推論　　　　　　　　　　　　　　　木下りか 著

ひつじ研究叢書
〈言語編〉
第107巻

認識的モダリティと推論

木下りか 著

ひつじ書房

目　次

第 1 章　はじめに ... 1
1. 問題の所在 ... 1
2. 考察対象設定の問題 ... 4
   - 2.1 多義的な意味を持つ形式 ... 5
   - 2.2 認識的モダリティ形式の範囲 ... 6
3. 認識的モダリティと非現実世界 ... 7
   - 3.1 作用面・対象面 ... 8
   - 3.2 非現実世界の蓋然的特徴 ... 12
4. 非現実世界への接近と推論 ... 15
   - 4.1 証拠性 ... 16
   - 4.2 英語法助動詞の分析 ... 18
5. 分析の枠組みとしての推論と推論の多義的解釈 ... 22
   - 5.1 論理的妥当性 ... 23
   - 5.2 認識の手掛かりと結果との異質性 ... 24
   - 5.3 根拠の明示性 ... 27
   - 5.4 何らかの根拠の存在 ... 28
6. 本研究の構成と概要 ... 30
   - 6.1 第 1 章のまとめ ... 30
   - 6.2 第 2 章以降の構成 ... 31

第 2 章　認識的モダリティ分析の視点 ... 35
1. はじめに ... 35
2. 証拠性・蓋然性・主観表現 ... 36
   - 2.1 証拠に基づく認識 ... 37
   - 2.2 「はずだ」の位置付け ... 39
   - 2.3 「だろう」の主観性 ... 40
3. 根拠と帰結との関係に関する特徴 ... 42
   - 3.1 演繹推論・帰納推論 ... 44
     - 3.1.1 推論の妥当性 ... 44
     - 3.1.2 演繹・帰納と話者の捉え方 ... 47

3.2	異なる認知領域	50
3.3	隣接関係・類似関係・含有関係	51
3.4	日常言語の推論と論理学における推論	53
4. 推論の帰結（認識内容）に関する特徴		54
4.1	可能性・必然性・蓋然性	54
4.2	変化可能性	56
5. おわりに　分析の枠組みとしての推論の諸特徴		58

第3章　証拠に基づく認識　63

1. はじめに　63
2. 証拠に基づく認識　65
3. 証拠と content domain における含意関係　68
 3.1 「広義因果関係」と認知領域　69
 3.2 「広義因果関係：pならばq」の操作的定義　71
4. 「広義因果関係」における原因推論と証拠　74
 4.1 原因pの「推論」と証拠　74
 4.2 演繹推論・帰納推論　77
 4.3 蓋然性の出所と唯一の原因　80
5. 「広義因果関係」の原因推論と日常語としての証拠　82
6. 証拠に基づく認識と既定性　84
 6.1 既定性　84
 6.2 「広義因果関係」の原因推論と既定性　86
7. おわりに　88

第4章　「広義因果関係」をさかのぼる二つの推論　91

1. はじめに　91
2. 「広義因果関係」の二つの捉え方　96
 2.1 捉え方の相違　96
 2.2 「ようだ」と「全体的類似性」の認識　97
3. 「広義因果関係」をさかのぼる推論との整合性　100
 3.1 問題の所在　100
 3.2 「広義因果関係」と「カテゴリー帰属（志向的）認識」　102
 3.3 「原因・結果」と「カテゴリー帰属（志向的）認識」　103
4. 「広義因果関係」の捉え方と全体・部分　105
 4.1 曖昧な感覚の言語化　105
 4.2 内包の全体と部分　106

5. 二つの捉え方と表現の差異　　　　　　　　　108
　　　5.1 認識内容に対する責任　　　　　　　　　109
　　　5.2 伝聞表現との親和性　　　　　　　　　　111
　　　5.3 描写性　　　　　　　　　　　　　　　　113
　　　5.4 聞き手への配慮　　　　　　　　　　　　116
　6.「ようだ」「らしい」共通性の基盤　　　　　117
　　　6.1 本体把握　　　　　　　　　　　　　　　117
　　　6.2 客観的な事実に基づく認識　　　　　　　121
　7. おわりに　　　　　　　　　　　　　　　　　123

第5章 「ようだ」の多義的な意味の広がりとカテゴリー帰属認識　　127

　1. はじめに　　　　　　　　　　　　　　　　　127
　2. 非対称性・修辞性　　　　　　　　　　　　　127
　3.「全体的類似性」の認識と個人の容貌　　　　129
　　　3.1 個人の容貌との類似性　　　　　　　　　129
　　　3.2 カテゴリーの創造を可能とする類似性　　132
　　　　3.2.1 個人の容貌の指示機能　　　　　　　132
　　　　3.2.2「カテゴリー帰属（志向的）認識」　133
　4.「全体的類似性」の認識を表すことを示す事実　135
　　　4.1 顕著な特徴を持つ有名人の容貌との類似性　135
　　　4.2 想像上のモノとの類似性　　　　　　　　136
　　　4.3 類似度の表示　　　　　　　　　　　　　137
　5.「部分的類似性」と認識的モダリティ　　　　138
　6. おわりに　　　　　　　　　　　　　　　　　140

第6章 隣接関係を用いたメトニミー的推論　143

　1. はじめに　　　　　　　　　　　　　　　　　143
　2. 推論過程の特徴　　　　　　　　　　　　　　146
　　　2.1 動的な事態　　　　　　　　　　　　　　147
　　　2.2 状態　　　　　　　　　　　　　　　　　148
　　　　2.2.1 状態の分類　　　　　　　　　　　　148
　　　　2.2.2 本来確認不可能な状態　　　　　　　150
　　　　2.2.3 知覚可能な状態　　　　　　　　　　151
　3. 隣接関係とメトニミー的推論　　　　　　　　154
　　　3.1 隣接関係と全体・部分　　　　　　　　　155
　　　3.2 ひとまとまり性　　　　　　　　　　　　158

3.3 「そうだ」と隣接関係　　　　　　　　　　160
　　4. 高次認識　　　　　　　　　　　　　　　　　161
　　　　4.1 高次認識と全体・部分　　　　　　　　　161
　　　　4.2 全体から部分へ向かう推論　　　　　　　163
　　　　4.3 能力についての認識と三種類の解釈　　　164
　　5. 「そうだ」の知識　　　　　　　　　　　　　165
　　6. 未確認のニュアンスの出現　　　　　　　　　166
　　7. 証拠に基づく認識と「そうだ」　　　　　　　169
　　8. おわりに　　　　　　　　　　　　　　　　　172

第7章　日常言語の推論における暗黙の前提　　　　　175
　　1. はじめに　　　　　　　　　　　　　　　　　175
　　2. 演繹推論　　　　　　　　　　　　　　　　　176
　　3. 日常言語の推論と「前提E」　　　　　　　　177
　　　　3.1 「前提E」　　　　　　　　　　　　　　177
　　　　3.2 論理的推論と現実との乖離　　　　　　　179
　　　　　　3.2.1 例外的な事態　　　　　　　　　　179
　　　　　　3.2.2 仮定的推論　　　　　　　　　　　182
　　　　3.3 蓋然性を表す理由　　　　　　　　　　　185
　　4. おわりに　　　　　　　　　　　　　　　　　186

第8章　根拠の非明示性と推論の方向性　　　　　　189
　　1. はじめに　　　　　　　　　　　　　　　　　189
　　2. 可能性と確信　　　　　　　　　　　　　　　190
　　　　2.1 可能性の高低　　　　　　　　　　　　　190
　　　　2.2 可能性の存在・確信　　　　　　　　　　191
　　3. 「可能性」と「必然性」　　　　　　　　　　193
　　4. 「認識結果重視型」・「原因探索型」の原因推論　195
　　　　4.1 「広義因果関係」と原因／結果の推論　　195
　　　　4.2 「認識結果重視型」・「原因探索型」　　197
　　5. 二つの原因推論と原因推論表示の適否　　　　199
　　　　5.1 「かもしれない」と二つの原因推論　　　200
　　　　5.2 「認識結果重視型」原因推論の成立条件　202
　　　　　　5.2.1 疑問の答　　　　　　　　　　　　202
　　　　　　5.2.2 根拠と帰結の関係表示　　　　　　204
　　　　　　5.2.3 名詞に後続する場合　　　　　　　205
　　　　5.3 「にちがいない」と二つの原因推論　　　207

		6. 論理の飛躍　　　　　　　　　　　　　　　　　　208
			6.1 「かもしれない」と論理の飛躍　　　　　　208
			6.2 「にちがいない」と論理の飛躍　　　　　　209
		7. おわりに　　　　　　　　　　　　　　　　　　213

第9章 非現実世界の蓋然的特徴と主観性　　　　　　　　215
	1. はじめに　　　　　　　　　　　　　　　　　　　215
	2. 談話現場における判断形成過程　　　　　　　　　216
	3. 非現実世界の変化可能性　　　　　　　　　　　　219
	4. 認識的モダリティ形式と主観性　　　　　　　　　221
		4.1 「だろう」と主観性　　　　　　　　　　　　221
		4.2 認識的モダリティ形式と否定形・過去形　　　222
			4.2.1 否定形・過去形と主観性の三段階　　　222
			4.2.2 「段階1」・「段階2」　　　　　　　　　225
			4.2.3 「段階2」・「段階3」　　　　　　　　　226
		4.3 「かもしれない」と客観性／一般性　　　　　229
	5. 「だろう」と推論の方向性　　　　　　　　　　　232
		5.1 「だろう」と「原因探索型」の原因推論　　　232
		5.2 「だろう」と論理の飛躍　　　　　　　　　　234
	6. 「だろう」の主観性と多義性　　　　　　　　　　235
		6.1 認識と情報領域　　　　　　　　　　　　　　235
		6.2 多義性と意味拡張の動機　　　　　　　　　　237
	7. おわりに　　　　　　　　　　　　　　　　　　　241

第10章 おわりに　　　　　　　　　　　　　　　　　　245
	1. 総括　　　　　　　　　　　　　　　　　　　　　245
	2. 分析の視点と認識的モダリティとしての各形式の意味　247
		2.1 推論という枠組みから得られる視点　　　　　247
		2.2 演繹推論・帰納推論（視点1）　　　　　　　249
		2.3 推論の知識（視点2・視点3）　　　　　　　250
		2.4 推論における例外の排除（視点4）　　　　　253
		2.5 可能性と必然性（視点5）　　　　　　　　　254
		2.6 非現実世界の「変化可能性」（視点6）　　　254
		2.7 蓋然性　　　　　　　　　　　　　　　　　　255

3. 推論の諸特徴から見た形式間の類似性　255
　4. 本書の意義と今後の課題　257

　参考文献　261

　あとがき　271

　索引　273

第 1 章
はじめに

1. 問題の所在

　我々の身の周りには現実と呼べる世界が広がっている。周囲の景色、昨日の自分の行動は、紛れもない現実と呼べるだろう。同時に、非現実と呼べる世界も広がっている。明日の天気や将来の自分など、未来の世界は非現実的である。認識的な意味で世界を分け、確実な認識が及ばない世界を非現実世界と呼ぶことにすれば、それは未来の出来事に限らない。他人の過去や、山の向こうの今の天気は、実現済という意味では現実である。しかし、認識が十分に及ばないという意味で言うならば、非現実的である。

　このように、我々の周囲には、認識的な意味での非現実世界が広がっている。しかし、認識上の現実を超えて何かを予測・推測し、それを言語化することは、頻繁に行われる。知らない世界（非現実世界）について認識を広げることは、生きる智恵でもあるのだろう。

　本研究は、非現実世界についての認識を表す形式を認識的モダリティ形式と呼び、次の（1）の形式の意味を分析する。非現実世界の認識の多様なあり方がこれらの形式の中にどのように塗り込められているのか、そのさまを記述することが目的である。

　（1）ようだ、らしい、（し）そうだ、はずだ、かもしれない、
　　　にちがいない、だろう

　認識的モダリティについては、豊かな考察の蓄積がある。多くの言語事実が見出され、さまざまな意味記述が提案されてきた。つまり、（1）に示した諸形式の意味は、繰り返し検討されてきたわけである。それらの考察を通して我々がすでに手にしている数多の知見を前にすれば、本研究全体の貢献について、まずは述べる必要があるだろう。

本研究の意義は、推論という枠組みを設定し、分析を行う点にある。すなわち、非現実世界の認識に、何らかの手掛かりが関わると仮定する。分析を貫くのは、認識の手掛かり（根拠）と認識内容（帰結）との関係が如何なるものか、という視点である。

　しかし、推論ということばからは、日常の言語使用とは乖離した過度の形式化が連想されやすい。では、なぜ推論という視点を据えるのか。その意義は大きく分けて、以下の三点にある。

(2) (i) 推論という視点から見ることで、各形式の新たな意味特徴が発見できる。
　　(ii) 意味記述に用いるメタ言語相互の意味関係が、推論という枠組みの中で明示的になる。
　　(iii) 推論に関して一般に認められてきた概念と、認識的モダリティ形式の意味との関係を探る視点が得られる。

　まず(i)から見ていこう。推論とは無縁であると従来考えられてきた形式についても、推論という観点から見れば何らかの特徴が見出せる。認識的モダリティ形式には、「はずだ」のように、常に推論との関わりが指摘されてきた形式がある一方、「だろう」のように、推論との関連が指摘されることがほとんどない形式もある。それでも、「だろう」は推論について何の特徴も示さないわけではなく、原因について推論されたことを表示するのに適さないという傾向を持つ。たとえば、帰宅時に玄関に見慣れない靴を発見したとしよう。その状況を踏まえて、「誰か来ている」と原因を推定したときには、「だろう」ではなく、「のだろう」のほうが選択されやすい。この特徴は、推論という枠組みの中で観察することによって、はじめて見えてくる。そして、その特徴を「だろう」の意味から説明することは可能かという問いが、検討されるべき課題として浮かび上がってくる。

　推論という枠組みを設定する意義の二点目(ii)は、メタ言語の概念の明示化にある。メタ言語の選定と概念規定は、意味記述の難題である。認識的モダリティの意味記述のためにこれまでに選定されてきたメタ言語も、各形式の意味特徴をそれぞれに妥当性を持って捉えている。しかし、推測、想像など、その多くは概念規定が不

要と言うには抽象的であり、概念規定がなされている場合にも、その輪郭をさらに明確にするという課題設定の余地がある。

　メタ言語の問題はこれだけではない。意味記述の際、当該の語の比較対象の選択が変わることによって、メタ言語の概念にずれが生じる場合がある。本研究が分析の枠組みとする推論という語にも、使用の都度、微妙なずれが生じている。「らしい」は「ようだ」と比べた場合、推論過程を経る点が特徴的であると指摘されることがある（菊地2000a）。しかし「はずだ」と比較すると、今度は「はずだ」こそが推論の結果を表示するとされることがある（三宅2006）。つまり、「らしい」は比較対象が変わることで、推論の結果を表示するとも、しないともされる。推論という概念がそれぞれ異なると考えざるを得ない。

　推論という枠組みを設定すれば、その中でメタ言語の概念規定がなされ、このような問題は解決する可能性がある。むろん、その場合、枠組みとしての推論そのものの特徴が、まず明らかにされなければならない。これは、本章第4節ならびに第5節の課題である。

　推論という枠組みを設定する意義として最後にあげられる（iii）は、普遍的概念との接点を考える契機が与えられることである。推論をめぐる論理学の歴史は古い。論理学云々を持ち出さなくとも、推論に演繹推論と帰納推論があることは、一般によく知られている。このような推論の基本的な特徴と、認識的モダリティとは関係があるのではないか。

　言語に反映されている推論は、むろん、厳密さを欠く日常の推論である。論理学における妥当な推論は「遅く、コントロールされ、意識的で、脱文脈的なプロセス」（服部2010: 27）であり、日常の推論はそうではない。日常的に非現実世界について認識する度に（たとえば明日の天気について考える度に）、「遅くコントロールされた」緻密な推論を行っているとは考え難い。また、それは脱文脈的ではあり得ない。

　しかし、本研究が演繹推論、帰納推論等々の用語を援用する際、論理学の厳密性を意味するわけではない。本研究なりに修正を加え、再定義する。この点については、第2章（「認識的モダリティ分析

の視点」）で述べる。

　認識的モダリティとの接点が考えられる一般的な概念は、論理学の基本概念だけではない。推論を枠組みとして設定すれば当然、根拠と帰結との「関係」が問題になる。従来、人間の認識・思考に関わるとされてきた「関係」には、レトリックにおける喩えるものと喩えられるものとの関係もある。この中に、認識的モダリティを特徴付ける「関係」があるのではないか。

　むろん、意味記述は、普遍性の高い概念に依ることを必然とするわけではない。しかし、非現実世界の認識を表す形式に人間の認識・思考に広く見られる特徴が反映している、と考えるのは自然であるとも言える。普遍的概念との接点を探るという分析態度は、認知言語学の基本的考え方、すなわち「言語専用の能力を仮定するのではなく、言語以外においても広く重要な役割を果たす一般的な認知能力が、私たちの言語習得・使用の基盤となっているという考え方」（籾山 2010: 1）に繋がる。推論という枠組みは、普遍性の高い概念を用いた意味記述の可能性を検討する土台を提供してくれる。

　以下、本章では、まず（1）に示した分析対象に限定を加えて考察範囲を明らかにし、その上で、分析の枠組みとなる推論の概念規定を行う。次の各節で、本研究の立場を示すことになる。

（3）　第2節：考察対象の範囲を明らかにする。
　　　第3節：認識的モダリティを定義し、確言／断言を表す確言形を含めるか、という観点からその特徴を明らかにする。
　　　第4節、第5節：分析の枠組みとなる推論の概念規定を行う。

2. 考察対象設定の問題

　本研究の考察対象は、（1）に示したとおりである。これについて以下の二点、補足を行う。

（4）（i）　考察対象とする形式には、多義的な意味の広がりを見せるものがあるが、本研究が扱うのは、認識的モダリ

ティの用法に限られている。したがって、(1)の諸形式を認識的モダリティ形式と呼ぶとき、それは、各形式が認識的モダリティとしての用法しか持たないことを意味するのではない。　　　　　　　　　(2.1節)
(ii) 考察対象とする形式は、認識的モダリティ形式の一部である。　　　　　　　　　　　　　　　　　　　　(2.2節)

2.1　多義的な意味を持つ形式

　考察対象の中には、多義的な意味の広がりを見せる形式がある。次の例 (5) は「直喩」の例であるが、この場合の「ようだ」は、「あの人」が「花」と共通する属性（美しさ、華やかさなど）を持つことを表しており、本当に花であるかどうかを問題にしているのではない。また、次の例 (6) は「典型」と呼ばれる用法であり、この場合の「らしい」は「太郎君」が典型的な「男」が所有すると思われている属性（強さ、潔さなど）を持つことを表している。

(5) あの人は花のようだ。　　　　　　　　　　　〔直喩〕
(6) 太郎君は男らしい。　　　　　　　　　　　　〔典型〕

　この他にも、「はずだ」は例 (7) に示すように、ある事態が生じている原因を発見し、なぜその事態が起こっているのか「納得」したことを表す用法を持つ。また、例 (8) の「だろう」は、聞き手に確認を求める「確認要求」を表している。

(7)（クーラーが切れているのに気がついて）
　　道理で暑いはずだ。　　　　　　　　　　　　〔納得〕
(8) ほら、おいしいだろう。　　　　　　　　　〔確認要求〕

　他に「婉曲」の用法もある。次例で述べられているのは認識上の現実、すなわち話者が知っている事態である。認識的モダリティ形式はそれを直接的に述べることを回避するために、用いられている。

(9) あなたの言うとおりかもしれないが、無理なものは無理だ。
(10) もう会議がはじまるようですね。
(11) 社長は、このごろ体調が悪いらしいですね。
(12) あなたは岡山出身だと言うけれど、あの人は広島出身のはずですよ。

第1章　はじめに　　5

多義的意味の広がりは、これだけではない。連体修飾節の中ではさらに用法が広がり、次例に示すように、「ようだ」は例示機能を持ち得る。

(13)太郎君のような秀才には、ぼくの気持ちはわからないよ。
〔例示〕

このような多義的意味について考えることは、言うまでもなく重要である。認識的モダリティの用法のみを見ているときには見えない意味の本質に迫れることも多い。実際、「ようだ」については「直喩」の用法（例（5））を視野に入れることで、類似性という概念が意味記述上、重要な役割を果たす可能性が見えてきた（森山1995a）。ある語について、多義を包括する基本的な意味の把握が可能となれば、認識的モダリティとして当該の語が持つ意味は、文脈の影響を受けて出現した意味に格下げされることもあり得る。

本研究も多義性に目配りをする。しかし、その範囲は限定的である。多義性を考察対象に含めてさらに厳密な記述を目指せば、別義の意味分野内の対立を考察する必要が生じ、考察対象は広がり続ける。たとえば、「直喩」を表すのは「ようだ」だけではない。例（14）では、「同然だ」が直喩表現として用いられている。同様に、「確認要求」を表すのは「だろう」だけではない。例（15）では、「よね」が「確認要求」と呼べそうな意味を表している。これらを含めれば、考察対象は留まるところを知らず拡大する。

(14)彼はロバ同然だ。　　　　　　　　　　　　　　〔直喩〕
(15)今日は水曜日だよね。　　　　　　　　　　　〔確認要求〕

本研究の考察対象は、非現実世界の認識を表現する手段としての（1）の諸形式である。軸足はあくまでもそこに置きつつ、各形式の多義性に可能な限り目配りをする。しかし、言及できるのは、以下の用法に限定されている。

(16)この柘榴はルビーのようだ。　　　　　　　　　〔直喩〕
(17)君も食べるだろう。　　　　　　　　　　　　　〔確認要求〕

2.2　認識的モダリティ形式の範囲

考察対象について補足すべき二点目は、（1）の形式が認識的モ

ダリティを表す形式の一部にすぎない、ということである。(1)の他にたとえば次例に示す「まい」も、「明日は晴れる」という非現実事態についての認識を表している。

(18) 明日は晴れるまい。

認識的モダリティはまた、副詞（例（19））、動詞（例（20）（21））*1、名詞を含む表現（例（22））、さらには否定疑問文（例（23））などによっても表される。

(19) きっと明日は雨になる。
(20) 明日は雨になるト思ワレル／ト思エル／ト考エル／ト考エラレル／ト判断サレル／ト想像サレル／ト予想サレル／ト感ジル／ト見エル／ト見ラレル。　　　［仁田1989 例（113）］
(21) 明日は雨になるト言エル／ト言ッテヨイ。

［仁田1989 例（114）］

(22) 明日は雨になる見込みだ／見通しだ／可能性がある／見込みがある／恐れがある。
(23) 明日は雨になるのではないか／のではないだろうか。

これらの間には、さまざまな品詞の違いを越え、非現実事態の認識を表示するという共通性が見て取れる。しかし、本研究の考察対象には含まれていない。

以上のように、本研究は（1）に示した形式を認識的モダリティ形式と呼び、これらが認識的モダリティを表す場合について考察を行う。多義的意味の広がりも考察対象に含めるが、限定的なものとなる。本研究における認識的モダリティ形式という用語は、認識的モダリティを表す形式がこれのみだということでも、逆に、これらの形式が認識的モダリティしか表さないということでもない。

3. 認識的モダリティと非現実世界

本節では認識的モダリティの概念規定を行い、そこに確言形で表される確言的／断言的世界を含めるか、という問題について本研究の立場を示す。

(24)(i) 認識的モダリティを非現実世界の認識と定義する。
(3.1節)
(ii) この立場から見れば、確言形は現実世界を表示することになり、認識的モダリティ形式の中には含まれない。
(3.2節)

3.1　作用面・対象面

認識的モダリティを非現実世界の表示と見る立場がある*2（尾上2001、ナロック2002、益岡2002、黒滝2005など）。これに対し、認識的モダリティや策動的モダリティを含む広い意味分野を、主観表現と見る見方もある（仁田1989, 1991、益岡1991など）。

これら二つの捉え方は、完全に矛盾するわけではない。認識に認められる二側面のうち、どちらに軸足を置くかの相違だと考えられる。工藤浩（2000: 181）では、叙法（modality）あるいは叙法性（mood）の性格付けに、「〈文のことがら的内容に対する話し手の（心的態度）〉といった主体的・作用的な側面」から見る立場と、「〈文のことがら的内容と現実との関係〉とか〈主語と述語との関係のありかた〉といった客体的・対象的な側面で性格づける立場」とがあることが指摘されている。そして、「対象面、作用面どちらかにかたよるにしても、この二面性は同居し得る」（工藤浩2000: 183）とされ、このことが具体例に即し、次のように解説されている。

> たとえば、「彼も行くらしい」という文において、ラシイと推定しているのは誰かと問えば、それは話し手である（主体の作用面）し、行くラシイという蓋然的な状態の主は何（誰）かと問えば、それは「彼（も）」である（客体の対象面）。つまり、「らしい」は、前者・作用面から見れば〈話し手の推定的な態度〉であり、後者・対象面から見れば〈一定の蓋然的な状態〉、くだいて言えば、「彼（も）行く」ということがら内容が、現実との関係において一定の蓋然性（ラシサ）をもっていることを意味している。
> 　　　　　　　　　　　　　　　　　　　　　［工藤浩2000: 183］

この二側面を、推論という枠組みの中で見るならば、「客体的・

対象的」側面は、認識内容（帰結）と手掛かり（根拠）との関係や、認識内容（帰結）そのものの特徴であり、「主体的・作用的」側面は、認識者の存在だと言える。

(25)「客体的・対象的」側面 ─┬─ 認識内容（帰結）と手掛かり
　　　　　　　　　　　　　　　（根拠）との関係
　　　　　　　　　　　　　　└─ 認識内容（帰結）

　　「主体的・作用的」側面 ─── 認識者が当該の認識をすること

　ここで言う認識者とは、基本的に発話時の発話者のことである。認識内容を知り得、それについて述べる（発話する）ことができるのは、通常発話時の話者だからである。たしかに、認識的モダリティ形式の中には、過去形になるものもあり、発話時の認識を表すという制約をどの程度強く受けるかは形式による。この点については、第9章で考察を行うことにする。

　認識的モダリティの定義に関する二つの立場、すなわち、非現実世界の表示と見る見方と主観的認識の表現と見る見方のうち、前者は、「認識内容」が非現実世界のものであるという特徴を指して認識的モダリティと呼ぶのであるから、「客体的・対象的」な側面に重きを置く立場である。

　尾上（2001, 2004）はこの立場にあると考えられる。認識的モダリティ形式を含むモダリティ形式全般は「非現実の領域に位置する事態を語るときに用いられる述定形式である」（p.442）とされ、非現実領域（非現実世界）は、「①この世で未実現の領域、②推理・推論、過程世界など観念上の領域、③この世で既実現ではあるが話者の経験的把握を超えた「よくわからない」領域」（尾上2004: 48）とされている。

　さらに、主観表現であること（「主体的・作用的」側面）を第一義としてモダリティ形式を分析することは困難であるとして、次のように指摘されている。

　　「（よ）う」と「ようだ」「そうだ」の違いとか、広義推量形式
　　の連体法における振る舞いの違いといったことへの説明は、
　　「個々の助動詞が個々の主観に対応する」といった理解では不

可能だろう。助動詞はある述べ方に対応するものであり、様々な意味はそこからもたらされる意味であると考えることが必要なのである。　　　　　　　　　　　　　　　［尾上2001:447］

　尾上（2001）は、このように「客体的・対象的」な側面からモダリティを捉える立場にある。しかし、発話時の話者、つまり「主体的・作用的」側面が、モダリティと無縁であると見ているわけではない。次の記述は、モダリティと主観性との関連についての指摘である。

　　非現実事態を表す際には、そこで結果的に話し手の思いが表現
　　されるということもありうる。　　　　　　［尾上2001:447］
　　非現実のことを語る文においては、ないことをあえて語る趣旨、
　　動機、気持ちといったものを捨象することはできない。「モダ
　　リティ」において、〝主観性〟が目立つ場合が多いということ
　　の理由はそこにある。　　　　　　　　　　［尾上2001:485］

　一方、モダリティを「主体的・作用的」側面から捉え、発話時の話者の心的態度と見る後者の立場（仁田1991など）においても、残されたもうひとつの側面、すなわち「客体的・対象的」側面が忘れ去られているわけではない。仁田（1991）のモダリティの定義には、モダリティを主観表現と見る指摘と同時に「客体的・対象的」側面への言及がある。仁田（1991）によるモダリティの定義も、尾上（2001, 2004）と同様に、認識的モダリティを下位に含むモダリティという広い意味分野全般についてのものであるが、次の引用部における「現実との関わり」という記述は、認識的モダリティ形式の場合であれば、その意味に認識の手掛かりが関わるという指摘であり、「客体的・対象的」側面についての言及だと考えられる。

　　〈モダリティ〉とは、<u>現実との関わりにおける</u>、発話時の話し
　　手の立場からした、言表事態に対する把握のし方、および、そ
　　れらについての話し手の発話・伝達態度のあり方の表しわけに
　　関わる文法的表現である。　　　［仁田1991:18、下線は引用者］

　仁田（1990）による個別形式の具体的な意味記述を見ても、「ようだ、らしい」などの意味特徴は、現実（認識の手掛かり）との関

わりによって捉えられ、「客体的・対象的」な観点から見た分析がなされている（本章4.1節）。

　以上のように、認識における「客体的・対象的」な側面と「主体的・作用的」な側面のうち、どちらの面から認識的モダリティを捉えるにせよ、残された面への目配りは常になされてきた。つまり、認識的モダリティは本来的にこの両面を兼ね備えているのだと考えられる。ただし、認識的モダリティをどちらの面から捉えるかは、認識的モダリティ形式の共通性の基盤をどちらに置いて分析を行うかに関わる重要な問題である。これは、分析の前提となる枠組み設定の有り様に関わってくる。

　本研究は、「客体的・対象的」側面を重視する立場にある。認識的モダリティを非現実世界の認識の表示とし、その認識には手掛かりが関わり（推論が関与し）、各形式は認識内容そのものや手掛かりとの関係を描き分ける、という観点から分析を行う。むろん、認識内容の特徴を把握し、手掛かりとの関係を捉えるのは認識者であり、「主体的・作用的」側面の関与を否定するわけではない。

　「客体的・対象的」側面を重視する理由は、「主体的・作用的」な側面を第一義としてモダリティを主観表現とすれば、モダリティの意味範囲が拡大し、その境界線が不明瞭になるからである（尾上2001、田野村2004、黒滝2005）。つまり、主観性そのものを定義し、主観と非主観を区分する、という難問に突き当たる。

　しばしば指摘されるように、主観性という概念は、究極的にはすべての認識を指し得る。たとえば、ある物を見てそれを「本」と呼んだ時点で、話者の主観（発話時の話者の捉え方）が反映されている。別の話者は「雑誌」と呼ぶかもしれないのである。これは、言語表現の選択に関わる問題であるから、言語を研究対象とする上で、ここに主観性を認める意義がある。このように主観性は、認識的モダリティと呼べる一群を超えた特徴となる危険がある。

　むろん、認識的モダリティを「客体的・対象的」側面から捉え、非現実世界の認識表示と見る場合にも、現実と非現実との区分が必要となる。しかし、これは、主観、非主観の区分に比べて容易であり、拡大の危険が少ない。たとえば、「（眼前に）リンゴがある」こ

とは、現実であると言って問題ないだろう。そして、認識的モダリティ形式は、現実世界の表示に用いられない（「（眼前に）リンゴがあるかもしれない」とは言わない）と言うことができる。

以下、本研究は、認識の「客体的・対象的」側面の特徴、すなわち、認識の手掛かり（根拠）と認識内容（帰結）との関係や、認識内容（帰結）の特徴という面から分析を進める。この立場はすべての形式の分析に一貫するが、しかし、「主体的・作用的」な側面を無視するものではない。とくに、第9章の考察においては、認識者の存在も重要な役割を果たすことになる。

3.2　非現実世界の蓋然的特徴

認識的モダリティを「客体的・対象的」側面から捉え、非現実世界の認識と見る場合、確言的／断定的な認識はその中に含まれない。本節ではこの点について見ていこう。

確言的／断定的な認識を認識的モダリティに含めるか、という点について、従来の研究の見解が一致しているわけではない。英語学における epistemic modality の研究と、日本語学における認識的モダリティの研究とでは一般に立場が異なり、英語学では、確かな世界を認識的モダリティに含めない（湯本 2004: 12–13）。Palmer (1990: 5) は、認識的モダリティ（epistemic modality）を、"judgments about the probability of the truth of the proposition" としており、確言を除外している。澤田（2006: 160）も同様である。

これに対し、日本語学では確言的／断定的な世界を認識的モダリティに含めることが多い。仁田（2000）では「確言」、日本語記述文法研究会編（2003）、益岡（2007）では「断定」、というように呼び名は異なるものの、いずれも確言的／断定的な世界を認識的モダリティの下位カテゴリーに位置付けている。黒滝（2005: 72）も同様に、非現実世界のサブカテゴリーに断定と非断定とがあるとし、次のように図示している。

12

(26) 現実性の対立から見た epistemic modality

［黒滝 2005: 第 2 章図 2.3］

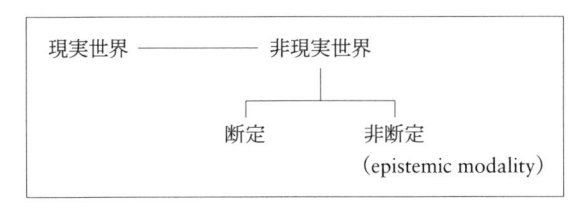

```
現実世界 ─────── 非現実世界
                    │
              ┌─────┴─────┐
              断定        非断定
                      (epistemic modality)
```

　認識的モダリティに含めるか否かが問題となるのは、確言的／断定的な表現のすべてではなく、田野村（1990a）の言う「推量判断実践文」であると思われる。次例はいずれも確言的／断定的な表現だが、例（27）は「推量判断実践文」、例（28）は「知識表明文」である。

　(27)（アノ風体カラスルト）あの男はヤクザだ。

［田野村 1990a: 785 例（a）］

　(28)（君ハ知ラナイダロウガ）あの男はヤクザだ。

［田野村 1990a: 785 例（b）］

「推量判断実践文」とは「いままさに判断―この場合、推量的判断―をくだした、もしくは、くだしつつある」（p.785）ことを表すものであり、当該の文を「発すること自体が判断をくだすことに相当する」（p.785）用法のことを言う。一方の「知識表明文」とは、「話者が知識としてもっている情報が表明されているにすぎない。発話の時点において判断がくだされるわけではない」（p.786）用法のことを言う。

　このうち、「推量判断実践文」は認識的モダリティ形式と共通点を持ち、認識的モダリティの候補となる。田野村（1990a）が述べるように、「推量判断実践文」であることを確認する手掛かりのひとつは、例（29）に示すように、「「きっと」「おそらく」「多分」「もしかしたら」等の副詞的な表現を加えることができるということ」（p.786）である。例（30）に見るように、副詞だけではなく認識的モダリティ形式も分化可能である。

　(29)（アノ風体カラスルト）あの男はきっとヤクザだ。

［田野村 1990a: 786 例］

(30)（アノ風体カラスルト）あの男はヤクザかもしれない／にちがいない。

一方の「知識表明文」に、認識的モダリティ形式は使われない。

(31) ??（君ハ知ラナイダロウガ）
あの男はヤクザかもしれない／にちがいない。

「推量判断実践文」と「知識表明文」は平叙文の一部にすぎず、確言的／断定的な表現は他にもある。「平叙文の用法が必ず両者のいずれかであるということは要請されていない」(田野村1990a: 786)。しかし、本節の冒頭で述べた、二つの立場（確言形を認識的モダリティに含めるかどうか）が問題となるのは、例 (27) のような確言形で表された「推量判断実践文」(「確言形（推量判断実践文）」と呼ぶ）であると考えるのが妥当であろう。

この点を明示し、確言形を認識的モダリティ形式に含めるかという問題に関する二つの立場を「確言／断定含有の立場」「確言／断定非含有の立場」と呼び、以下に整理しておく。

(32) 確言／断定含有の立場
「確言形（推量判断実践文）」を認識的モダリティに含める。

(33) 確言／断定非含有の立場
「確言形（推量判断実践文）」を認識的モダリティに含めない。

どちらの立場に立つかにより、認識的モダリティを非現実世界の認識表示と見る場合の「非現実世界」の概念規定が変わってくる。「確言／断定非含有」の立場から見るならば、非現実世界は次のようになる。

(34)「確言／断定非含有の立場」
非現実世界：認識上の不確かな世界〈認識的モダリティ形式〉
現実世界：認識上の確かな世界〈確言形（知識表明文）〉〈確言形（推量判断実践文）〉

この場合、山括弧に示したように非現実世界は認識的モダリティ形式によって表され、現実世界は「確言形（知識表明文）」や「確

14

言形（推量判断実践文）」によって表されることになる。この見方は現実世界と非現実世界が認識内容の確からしさによって分けられることを意味し、「客体的・対象的」側面から認識的モダリティを分析する本研究の立場にうまく適合する。

これに対し、「確言／断言含有の立場」から見れば、非現実世界と現実世界の区分は次のようになる。

(35)「確言／断定含有の立場」
　　　非現実世界：話者の推量的判断によって存在する。〈認識的モダリティ形式〉〈確言形（推量判断実践文）〉
　　　現実世界：話者の推量的判断と離れて存在する。〈確言形（知識表明文）〉

これは、「主体的・作用的」側面に重点を置く分け方であると理解される。「推量判断実践文」とは、「その文を発すること自体が判断という精神の営みに即応するような場合」（田野村1990a: 786）であり、典型的には発話時に判断が下されたことを表す文である。「主体的・作用的」側面から見れば認識的モダリティ形式にも同じ特徴を認め得る。この特徴を持つことを非現実世界と呼ぶ要件と見るならば、どちらも非現実世界を表すと言える。非現実世界と現実世界のこの区分は、「客体的・対象的」側面から認識的モダリティを捉える本研究の立場には馴染まない。したがって本研究は「確言／断言非含有の立場」から分析を行い「確言形（推量判断実践文）」は現実世界の認識を表すと考えることになる。

以上のように、本研究は、「確言形（推量判断実践文）」を認識的モダリティには含めない。したがって、非現実世界には不確かさという共通の特徴が認められることになる。この不確かさを本研究では、蓋然性と呼ぶ。蓋然性の概念規定は第2章4.1節で行う。

4. 非現実世界への接近と推論

本節（第4節）の目的は、非現実世界の認識に、推論が関連することを示唆する先行研究の記述を概観し、同時に分析の枠組みとしての推論の特徴を明らかにすることにある。推論の特徴については、

次の第5節でも引き続き見ていくことになるが、いずれの考察においても、分析の枠組みとしての推論という概念の広さを示すことが目的となる。

まず、本節では、推論という枠組みの必要性を示唆する次の二つの分析を概観すると同時に、その場合の推論がどのような特徴を持つかを見ていく。

(36)(i) 認識的モダリティの体系的記述からの示唆　　(4.1節)
　　(ii) 英語法助動詞の分析からの示唆　　　　　　(4.2節)

4.1　証拠性

認識的モダリティの体系的な意味記述においては、一般に証拠に基づく認識を表す類の存在が認められている。具体的な記述は次の(37)から(40)に示すとおりである。山括弧は、各カテゴリーに属する認識的モダリティ形式である。なお、終止形接続の「そうだ(例：太郎が試験に合格した<u>そうだ</u>)」は、「そうだ」、連用形接続の「そうだ(例：明日は晴れ<u>そうだ</u>)」は「(し)そうだ」と表記してある。なお、証拠性に関連する記述には下線を施してある。

(37) 仁田 (2000: 116-159)
　　　推量：事態の成立・存在を想像・思考や推論の中に捉えるもの
　　　　〈だろう、まい〉
　　　蓋然性判断：確からしさへの言及を含むあり方で、事態の成立を、自らの想像・思考や推論の中に捉えたもの
　　　　〈かもしれない、にちがいない〉
　　　徴候性判断：命題内容として描き取られた事態の成立が、存在している<u>徴候</u>や<u>証拠</u>から引き出され捉えられたものであることを、表したもの
　　　　〈ようだ、みたいだ、らしい、(し)そうだ〉
(38) 日本語記述文法研究会編 (2003: 143-178)
　　　推量：想像や思考によって、その事態が成立するとの判断を下すこと
　　　　〈だろう〉

蓋然性：その可能性や必然性があることとして事態を把握
　　　　　するという認識的な意味
　　　　可能性の認識　〈かもしれない、かもわからない〉
　　　　必然性の認識　〈にちがいない、はずだ、に相違ない〉
　　　証拠性：何らかの証拠に基づく認識を表す形式類
　　　　話し手の観察や推定を表す
　　　　〈ようだ、みたいだ、らしい〉
　　　　伝聞を表す〈そうだ、という〉
(39) 三宅（2006: 120, 2011: 202）
　　　推量：話し手の想像の中で命題を真であると認識する
　　　　　〈だろう、う／よう、まい〉
　　　実証的判断：命題が真であるための証拠が存在すると認識
　　　　する
　　　　　〈らしい、ようだ、みたいだ、そうだ、という〉
　　　可能性判断：命題が真である可能性があると認識する
　　　　　〈かもしれない〉
　　　確信的判断：命題が真であると確信する
　　　　　〈にちがいない、はずだ〉
(40) 益岡（2007: 144-145）
　　　断定保留：真であると確信が持てなかったり聞き手との関
　　　　　係で断定を差し控えたりといった事情で断定を保留す
　　　　　るもの
　　　　〈だろう（であろう）、〜たろう、〜（よ）う、まい〉
　　　蓋然性判断：確からしさの程度を表すもの
　　　　〈かもしれない、にちがいない〉
　　　証拠性判断：ある証拠に基づいて推定を行うもの
　　　　〈ようだ、みたいだ、らしい、そうだ、という〉
　　　当然性判断：推論から得られる当然の帰結を表すもの
　　　　〈はずだ〉

「証拠」以外に、仁田（2000）では「徴候性判断」、三宅（2006, 2011）では「実証的判断」とも呼ばれているが、それぞれの定義には「証拠」という語が使われており、いずれの研究においても、

証拠性がひとつのカテゴリーとして認められている。証拠性とは何か、という問題は、第3章（「証拠に基づく認識」）、および、第4章（「広義因果関係をさかのぼる二つの推論」）における考察課題であり、詳しい議論はそこに譲る。しかし、証拠について、認識の手掛かりの一種である、というぐらいの特徴はすぐに認めてもよいだろう。次に見るように、証拠性を表す形式、たとえば「ようだ」を用いると、「物音がする」「電気がついている」等々の何らかの手掛かりが示される。この点、漠然とした認識を表示できる「だろう」とは、対照的である。

(41) 誰か部屋にいる<u>ようだ</u>。
(42) 誰か部屋にいる<u>だろう</u>。

証拠に基づく類が認められてきたという事実からは、手掛かりがどのようなものか、という視点からの分析の重要性が示唆される。むろん、証拠性は認識的モダリティの下位カテゴリーにすぎない。直ちに、認識的モダリティの分析全体を貫き、手掛かりについての考察が必要である（推論という枠組みの設定が妥当である）という主張には結び付かず、それは示唆に留まる。

4.2　英語法助動詞の分析

英語法助動詞の意味は、「力のダイナミクス」によって捉えられることがある（Johnson 1987、Sweetser 1990、Langacker 1991, 2008など）。「力のダイナミクス（force dynamics）」とは、基本的経験に根差した「力（force）」についての理解である。たとえば「力」は方向性を持ち、強度を持つ。「障害物（barrier）」は「力」の進行を妨害したり迂回させたりして、「力」に作用する。このような基本的な「力」の特徴を、我々は日常の物的運動の観察を通して経験的に知っている。

この「力」の物理的特徴についての理解は、認知図式として抽象化されて法助動詞を特徴付け、さらに、根源的用法から認識的用法への意味拡張をも支える。英語法助動詞は多義的であり、次の例（44）（46）のような認識的用法の他、例（43）（45）のような根源的用法を持つ。

(43) John may go.

"John is not barred by (my or some other) authority from going." 　　　　　　　　　　　　　　　［Sweetser 1990: 61 例（19a）］

(44) John may be there.

"I am not barred by my premises from the conclusion that he is there." 　　　　　　　　　　　　［Sweetser 1990: 61 例（19b）］

(45) You must come home at ten. (Mom said so.)

"The direct force (of Mom's authority) compels you to come home by ten." 　　　　　　　　　［Sweetser 1990: 61 例（20a）］

(46) You must have been home last night.

"The available (direct) evidence compels me to the conclusion that you were home." 　　　　［Sweetser 1990: 61 例（20b）］

根源的用法は義務や許可を表し、その「力」は、例文に併記して示されているように、社会的な規範や個人の持つ権力などである。一方、認識的用法における「力」は話者の持つ知識であり、この知識が前提や証拠として結論へ向かわせ、ときには結論へ向かう「力」を阻止しようとする障害物ともなる。

このように認識的法助動詞の意味に「力」を仮定する立場から、Langacker（1991, 2008）は、現実世界の進展を次のように図示している。円筒は実在（reality）[3]、Cは概念化主体であり、進展していく実在（reality）の最先端にある「現存する実在（present reality）」を直接認識している。そこから広がるのが、非現実世界である。非現実世界は二分割され、実現が確実視され、特別な事態がない限りそこへ至る「投射された実在（projected reality）」と、可能性として認識される「潜在的に可能な実在（potential reality）」とに分かれる。

(47) Dynamic evolutionary model (「動的進展モデル」)

[Langacker 1991: 277]

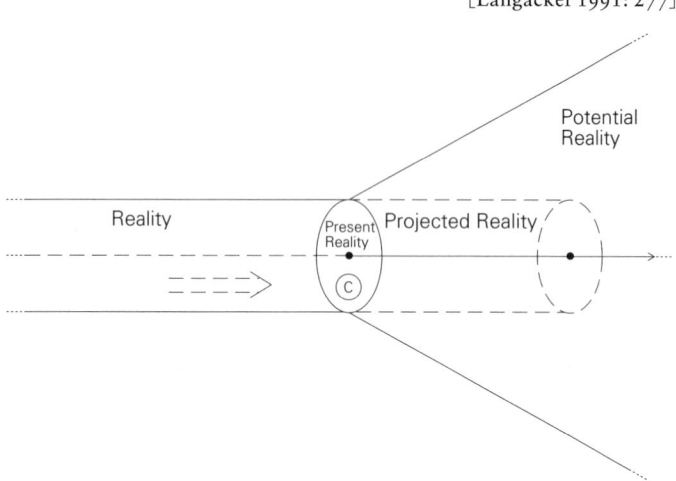

```
                                          Potential
                                          Reality

              Reality      ┌─Present─┐ Projected Reality
                           │ Reality │
                           │   ●     │────────────●────────▶
                  ----▶    │   Ⓒ    │
                           └─────────┘
```

　この図の矢印で示されているのが、認識上の実在の進展を支える「力」（話者の知識）である。「実在（reality）」は一定の方向性に向けて進展の機動力を持ち、特別な事情がない限り「力」の向かう先（「投射された実在」）に至る、あるいは「力」の向かう可能性のある範囲内（「潜在的に可能な実在」）に向かうなどと捉えられる。
　たとえば、単純未来の will は「投射された実在性」を表す。話者はその実現へ向けて、「力」が働く（自分の知識からすればそうなる）ことを確信していることになる。一方 may は「潜在的に可能な実在性」を表す。したがって、次の例（48）の場合、「may は単に間近に選挙があり得ることを表すだけであるが、will を用いると間近に選挙があるという予報になる」（Langacker 2008: 307）*4。
　(48) This election {may/will} be very close.

[Langacker 2008 第9章例（42）]

　Sweetser や Langacker の提示した英語法助動詞の分析が、そのまま日本語に応用可能であると安易に結論付けることはできない。「力のダイナミクス」は、法助動詞の根源的用法から認識的用法への意味拡張の動機でもある（例（43）から（46））。これに対し、本研究が考察対象とする認識的モダリティ形式は義務や許可などの

用法は持たず、根源的用法から認識的用法への意味拡張は見られない。つまり、言語の個別性を考慮する必要性があると考えられる。

しかし、証拠性表示の専属形式が十分に認められるとは言い難いとされる英語法助動詞においても（Palmer 1990: 12）、現実の持つ「力」の向かう先に非現実世界が仮定されている点は重要である。非現実世界は、何らかの形で現実に話者の持つ知識（現実）との接点を持たなければならない。つまり、かなり漠然とした知識であっても非現実世界の認識内容を規定する役割を担っていると言える。

非現実世界の認識を可能とする漠然としたものを含めて「力」と呼ぶのならば、それは、たとえば「だろう」のように何となくそう思うといった認識を表す形式にも認められる。次のように言う場合である。

(49) 年末のパーティーに、太郎は来ないだろう。

この場合も、太郎の性格、行動パターンなど、漠然とした知識（話者にとっての現実）を統合して、認識に至っていると考えられる。これを「太郎がパーティーに来る」という事態がその実現に向けて持つ「力」、あるいは、それを話者に引き寄せて、話者の持つフィルターと呼ぶことは可能であろう。「話し手が非現実の事態について語る際、過去から現在に至るまでの様々な経験や知識の積み重ねに支えられている。その積み重ねが目に見えないフィルターとなり、話し手はそのフィルターを通して非現実の事態と対峙しつつ判断したり、可能性を見抜いたり推し量ったりすることができるのである」（黒滝 2005: 70）。フィルターを通して見ることのできる非現実世界（認識内容）は、フィルターがどのようなものであるかによって変わってくる。つまり、非現実世界の認識には、非明示的であっても手掛かりと呼べるような何かが関わると考えるのが妥当である。

本研究は、証拠と呼べるような明示的な手掛かりはもちろん、力、フィルターと呼べるような輪郭の曖昧な知識の総体も認識の手掛かりと認め、その手掛かりから認識内容へ向かう思考過程の存在を推論と呼ぶ。

次節では、本研究が分析の枠組みとする推論の特徴について、さ

らに詳しく見ていく。

5. 分析の枠組みとしての推論と推論の多義的解釈

　本研究が分析の枠組みとする推論は、何らかの手掛かりから帰結が導かれること、というように緩やかに捉えられている。たとえば、「明日は晴れるかもしれない」と言う場合、「明日は晴れる（Q）」という推論の帰結（認識内容）に「かもしれない（MOD）」が付くとき、何らかの「手掛かり（P）」と「明日は晴れる（Q）」との間に、導く、導かれる関係が存在することが示される。この導く、導かれる関係を推論と言う。

　(50) Q（MOD）：何らかの事態PとQとの間に関係（PからQが導かれる関係）がある。

　認識には、「客体的・対象的」側面と「主体的・作用的」側面という二つの面がある（第3節）。当然のことながら推論にもこの両側面がある（(25)）。すなわち、PとQ（認識内容と手掛かり）との関係と、Q（認識内容）の特徴という「客体的・対象的」側面と、推論者が推論を行うという「主体的・作用的」側面である。すでに述べたように本研究は、「客体的・対象的」側面から意味を分析していく立場にある。したがって、次の二点は、すべての形式の分析を貫く視点となる。

　(51)「推論という枠組みから得られる視点」
　　　PとQ（手掛かりと認識内容）との関係
　　　Q（認識内容）の特徴

本節（第5節）では、本研究が分析の枠組みとする(50)に示した推論の特徴を、さらに明確にしていく。推論という用語は認識的モダリティの意味記述のメタ言語としても用いられてきた。その概念と比較することによって、本研究が分析の枠組みとする推論の特徴は、より明示的になる。

　認識的モダリティの意味記述において、推論という用語は次のように用いられてきた。

(52) (i) 益岡 (2007:145)：「はずだ」には推論が関わる。
   (ii) 菊地 (2000a)：「ようだ」との比較において、「らしい」には推論が関わる。
   (iii) 森山 (1989a)、益岡・田窪 (1992:128)：「ようだ」「らしい」に推論が関わる。
   (iv) 木下 (1998a)、田窪 (2001)、幸松 (2007)：認識的モダリティによって示す推論の方向性が異なる。

これらの推論は、それぞれ、次の (i) から (iv) の意味で用いられていると考えられる。それぞれ (52) の (i) から (iv) に対応する。

(53) (i) 論理的妥当性　　　　　　　　　　　　　(5.1節)
   (ii) 根拠とは質が異なる度合いの高い帰結が得られること
  　　　　　　　　　　　　　　　　　　　　　　(5.2節)
   (iii) 根拠が明示的であること、明示的な根拠から帰結を導く過程のこと　　　　　　　　　　　　　　(5.3節)
   (iv) 認識に至るための根拠が（明示的ではなくとも）存在すること　　　　　　　　　　　　　　　　(5.4節)

以下、丸括弧内の各節において概観し、分析の枠組みとしての推論が、(53) の (i) から (iv) を包括する広い概念であることを見ていく。

5.1　論理的妥当性

「はずだ」に推論が関与するという指摘から見ていこう。次に示すように、「はずだ」と推論との関係を指摘する記述は多い。

(54)・「ある事柄の真否について判断を求められたとき、あるいは自分で判断を下すべき場面に直面したとき、確言的には言えないが、自分が現在知っている事実（P）から<u>推論</u>すると、<u>当然</u>（Q）である、ということを言うときに使われる。」
　　　　　　　　　　　　　〔寺村 1984:266、下線は引用者〕
・「「はずだ」は判断の様式の中でも特に、根拠に基づく<u>推論</u>であることを表すものである。何らかの手がかりから<u>論理的に推論</u>された結果を表現するものである。」

[益岡 1991: 117、下線は引用者]
・「推論から得られる当然の帰結を表す」
[益岡 2007: 145、下線は引用者]

下線部が示すように、「はずだ」は推論の中でも「当然」の結果が得られる類のものを表すとされる。それは、次例に見るように、十分な根拠に基づく認識結果の表示に適するからである。

(55) その店までは10分かかるから、そろそろ着くはずだ。

つまり、「はずだ」が推論の帰結を表すと言う場合、推論は必然的な結果が得られる論理的に妥当な演繹推論を指していると考えられる。これが単に推論と呼ばれてきたのは、推論と言えば演繹推論を意味することが多いからであろう。

このように、演繹推論という意味で推論という用語が用いられるとき、当然ではあるが、演繹推論以外の推論（帰納推論）には言及がない。したがって、「はずだ」以外の形式の意味に、推論というメタ言語が用いられる可能性も残されている。「はずだ」の記述そのものは妥当であっても、認識的モダリティの体系的意味記述において、推論という語にどのような役割を負わせるべきかという立場から見れば、検討の余地があると言うことができる。

本研究が分析の枠組みとする推論には、第2章（「認識的モダリティ分析の視点」）で見るように、帰納推論も含まれている。「はずだ」の記述に用いられてきた推論より広義である。

5.2 認識の手掛かりと結果との異質性

次に「認識の手掛かりと結果との異質性」を問題とし、その度合いの大きいものを推論と呼ぶ記述を見てみよう。菊地（2000a）では、「ようだ」「らしい」について考察がなされ、「ようだ」には推論が関与しないが、「らしい」には関わると記述されている。本研究における「ようだ」「らしい」の分析は、第3章ならびに第4章の課題だが、そこで得られる考察結果は菊地（2000a）と同じ方向性を持つ。ただし、推論というメタ言語の概念を認識的モダリティの意味記述にどのように用いるのかについては、立場が異なる。本研究では、「らしい」だけではなく「ようだ」も、推論の結果を表

示すると見る。

　菊地（2000）には、次のように記述されている。

　　本稿の〈推論〉とは、正確には〈ある種の推論〉、今少し規定を加えるなら《《観察された様子》と《それに密着して導かれるわけではない（それとは距離を置いた）判断内容》とをつなぐ推論〉というほどの意である。その意味で（1)-(3）は推論を伴わず、こうした場合はヨウダを使い、ラシイは使わない、というのが本稿の見方である。　　　　　［菊地2000a: 注3］

　この引用部で言及されている（1)-(3）の例文は、以下のとおりである。例（56）から（58）として提示する。

（56）［店頭でコートを見て］このコートは僕には少し小さい［ヨウダ／*ラシイ］。　　　　　　　　　　　　　　［菊地2000a 例（1）］

（57）きのう彼と一時間ほど話しましたが、彼の話し方には時々関西弁がまじる［ヨウ／*ラシイ］ですね。

　　　　　　　　　　　　　［菊地2000a 例（2）、もとの例文は早津1988］

（58）［自分の胸の胃のあたりを指さして］どうもこのへんが痛い［ヨウダ／*ラシイ］。

　　　　　　　　　　　　　［菊地2000a 例（3）、もとの例文は森田1980］

　これらの例文においては、たしかに、手掛かりとする知覚情報と述べられている事柄との間に、内容としてあまり違いがない。顕著な差異は言語化されているか、それ以前かである。したがって例（56）の場合、「コートを着た着用感」とそれを言語化した「小さい」との関係は、距離の近さと呼ぶにふさわしい。菊地（2000a）は、この「距離の近さ」を推論とは呼ばないわけだが、これは推論という用語の妥当な捉え方のひとつであると思われる。

　しかし、本研究では、ここに見られるわずかな距離感を推論に含めることにする。この見方も、菊地（2000a）が述べるように不自然ではない。店頭でコートを見て「小さいようだ」と言う場合にも、「〈コートの観察〉と〈自分の体の大きさ〉から一種の"推論"を経て」述べるという見方、つまり「"推論"があるとする見方もありえよう」（菊地2000a: 57）。

　ただし、菊地（2000a）が懸念するように、推論という概念を広

第1章　はじめに　　25

く捉えていけば、限りなく拡大していく危うさがあり、ある記号をその記号として認めるような、単純な認識過程も推論の候補となる。パターン認識と呼ばれる情報処理である。「現実には、ボトムアップ処理とトップダウン処理の両方を使いながら柔軟に推論を行なっているのが、人間のパターン認識」(市川1997: 134、下線は引用者)であり、たとえば「A」という文字を認識する際には「「下に開いた斜めの線が二本」、「水平線が一本」、「上に頂点が一つ」、……などという特徴をもとに識別する」(p.132)ボトムアップ処理と、文脈情報を利用したり知識を使って、ここにあるのは複数の文字候補のうち「A」であると推論したりするようなトップダウン処理とが働いていると見ることができる。

　このように推論という概念には拡大していく可能性があり、意味記述のメタ言語として用いる場合、これは大きな問題となる。たとえば「らしい」が推論の帰結を表すと言う場合、推論という概念の拡大は、「らしい」の意味そのものの拡大を意味してしまう。菊地(2000a)が、「らしい」のメタ言語としての推論という用語について詳細に検討を行ったのは、道理である。

　しかし、本研究のように非現実世界の認識に推論過程を仮定する場合は、推論という語が負う役割が異なる。認識的モダリティを非現実世界の認識と概念規定した上でそこに推論過程が介在すると見る場合、推論という用語が非現実世界の認識以外の認識、たとえば現実世界の認識に関わる可能性があっても、当面、問題は生じない。むろん、現実世界の認識に関わる推論と非現実世界の認識に関わる推論との間にどのような共通性や相違点があるかという問題は、後の検討課題として残される。

　以上のように、本研究で分析の枠組みとする推論は、認識とその手掛かりとの間の「距離」が小さい場合を含み、すべての非現実世界の認識に関わる広い概念である。つまり、「ようだ」も「らしい」もともに推論の帰結を表示すると考える。「ようだ」「らしい」は証拠に基づく認識を表す形式であるとされてきた(4.1節)。証拠は認識の手掛かりの一種である。このことは、「らしい」だけではなく「ようだ」も、認識の手掛かりの存在を表すと考えることの妥当

性を示しているとも言える。

5.3　根拠の明示性

本章4.1節で見たように、日本語の認識的モダリティには、証拠に基づく認識を表す類が認められてきた。証拠と認識内容との間を結ぶ過程が、推論と呼ばれることがある。益岡・田窪（1992）では、「ようだ」「らしい」の他、「みたいだ」「はずだ」が証拠性に含められ、「これらはある具体的な証拠から推論によって得た知識を述べるための形式である」（p.128）とされている。本研究が分析の枠組みとする推論には、当然、この場合の推論が含まれる。

しかし、「ようだ、らしい」と「はずだ」とでは、認識に至る過程に相違があるとする見方もある。（三宅2006）。三宅（2006）は、「ようだ、らしい」は、「証拠の存在を認識しているのであって、証拠から、あるいは証拠に基づいて、命題を推し量ったり、推論していることを表すものではない」（pp.121–122）、「その認識にいたるまでには、広い意味での「状況」の中に証拠を見出し、その証拠と命題とを結びつける過程が存在する。これを「探索過程」とよぶことにする」（p.123、下線は引用者）としている。

三宅（2006）の言う「推論」と「探索過程」を本研究なりに整理すれば、次のようになる。

(59) 推論（「はずだ」の表す認識過程）：PからQを導く過程
　　探索過程（「ようだ、らしい」の表す認識過程）：
　　　　Qと言えるP（証拠）の存在を認識するとき、
　　　　そのPとQを結び付ける過程

たとえば、次のように言う場合、

(60) 太郎は今度の日曜日も学校に来るはずだ／ようだ／らしい。

「はずだ」は、何らかの根拠P（「課外授業がある」など）から「来る」という帰結Qが得られたことを表す。これが「推論」である。これに対し、「ようだ、らしい」は「課外授業がある」など「来る」と言える証拠Pの存在を認識していることを示し、そこには証拠（課外授業がある）と認識内容Q（来る）とを結び付ける過程があることになる。これが「探索過程」である。

「推論」と「探索過程」の相違の要諦は、根拠から認識が〈導かれる〉のか、すでに存在する「証拠」と「認識」とが〈結び付けられる〉のか、という点にあると考えられる。本研究が分析の枠組みとする推論はこの両方を含む。〈結び付けられる〉関係も推論と呼ぶのは、その関係が推論と呼ぶにふさわしい非対称性を前提としているからである。つまり、「証拠」は「認識」の存在を保証し、その導出に関わる。たとえば例（60）において「ようだ」「らしい」が、「課外授業がある」など「証拠」の存在を表すにしても、両者を〈結び付け〉て（関連付けて）述べる前提として、非現実世界の「認識」（「太郎は日曜日に学校に来る」）が、何らかの手掛かり（「課外授業がある」など）から導かれる過程があるのであり、その逆ではない。本研究で言う推論は、この過程を指す。

　三宅（2006）の言う「推論」と「探索過程」の相違は、本研究の立場から見れば、根拠Pと帰結Qのうち、どちらに焦点を当てて述べるかの相違である。PからQが導かれる関係にあることを前提とし認識内容（Q）が得られたと述べる場合（三宅2006の「推論」）も、認識に至る手掛かり（P）が存在すると述べる場合（三宅2006の「探索過程」）もあると考えるのである。

(61) 推論：PからQが導かれる関係

　　　　　Qが導かれたことについて述べる場合と、Qが導かれるようなPが存在することを述べる場合とがある。

例（60）の場合であれば、何らかの手掛かりから「来る」という認識内容（Q）が得られたと述べることもでき、また、「来る」という認識と結び付けて何らかの手掛かり（P）が存在すると述べることもできる*5。

　以上のように、本研究における推論は、三宅（2006）の言うところの「推論」と「探索過程」を包括する広い概念である。

5.4　何らかの根拠の存在

　「だろう」と「かもしれない」は、推論との関わりが指摘されることが少ない形式である。これらの形式は、どのような根拠に基づくのかが明示的ではない漠然とした認識を表すことができる。この

特徴は、「ようだ」「らしい」と比較すると顕著である。

(62) そのうちいいこともある<u>だろう</u>／<u>かもしれない</u>／<u>*ようだ</u>／<u>*らしい</u>。

しかしながら、このような形式であっても、推論という観点から見て何の特徴も示さないわけではない。木下（1998a, 2009, 2011）、田窪（2001）、澤田（2006）、幸松（2007）では、「ようだ、らしい」と「かもしれない、だろう」は、推論の方向性が異なることが指摘されている。

田窪（2001）には、次のようにある。

> ダロウ類（かもしれない、はずだ、だろう：引用者の補注）は、話し手の現実、あるいは仮に受け入れた前提から想定できる推量、予測などの仮想的状況への構成に関わり、基本的には仮想的な命題につけられる。ヨウダ類（ようだ、らしい：引用者の補注）は、反対に、認知的な体験や、仮に受け入れた現実の状況を生じさせる原因となる状況の構成にかかわると考えられる。
>
> 〔田窪 2001: 1013〕

実際「だろう」と「かもしれない」は、原因が推論されたことを表しにくい。次例を見てみよう。

(63) ??太郎は疲れている。このごろ忙しい<u>だろう</u>／<u>かもしれない</u>。

「忙しい」と「疲れる」との間には、「忙しい」を原因とし、「疲れる」を結果とする因果関係がある。この場合、「のだろう」や「のかもしれない」ならば自然である。

(64) 太郎は疲れている。このごろ忙しい<u>のだろう</u>／<u>のかもしれない</u>。

推論との関わりが指摘されることの少ない「だろう」や「かもしれない」も、このように文脈中に示された手掛かりとの関係について、一定の制約を受ける。この特徴も含めて記述するには、これらの形式に適用可能なほど広く、推論という枠組みを捉えておくのが適切であろう。

分析の枠組みとする推論には、例（62）のような漠然とした認識が何らかの知識から導かれることも含まれる。証拠性の類（本章

4.1節）に見られるような、明示的な根拠だけではなく、英語の法助動詞に認められてきた認識に至る「力」のようなものも、推論の手掛かりと見るということである。このように見ることで、これらの形式が推論に関して示す特徴の把握も可能となる。

　以上、本節（第5節）では、分析の枠組みとする推論の特徴について述べた。分析の枠組みとする推論は、何らかの手掛かり（P）から認識内容（Q）が導かれる関係にあるという広い概念であり、次のすべてを含む。

(65) (i) 「PからQが導かれる関係」は、PとQの間に十分な含意関係がある場合だけを言うのではない。　　　（5.1節）
　　 (ii) 「PからQが導かれる関係」におけるPとQは、異質性の度合いの低い場合も含まれる。　　　（5.2節）
　　 (iii)「PからQが導かれる関係」に基づき、PからQが導かれたことを表すことも、また、Qと言えるPの存在を示すことも含まれる。　　　（5.3節）
　　 (iv) Pは、認識者の知識の総体と言えるような漠然としたものであってもよい。　　　（5.4節）

　可能な限り広い概念として捉えることは、推論を分析の枠組みとする上で極めて有益である。これにより、従来、各語の意味記述に用いられてきた推論は、どのような推論であるのか詳述される必要が生じる。それは、個別形式の分析上の考察課題ともなる。

6. 本研究の構成と概要

　本節では、本章のまとめと第2章以降の構成について述べる。

6.1　第1章のまとめ

　本章では、本研究の意義と考察対象そして分析の枠組みについて述べた。
　本研究の考察対象は、非現実世界についての認識を表す（66）の諸形式であり、これらを認識的モダリティ形式と呼ぶ。

(66) ようだ、らしい、(し) そうだ、はずだ、かもしれない、
にちがいない、だろう　　　　　　　　　　[(1)を再掲]

　認識的モダリティ形式という呼び名は、これらの形式が認識的モダリティの表示の専属形式であることを意味するのでもなく、また、これらの形式によってしか、認識的モダリティが表されないことを意味するのでもない。

　分析にあたっては、推論という枠組みを設定する。それにより、推論との関わりが指摘されて来なかった形式についても、推論という点から見れば、何らかの特徴を示すことが明らかになる。また、この枠組みの中で概念規定された用語を用いて意味記述することで形式相互の意味の関係を明らかにすることが可能となり、人間の思考・認識に関わる普遍性の高い概念との接点を探る可能性も開かれる。

　分析の枠組みとしての推論は、何らかの手掛かりと認識内容との関係という、緩やかな意味で用いる。認識的モダリティ形式（MOD）は、推論の帰結（Q）について述べ、同時に何らかの手掛かり（P）の存在を表す。

(67) Q（MOD）：何らかの事態PとQとの間に関係（PからQが導かれる関係）がある。　　　　　[(50)を再掲]

　認識には、「客体的・対象的」側面と「主体的・作用的」側面とがある。本研究は「客体的・対象的」側面から意味を記述する立場にあり、PとQ（認識内容と手掛かり）との関係とQ（認識内容）の特徴が、分析上の重要な視点となる。

(68)「推論という枠組みから得られる視点」
　　　PとQ（手掛かりと認識内容）との関係
　　　Q（認識内容）の特徴　　　　　　　[(51)を再掲]

ただし、「主体的・作用的」側面がこれらの形式の意味と無関係だというわけではない。

6.2　第2章以降の構成

　本書は十章で構成されている。
　第2章では先行研究を概観し、分析の視点について述べる。推論

という枠組みを設定することにより、認識的モダリティを考察対象とする先行研究からだけではなく、推論に関わるさまざまな概念から、分析上の示唆を得ることになる。

　続く第3章から第9章までは、各形式の具体的な分析である。第2章で提示された分析の視点に依りつつ考察を行う。各章の主たる考察対象は、以下のとおりである。

　　第3章：ようだ、らしい　　　　　（両形式の共通点の分析）
　　第4章：ようだ、らしい　　　　　（両形式の相違点の分析）
　　第5章：ようだ（直喩）、似ている
　　第6章：（し）そうだ
　　第7章：はずだ
　　第8章：かもしれない、にちがいない
　　　　　　　　　　　　　（推論の方向性という観点からの分析）
　　第9章：だろう、かもしれない
　　　　　　　　　　　　　（主観性という観点からの分析）

　第3章では、「ようだ、らしい」に共通する意味を証拠性と呼び、その実体を探る。両形式に共通する意味としての証拠性は、Sweetser（1990）の提示した三つの認知領域のうち、「内容領域（content domain）」における含意関係（「広義因果関係」）をさかのぼる推論であることを示す。

　第4章は、「ようだ」と「らしい」各々の意味についての考察である。第3章で見た両形式の共通性を拠り所とし、相違点について考察を進める。「ようだ」は「広義因果関係」をカテゴリーの含有関係と捉え、「らしい」はそのまま「広義因果関係」として捉えていることが示される。さらに、「ようだ」と「らしい」各々の持つ意味から、共通性を取り出すという第3章とは逆の手順により、証拠性という概念を図と地という認知図式から捉えなおす。

　第5章は、「ようだ」の多義性に関する考察である。直喩を表す「ようだ」について、同じく比喩表現として使われる「似ている」との比較を行う。そこで見出された「ようだ」の特徴は、第3章、

第4章の考察の結果を裏付ける。

　第6章では「（し）そうだ」について分析を行う。「（し）そうだ」は、事態間の隣接関係に基づく認識を表すと考えられる。「（し）そうだ」に関し、しばしば指摘される未確認表示というニュアンスがここから生じることが明らかにされる。

　第7章では「はずだ」の意味を分析する。従来から指摘されているように、「はずだ」は十分な根拠に基づく演繹推論の結果を表示する。しかし、それだけではなく、例外の排除という暗黙裡の前提が意識化されていることを表すと考える必要がある。

　第8章では、「かもしれない」と「にちがいない」について考察を行う。これらは原因推論表示の適格性に差異があり、「かもしれない」は原因推論の表示に適さない傾向があるのに対し、「にちがいない」はそうではない。これは、両形式が、認識の手掛かりの存在を示してもその特徴については述べないことと、「かもしれない」は可能性、「にちがいない」は必然性を表すことから生じる現象である。

　第9章では、「かもしれない」と比較しながら「だろう」について考察を行い、その主観性と意味との関連を探る。他の認識的モダリティ形式についても、それぞれの意味によって主観性の程度に差が生じることを示す。また、「だろう」については、その主観的意味が「確認要求」への多義的意味拡張の動機となっていることを見る。

　最終章（第10章）では、考察全体を振り返る。各形式の意味を複数の視点から整理し、人間の認識に広く認められるさまざまな特徴、すなわち演繹、帰納、認知領域の異なる含意関係、隣接関係等々が、各形式の意味の中に塗り込められていることを包括的に述べる。そして、推論という分析の枠組みが認識的モダリティの意味記述上、有効であるという結論を得る。

*1　仁田（1989: 47–48）では、認識的モダリティを表す動詞として、この他に、知覚・感覚を表す「〜気がする」「〜気がしてならない」「〜感じがする」などもあげられている。

*2　非現実は現実と対立する概念だが、この二つの世界の他に、仮想世界を認める立場（澤田 2006）もある。認識的モダリティ形式の中に、仮想世界を表せる形式とそうではない形式とがあることからすれば、これは検討すべき課題となる。この点についての検討は今後の課題だが、第3章4.2節に関連する考察がある。

*3　「reality」の「実在」という訳は、澤田（2006）による。「reality」を現実と訳さないのは、この場合の「reality」は、仮想的な世界との対立概念であり、仮想世界ではないことを意味するからである。「reality」という用語は本研究で言うところの「非現実世界」（「投射された実在性（projected reality）」、「潜在的に可能な実在性（potential reality）」）を指す場合にも使われ、本研究で言う「現実」よりも広い概念である。

*4　訳は山梨正明監訳（2011）『認知文法論序説』による。

*5　関連する考察が第4章5.3節にある。

第 2 章
認識的モダリティ分析の視点

1. はじめに

　本研究の分析対象は、認識的モダリティ形式（ようだ、らしい、（し）そうだ、はずだ、かもしれない、にちがいない、だろう）である。また、これらの形式によって表される非現実の認識に、推論過程が介在していると仮定している（第1章）。

　本章では、先人の知見を踏まえ、そこから得られる分析の視点について述べる。分析の視点は本来、分析の進行と並行的にその存在価値が認められる。したがって、本章の考察には、結果全体の先取りとも言える面がある。

　当然のことではあるが、本研究は認識的モダリティそのものを考察対象とする研究から多くの知見を得ている。ただし考察の拠り所となるのはそれだけではない。推論という枠組みの設定により、推論と何らかの接点を持つ概念からも、多くの示唆を得ることになる。ひとつは、論理学のごく基本的な概念、もうひとつは、認知言語学、中でも特に、レトリックに関する議論である。これらの知見に基づき、分析上、有効であると考えられる六つの視点（「視点1」～「視点6」）を得る。

　本章では以下の各節で本研究の分析の視点について見ていく。
　（1）第2節：認識的モダリティを考察対象とした研究から得られる視点
　　　第3節、第4節：推論について指摘されてきた諸特徴から得られる視点　　　（分析の「視点1」から「視点6」）

2. 証拠性・蓋然性・主観表現

　認識的モダリティには、豊かな先行研究の蓄積がある。そこでは意味記述のメタ言語として、証拠、推量、想像、確信、可能性、等々の一般的な概念が用いられてきた。これらの語は抽象度が高く、相互の関係も曖昧になりがちである。しかし、各形式の特徴を的確に捉えているのも事実である。とくに、認識的モダリティに次の三類を認める指摘には、本研究も負うところが大きい。「証拠性」の類、「蓋然性」の類、「主観性」の類と呼ばれる三類である。「(し)そうだ」は、証拠性の中に含められることもあるが（仁田 2000 など）、体系的記述の対象には含まれないことが多いため、ここでは省いている。

　(2)　証拠性：ようだ、らしい、(はずだ)
　　　　蓋然性：かもしれない、にちがいない、(はずだ)
　　　　主観性：だろう

　この三類に示されている形式間の類似点と相違点は、次の三点である。以下、順に概観する。

　(3)　(i)　「ようだ、らしい」の意味が類似しており、また、「かもしれない、にちがいない」の意味が類似している。
　　　　　　　　　　　　　　　　　　　　　　　　　　　　(2.1 節)
　　　　(ii)「はずだ」はそのどちらの類（「ようだ、らしい」の類とも「かもしれない、にちがいない」の類）とも類似する（あるいは対立する）意味を持つ。　(2.2 節)
　　　　(iii)「だろう」は「ようだ、らしい、かもしれない、にちがいない、はずだ」と対立する意味を持つ。　(2.3 節)

　付け加えておくならば、本研究において最終的に認められる形式間の類似点は、上記三点だけではない。すべての考察を終えた第 10 章では、複数の視点から類似点を指摘することになる。しかし、この三点が、認識的モダリティ形式の意味特徴を捉える上でとくに重要であるのは間違いない。

2.1 証拠に基づく認識

「ようだ」と「らしい」、「かもしれない」と「にちがいない」がそれぞれ類似した意味を持つという指摘は、寺村（1984）、仁田（1989, 2000）、森山（1989a）、益岡（1991, 2007）、日本語記述文法研究会編（2003）などに共通する。両類の名称は一定ではないが、「証拠」「蓋然性」と呼ぶ名称を代表させると、その対立は次のようにまとめられる。

(4) 証拠に基づく認識を表す類：ようだ、らしい
　　蓋然性を表す類：かもしれない、にちがいない

ここで「かもしれない、にちがいない」の類の呼び名として用いられている蓋然性という用語と本研究で言う蓋然性とが、異なる概念であることには注意が必要である。第1章3.2節で見たように、本研究は蓋然性という用語を非現実世界の本質、すなわち認識的モダリティ形式全体に共通する意味として用いる。「蓋然性」の定義は、本章4.1節で述べるように、「異なる推論の帰結（非現実世界）の存在が否定されていない」ことを言う。これに対し、「かもしれない、にちがいない」類の名称としてここで用いられている蓋然性は、証拠の存在を示さないことを意味していると考えられる。すなわち、上記二類は、証拠に基づく認識を表すか否かを基準として区分されている。

証拠性という基準に基づきこの二類が設定される背景には、evidentials と judgements という概念が、日本語の認識的モダリティ形式の意味記述に有効であるとする視点がある。evidentials と judgements は、epistemic modality（認識的モダリティ／真偽判断のモダリティ）の類型として Palmer（1986: 53）によって次のように記されている。(5) が evidentials、(6) が judgements に関する記述である[*1]。

(5) Propositions that are asserted with relative confidence, are open to challenge by the hearer and thus require-or admit-evidentiary justification

(6) Propositions that are asserted with doubt as hypotheses and are thus beneath both challenge and evidentiary substantia-

tion*2

　この分類が日本語の認識的モダリティ形式の意味記述に有効であることは、さかのぼって、寺村（1984: 225）が次のように指摘している*3。

　　単純で直観的な推量、推測か、一定の事実を証拠（evidence）として推測を述べるのか、その拠りどころとする事態についての知識が自らの観察によるのか、他から聞いてきたことか、（その両方が混在しているか）、といったようなことがお互いを他から区別する特徴になる。

　「ようだ、らしい」をevidentials（証拠に基づく認識を表す形式である）とする根拠としてまずあげられるのは、「ようだ、らしい」を用いて次例のように言われた場合、「玄関のベルが鳴った」「ドアが開く音がした」などの何らかの状況の存在が含意されるという事実である。

　（7）誰か来たようだ／らしい。

　この特徴は、「かもしれない、にちがいない」を用いて次の例（8）のように言う場合、そのような状況が示されるとは限らないことと対照的である。

　（8）誰か来たかもしれない／にちがいない。

たしかに、例（8）も（7）と同じ状況下（「玄関のベルが鳴った」「ドアが開く音がした」などの状況下）で用いることはできる。しかし、「かもしれない、にちがいない」それ自体は、このような状況を要求するわけではない。例（8）は長い間家を留守にしたとき、留守宅のその間を「これだけ長期に家を空けたのだから」と漠然と思うときの発話にも使える。

　「ようだ、らしい」と「かもしれない、にちがいない」が異なる類に属すことは、「どうやら、どうも」との共起関係にも裏付けられる。「どうやら、どうも」は、「「何らかの観察や情報からすると」といった意味で用いられ」、（益岡1991: 119）「ようだ、らしい」とは共起するが「かもしれない、にちがいない」とは共起しない。

　（9）　　どうやら、僕の声が聞こえなかったようだ。

　　　　　　　　　　　［益岡1991 第3章例（45）、下線は引用者］

38

(10) 　どうやら、僕の声が聞こえなかったらしい。
(11) ＊どうやら、僕の声が聞こえなかったかもしれない。
(12) ＊どうやら、僕の声が聞こえなかったに違いない。

［益岡1991 第3章例（49）、下線は引用者］

「どうやら」「どうも」そのものの意味については、森本（1994: 96）において、「証拠性機能（evidential function）を担う」と記述され、その根拠として、次の文が不自然であることがあげられている。

(13) 　?この音楽はまだ聞いていないが、どうも単調だ。

［森本1994 第5章例（15）］

以上のように、「ようだ、らしい」（証拠性の類）と「かもしれない、にちがいない」（蓋然性／非証拠性の類）とが対立するという指摘は的を射ている。本研究に残された課題は、まず両類の対立を決定付ける「証拠」という概念の明確化であり（第3章、第4章）、次に、証拠の存在を示さないとされてきた形式（蓋然性の類）の意味にも、認識の手掛かりの存在を示すという意味特徴を認める必要性を指摘することにある（第8章、第9章）。

2.2 「はずだ」の位置付け

「はずだ」は、認識的モダリティの体系内の位置付けが安定しない。証拠に基づく認識を表す類と蓋然性を表す類の対立の中で、証拠に基づく認識を表す類であるとされる場合（益岡1991）も、そして蓋然性を表す類であるとされる場合（森山1989a、日本語記述文法研究会2003、三宅2006, 2011）もある。さらに、益岡（2007）のように、「はずだ」を「当然性判断」という独立の類として認める立場もある。

(14) 証拠に基づく認識を表す類：ようだ、らしい、（はずだ）

　　蓋然性を表す類：かもしれない、にちがいない、（はずだ）

このゆれは、証拠と蓋然性という二類の分類基準が、研究者によって異なる可能性を示唆する。あるいは、「はずだ」は証拠と蓋然性の両類の特徴を兼ね備えているのかもしれない。「はずだ」の位置付けを明らかにするには、まず、両類の区分を決定する証拠と

いう概念を明確にするという、前節でも述べた課題が重要となる。その点について検討した上で、「はずだ」についての考察は第7章で行い、第10章第3節において複数の視点から「はずだ」と他の認識的モダリティ形式との相違を捉えることになる。

2.3 「だろう」の主観性

「だろう」は、過去形にならず発話時の認識しか表せないという点で、他の形式と鋭く対立する。

(15) 　＊明日は晴れる<u>だろうた</u>。
(16) 　明日は晴れる<u>ようだった</u>／<u>らしかった</u>／<u>かもしれなかった</u>／<u>にちがいなかった</u>／<u>はずだった</u>。

この事実を踏まえ、「だろう」は主観性の強い判断、すなわち発話時の話者の判断を表すとされてきた。この指摘は、詞辞論（時枝1941）の問題点を指摘した金田一（1953a, b）に始まる。

時枝（同上）によれば、文は表現される事物の客体的表示である「詞」と、話し手の立場の直接的表現である「辞」との結合によって成立する。たとえば「田中さんが来た」という文は、客体表現の「詞」である「田中さん」を主体的把握としての「が」という「辞」が包み込み、次にそれを「来（る）」という「詞」が包み込み、さらにそれを「た」という「辞」が包み込み、主体的に把握されることによって成立する。

時枝（1941）において助動詞類は「辞」として均一に捉えられていたが、金田一（1953a, b）は、「ない、た、らしい」など活用のあるものは客体表現、活用のない「だろう、う、よう、まい」などは、話者の主体的な把握を表す主観表現であり、後者はその点で感動助詞（終助詞や間投助詞）と同じであるとした。

この流れをくみ、仁田（1989: 34–35）では、「「発話時における」「話し手の」といった要件を充した心的態度」を表す「真正モダリティ」と、「この要件から外れたところを有している心的態度」を表す「疑似モダリティ」とが区分され、それぞれを表す形式が「真正モダリティ形式」、「疑似モダリティ形式」と呼ばれている。この名称によれば、認識的モダリティ形式のうち、「だろう」は

「真正モダリティ形式」、その他の形式は「疑似モダリティ形式」となる*4。

　同様の視点から、益岡（1991）では「だろう」が「一次的モダリティ」形式、その他の形式が「二次的モダリティ」形式と呼ばれている。この名称を併記すると、「だろう」とその他の形式との対立は次のようにまとめられる。

　(17)「真正モダリティ形式」／「一次的モダリティ」形式：
　　　　だろう
　　　「疑似モダリティ形式」／「二次的モダリティ」形式：
　　　　ようだ、らしい、かもしれない、にちがいない、はずだ

「だろう」が真の主観表現であるという指摘は、「だろう」の極めて重要な特徴を適切に捉えている。問題はこの特徴と「だろう」の意味との関係である。「疑似モダリティ形式」も文末で発話時の話者の認識を表す。その場合の両者の相違、すなわち、例（18）と（19）との相違について、説明がなされなければならない。

　(18) 明日は晴れるかもしれない／にちがいない。
　(19) 明日は晴れるだろう。

　この場合の「だろう」の特徴を、証拠の存在も表さず確からしさの程度も表さない、というように、他の形式の意味の否定として捉えることはできるかもしれない。しかし、「だろう」の意味は他の否定としてしか記述できないのか。これが、次に考えるべき課題である。

　以上のように、認識的モダリティそのものを考察対象とする先行研究の概観によって見えてきたのは、証拠、蓋然性、主観性等々の概念の明確化という課題である。ただし、このことは（2）に示した三類を認めないということではない。考察すべき問題は残るものの、証拠性、蓋然性（非証拠性）、主観性という三類の認定は的確であると考えられる。第3章以降、具体的な分析に入る際、本研究はこの分類に従い順に考察を行うことになる。第3章から第5章までは証拠に基づく類（「ようだ、らしい」）、第6章では、証拠性の中に含まれることがある「（し）そうだ」、第7章では、証拠か蓋然

性(非証拠性)かの間で位置付けにゆれが見られる「はずだ」、第8章では蓋然性(非証拠性)を表す「かもしれない、にちがいない」、第9章で「主観性」を表す「だろう」についての考察となる。

3. 根拠と帰結との関係に関する特徴

　本研究が考察の拠り所とするのは、認識的モダリティそのものを対象とする研究だけではない。推論という枠組みを設定することにより、人間の思考や認識に関わる概念から多くの示唆を得ることになる。中でも論理学とレトリックの分野からは、得るものが多い。

　第1章でも述べたように、日常の推論の非厳密性を考えると、認識的モダリティの意味記述に論理学を持ち込むのは、不適切であるようにも思われる。論理学は人間の思考の厳密な形式化に関わる。これに対し、言語に反映されているのは妥当性を突き詰めた推論ではなく、曖昧さを含む日常の推論であろう。しかし、古くから指摘されてきた演繹、帰納、可能性、必然性など、論理学のごく基本的な概念は、緩やかな意味で用いるならば、言語の分析に有益な視点を与えてくれる。

　一方、認知言語学は、メタファー、メトニミー、シネクドキーなどのレトリックが、単なる文章表現の技巧ではなく、われわれの認識の基盤であることを指摘している。文の飾りとしてのレトリックと同様の見立ての仕組みが、多義語の意味拡張の動機ともなる。

　推論とレトリックは、「関係」という点で接点を持つ。レトリックは、喩えるものと喩えられるものとの「関係」を問題とする。推論では根拠と帰結との「関係」が問題となる。これら二つの「関係」の間に、何らかの繋がりはないのか。

　本節では、これら先人の知見を参考に、「視点1」から「視点6」の六つの分析の視点を提示する。六つの視点は、本研究が分析の枠組みとする推論の特徴を見る視点となる。

　本研究は、認識的モダリティの分析にあたり、推論という枠組みを設定している。

(20)分析の枠組み

Q（MOD）：何らかの事態PとQとの間に関係（PからQ
　　　が導かれる関係）がある。　　　　　［第1章（50）を再掲］

　第1章3.1節で見たように、認識（推論）には「客体的・対象的」側面と、「主体的・作用的」側面とがある。本研究は前者の側面から認識的モダリティ形式を見ていくが、この立場から見れば、認識の手掛かり（根拠）の特徴について述べるのか、認識の手掛かり（根拠）と認識内容（帰結）との関係（「知識」と呼ぶ）がどのような特徴を持つのかについて述べるのか、という観点が得られる。第1章ではこれを、「分析の枠組みから得られる視点」とした（(21)として再掲）。

(21)「推論という枠組みから得られる視点」
　　　PとQ（手掛かりと認識内容）との関係
　　　Q（認識内容）の特徴　　　　　　　［第1章（51）を再掲］

　根拠Pと帰結Qとの関係を見る際の視点となるのが、「視点1」から「視点4」である。これについては、本節で見ていく。帰結Qの特徴に関するのは、「視点5」と「視点6」である。これについては第4節で見ていく。むろん、推論という枠組みを設定している以上、根拠P（手掛かり）と帰結Q（認識内容）との関係については述べない（「知識」の特徴を表さない）形式であっても、根拠P（手掛かり）の存在は示されることになる。

(22) 第3節：推論の根拠と帰結（認識内容）との関係に関する
　　　　　視点　　　　　　　　　（「視点1」〜「視点4」）
　　　第4節：推論の帰結（認識内容）に関する視点
　　　　　　　　　　　　　　　　　　（「視点5」「視点6」）

　続く第5節では、六つの視点全体の整理をする。認識には「主体的・作用的」側面もあるが、この面についての考察は、主として第9章で行うことになる。

　六つの視点のうち、「視点1」から「視点4」は、次のとおりである。

(23) 視点1：推論には、演繹推論と帰納推論とがある。（3.1節）
　　　視点2：推論の根拠と帰結とを結ぶ含意関係には、認知領域
　　　　　　の異なるものがある。　　　　　　　　　（3.2節）

視点3：含意関係だけではなく、隣接関係や類似関係も推論
の手段として用いられる。　　　　　　　（3.3節）
視点4：日常の推論は、例外を除くという非明示的な前提の
下に成立する場合がある。　　　　　　　（3.4節）

本節では、まず、この四つの視点について見ていく。

3.1　演繹推論・帰納推論

3.1.1　推論の妥当性

推論は、大きく演繹推論と帰納推論とに分けられる。帰納推論は蓋然性推論と呼ばれることもある（近藤・好並1964）。これが、「視点1」である。

演繹と帰納との区分の方法は、一般的に二種類あるとされる。服部（2010）では次のように述べられている。

> 演繹（deduction）と帰納（induction）の区別も容易ではない。1つの規準として、演繹は一般から特殊へ、帰納は特殊から一般へ向かう推論とするものがある。たとえば、「人間は死ぬ」（一般）から「ソクラテスは死ぬ」（特殊）を導くのが演繹、逆の導出（一般化）が帰納である。（中略）もう1つの規準として、演繹は論理的に妥当な（正しい）推論で、帰納はそれ以外の推論とすることも可能である（以下略）。　［服部2010: 2-3］

つまり、次の二種である。

(24) (i) 演繹は論理的に妥当な（正しい）推論で、帰納はそれ以外の推論である。
　　(ii) 演繹は一般から特殊へ、帰納は特殊から一般へ向かう推論である。

(i)の「演繹」は、その中に(ii)の「一般から特殊」を導く推論を含み、(i)の「帰納」は、その下位に(ii)の「特殊から一般」を導く推論を含んでいる。分析に示唆を与えてくれるのは、まず、論理的妥当性によって演繹と帰納とを分ける(i)の区分であり、さらにこの場合の帰納を、特殊から一般を導くものとそうではないものに分ける(ii)の区分である。以下に整理しておく。

(25) 演繹：論理的に妥当な推論
　　　帰納：論理的に妥当ではない推論 ─┬─ 特殊から一般を導く推論
　　　　　　　　　　　　　　　　　　　└─ 特殊から一般を導くのではない推論

　これらの分類すべてに、話者の捉え方が反映する。この点は極めて重要であるが、それについては、次の3.1.2節で述べることとし、まずはこれら三類の基本的な相違を見ておこう。
　まず、演繹推論の例を次に示す。次の図は、「春になれば桜が咲く」ことと「春になった」ことを根拠Pとして、帰結Q「桜が咲くこと」を導く推論を示している。

(26)　　根拠P：春になれば桜が咲く
　　　　　　　　春になった
　　　　―――――――――――――――
　　　　帰結Q：　　　　桜が咲く

この推論は「春になれば桜が咲く」という一般的な法則を個別の事態に当てはめる過程である。「春になれば桜が咲く」という知識と「今、春になった」という事態が共に真であることは、「桜が咲く」という帰結を含意している。つまり、根拠が真であれば、帰結も妥当なものとなる。
　これに対し、個別から一般を導く推論は、帰納推論である。これは、(ii)に示した狭義の帰納推論そのものであり、(i)のように帰納推論を広義で捉える立場から見れば、その一種と言える。
　具体的には、次のような推論である。ある鳥（「シロオ鳥」とする）の嘴の色が、ある個体Aを見ても個体Bを見ても黒かったとする。その事実と、「シロオ鳥（一般）の嘴が黒ければシロオ鳥（個別）の嘴は黒い」という斉一性を根拠に、「シロオ鳥の嘴は皆黒い」という帰結が導かれる。これは、次のように図示できる。

(27)　　根拠P：シロオ鳥（一般）の嘴が黒ければ
　　　　　　　　　　シロオ鳥（個別）の嘴は黒い
　　　　　　　　　　シロオ鳥（個別）の嘴は黒い
　　　　―――――――――――――――――――――
　　　　帰結Q：シロオ鳥の嘴は皆黒い

この場合の帰結Qは、根拠Pの示す以上の内容を表している。

つまり、「シロオ鳥（個別）嘴は黒かった」という事実が何か別の理由（シロオ鳥は雌雄で嘴の色が異なり、見たシロオ鳥が偶然、雄／雌だったなど）によって生じた可能性は否定できない。それにもかかわらず、「シロオ鳥の嘴は皆黒い」という帰結は、この可能性を排除することまでを述べている。

次の（28）に示す推論は、個別から一般を導く推論ではなく、この点（27）とは異なる。しかし、論理的妥当性を基準として演繹と帰納を分けるならば、これも帰納推論である。根拠（「春になれば桜が咲く」という知識と「桜が咲いた」という事態）が共に真であるとしても、帰結「春になった」は必ずしも真とはならない。「二度咲きをしている」「実験的に制御された環境に置かれている」などの原因によって「桜が咲いた」という事態が起きた可能性もあるからである。

(28)　　　根拠 P： 春になれば桜が咲く
　　　　　　　　　　　　桜が咲いた
　　　　　　―――――――――――――――
　　　　　　帰結 Q： 春になった

この推論は、パース（Peirce）によって、演繹推論、一般化を意味する狭義の帰納推論に並ぶ第三の推論として位置付けられたアブダクションである。パースによれば、アブダクションは、一般化という意味での帰納とは異質であり、不可思議な事態を説明する仮説を発想する過程を指す。しかし、「帰納はアブダクションのひとつの型と見るほうが適切である」（デイヴィス 1990: 40）という見方もあり、帰納推論とアブダクションとの差異はそれほど明確なものではないとも言える。

一般化を意味する狭義の帰納推論とアブダクションの区別は議論の余地のある問題ではあるが、本研究では（25）に示したように帰納推論の下位類として両者を区分しておく。その理由は両者には論理的に妥当な推論ではないという共通性がある一方で、素朴な直感として二つの推論が異なると認め得るのは事実であり、そうであるならば言語の記述上有効である可能性が高いからである。実際、「ようだ」と「らしい」の意味の差異には、両者の区別が反映していると考えられる（第4章）。

演繹推論（(26)）と帰納推論（(27)(28)）との相違を一般化して図示しておく。根拠Pの中でも、とくに根拠と帰結とを結ぶ役割を担う関係を「知識」と呼ぶことにし、この「知識」が含意関係である場合を「P→Q」と表記すると、演繹推論と帰納推論は、それぞれ次のように示せる。

(29) 演繹推論

$$\frac{根拠P: P \to Q}{帰結Q: \quad Q}$$

(30) 帰納推論（例）

$$\frac{根拠P: P \to Q}{帰結Q: P}$$

帰納推論に（例）と加えてあるのは、帰納推論には、妥当ではない（と話者が捉える）多様な推論が含まれ、「演繹推論以外」と呼ぶにふさわしい多様性を持つからである。「演繹でない推論すべて」（市川1997:43）というように、否定形で定義されることがある所以である。帰納推論の中には、個別から一般を導く推論やアブダクションだけではなく、希薄な根拠に基づいて断言するような場合や、また、本章3.3節で述べるように、含意関係ではなく、隣接関係に基づく推論も含まれる。

3.1.2　演繹・帰納と話者の捉え方

演繹推論と帰納推論を分け、さらに帰納推論を二分する際（(25)参照）、それぞれに話者の捉え方が反映する。本節ではこのうち、演繹推論と帰納推論の区分に話者の捉え方が反映する点について見ていく。帰納推論の二種も話者の捉え方次第で変わり得るが、これは、第4章の主要な考察課題であり、本節では触れない。

演繹推論と帰納推論の区分は、妥当性の有無を基準として定められる。本節では、妥当性の有無が話者の捉え方に依存する点を補足し、演繹推論と帰納推論を再定義する。重要なのは、次の二点である。

(31)(i) 日常の推論の妥当性判断には、暗黙の前提が重要な役割を果たす。暗黙の前提が推論の方向性を変える場合、妥当性は変わり得る。
　　(ii) 蓋然的な認識結果を得る場合、根拠と帰結との確からしさの乖離度の捉え方によって妥当性が変わる。

まず、(i)について、次の推論を例に見ていこう。
(32) 教え子が、「受かっていたらうかがいます」と言っていた。
　　お、来ているな。
　　受かったに違いない。　　　　　　　　　　　［市川 1997: 12］

　この推論は帰納推論である。「教え子」は「受かっていないときには来ない」とは言っていない。したがって、「来ていた」としても、「受かっている」とは限らない。前件否定の誤りを犯しており、論理的に妥当ではない。
　しかし、この推論を、論理的に妥当な演繹推論と見ることも可能である。「受からなかったら来ない」ということが暗黙の前提として含まれていると考えるのである。日常においては、このように解釈されるほうが自然であるとも言える。(32)の推論は「普通なら双条件解釈をして当然であり、話者の意図にかなっている」(市川 1997: 14)。また、「「隠れた前提（暗黙の前提：引用者の補注）」を顕在化させて帰納的推論を（中略）補完し、演繹的推論に書き換えることは、常に可能である」(三浦 2000: 109)。このように含意関係の逆の成立を暗黙の前提として含めれば、理屈の上では演繹と帰納の境界はなくなる。
　しかし、話者の捉え方という点から見れば、演繹と帰納との間には、やはり差異がある。同じ根拠から同じ帰結を得る場合でも、その推論過程を、含意関係に順行していると捉えるか、逆行していると捉えるかによって、演繹か帰納かが決まる。決定するのは話者である。つまり、(32)の推論を(33)のように捉えるか、暗黙の前提を読み込んで(34)のように捉えるかは、話者次第である。そして、それぞれの捉え方に応じた推論を表示する言語形式があれば、話者は状況に応じて、ふさわしい形式を選択することになるだろう。

(33) 含意関係の逆を読み込まず、帰納と捉えた場合
　　　根拠P：受かったら来る
　　　　　　　　　　　来た
　　　　―――――――――――――
　　　帰結Q：受かった
(34) 含意関係の逆を読み込んで、演繹と捉えた場合
　　　根拠P：来れば受かった
　　　　　　　　来た
　　　　―――――――――――――
　　　帰結Q：　　　　受かった

　次に(ii)「蓋然的な認識結果を得る場合、根拠と帰結との確からしさの乖離度の捉え方によって妥当性が変わる」ことについて見ていこう。「確からしさの乖離」とは、根拠に含まれる以上の確からしさについて述べることを言う。あまり確かな根拠はないのに、確かだという結論を導くような場合である。
　このような推論を妥当性という観点から見た場合、しばしば曖昧なものとなる。三浦(2000:105)では次の例があげられている。
(35) 前提1　20歳の人のうちほとんどが30歳まで生きる。
　　　前提2　aは20歳の人である。
　　　結論　aは30歳まで生きるだろう。　　[三浦2000:105 ①b]
　この場合、「ほとんど」で表示される確率から「だろう」で表される確率が導かれている。この確率の差が妥当と呼べる範囲にあるかどうかは、定かではない。「結論」が「前提1」と「前提2」に含まれる内容を述べているならば、論理的に妥当な演繹推論である。それ以上の(あるいはそれ以下の)確からしさを述べているのであれば、推論は論理的妥当性を欠き、帰納推論となる。どちらの推論かを決定するのは、話者である。すなわち、話者が確率の度合いに乖離がないと捉えるならば演繹推論であり、飛躍が大きいと捉えるならば帰納推論となる。
　以上のように、推論が妥当かどうかは話者の捉え方に依存する。この点を踏まえ、演繹推論と帰納推論を以下のように規定する。
(36) 演繹推論
　　　(i) 含意関係に順行する形で行われる(と話者が認識する)推論。推論の型が、順行か逆行かを決定するには、暗黙

の前提の如何を問題にしなければならない。しかし、暗黙の前提は、通常、話者に意識されていないので、考慮する必要はない。
  (ii) 含意関係に順行する推論でも、根拠と帰結の確からしさの度合いの乖離度が高いならば、演繹から除外される（帰納と見る）。乖離度が高いか低いかは、話者の捉え方に依存する。
(37) 帰納推論
  演繹推論以外の推論

つまり、演繹と帰納とを分かつ視点は次の二点である。これは、そのまま認識的モダリティ形式の分析の視点となる。
(38)(i) 含意関係に順行した推論かどうか。
  (ii) 根拠と帰結における蓋然性の度合いが、乖離しているかどうか。

含意関係に順行し、かつ根拠と帰結との蓋然性の度合が乖離していなければ演繹推論である。含意関係に逆行した推論、あるいは根拠と帰結との蓋然性の度合が乖離した推論は、帰納推論となる。

以上、本節（3.1節）では、「視点1（推論には演繹的推論と帰納的推論があること）」について見た。演繹と帰納を区分する際、(25)に示した帰納推論の二種は、「ようだ、らしい」の意味記述に有効である。また、含意関係に順行するか逆行するかという視点は、証拠性の類と蓋然性（非証拠性）とを区分する上で、とくに重要な役割を担う。根拠と帰結との確からしさの度合の乖離は、とくに「にちがいない」の分析上、重要な役割を果たす。

3.2　異なる認知領域

分析の「視点2」は、含意関係の種類を分ける視点である。根拠と帰結との間を取り結ぶ関係として一般に想起されるのは、まず、含意関係であろう。含意関係と一言で言ってもその中身は一様ではなく、属する認知領域が異なる場合がある。

認知領域とは、Sweetser（1990）によって多様な言語現象の背

後に仮定されたもので、内容領域（content domain）、認識領域（epistemic domain）、言語行為領域（speech-act domain）の三領域を指す。たとえば、"if a, then b" という同じ形の条件文も、三領域にわたって用いられることにより、異なる意味を持つ。例（39）は「内容領域」、例（40）は「認識領域」、例（41）は「言語行為領域」の関係を表示している。

(39) If Mary goes, John will go.
(40) If John went to that party, (then) he was trying to infuriate Miriam.
(41) If I may say so, that's a crazy idea.　　［Sweetser 1990: 114-118］

例（39）（「ジョンは、メアリーが行けば行く」*5）においては、前件が後件で述べられている事態実現の条件である。これに対し、例（40）（「ジョンがパーティーに行ったとすれば、（そうだとすれば）それはミリアムを怒らせようとしたのだ」）において前件は、後件の認識に至る条件を述べている。さらに、例（41）（「こう言ってはなんですが、その考えは馬鹿げていますよ」）においては、発話の理由が提示されている。このような多様な含意関係の存在は、各形式の表す推論に用いられる含意関係がそれぞれ異なるのではないか、という考察の視点を与えてくれる。

3.3　隣接関係・類似関係・含有関係

根拠と帰結との関連付けに、レトリックに用いられる関係が使われているのではないか。これが分析の「視点3」である。

レトリックは表現の技巧であるだけではなく、日常の認識を支えるものの見方である。さまざまな見立ては多義語の意味拡張の動機付けともなる。メタファーとシネクドキー、メトニミーは次のように定義される（籾山 1997: 31, 2001: 34）。

(42) メタファー：二つの事物・概念の何らかの類似性に基づいて、一方の事物・概念を表す形式を用いて、他方の事物・概念を表すという比喩。

シネクドキー：より一般的な意味を持つ形式を用いて、より特殊な意味を表す、あるいは逆により特殊な意味を

持つ形式を用いて、より一般的な意味を表すという比喩。

メトニミー：二つの事物の外界における隣接性、あるいは二つの事物・概念の思考内、概念上の関連性に基づいて、一方の事物・概念を表す形式を用いて、他方の事物・概念を表すという比喩。

メタファー、シネクドキー、メトニミーが、多義語の意味拡張の動機付けになる具体例として、籾山（2001: 34-35）では次の例があげられている。(43)がメタファー、(44)がシネクドキー、(45)がメトニミーの例である。

(43)「花瓶に花が活けてある」と「Aさんは職場の花だ」という2つの文において、前者の分の「花」はおよそ〈植物が咲かせる美しく人目を引くもの〉という意味であり、後者の文の「花」はおよそ〈美しく人目を引く人〉という意味であるが、〈植物が咲かせる美しく人目を引くもの〉と〈美しく人目を引く人〉の類似性に基づき、「花」が後者の意味も表せるわけである。

(44)この「花」(「花見」の「花」：引用者の補注)は〈サクラ（の花）〉を表しているが、〈サクラ（の花）〉は〈植物が咲かせる美しく人目を引くもの〉の一種である。つまり、より一般的な〈植物が咲かせる美しく人目を引くもの〉という意味が、より特殊な〈サクラ（の花）〉という意味になっているわけである。

(45)「素敵な鉢をいただいた」における「鉢」が、〈（鉢に入っている）花などの植物〉を表す場合があるが、この場合、〈鉢そのもの〉と〈花などの植物〉が空間的に隣接している（後者が前者の中に入っている）ことに基づき、本来、〈鉢そのもの〉を表す「鉢」という語によって〈花などの植物〉を表すことが可能になっている。

これらの例は、メタファーに用いられる類似関係、シネクドキーに用いられる包含関係、メトニミーに用いられる隣接関係が、われわれの日常の言語使用を支えていることを示している。

本研究は分析の結果、これらの「知識」が認識的モダリティの意味の中に埋め込まれているという結論を得る。「視点3」は、とくに「ようだ」「らしい」「(し)そうだ」の意味記述上、重要な役割を果たす。

3.4 日常言語の推論と論理学における推論

「視点4」は、日常の推論が通常、例外的な事態を考慮せずになされることを言う。日常言語の推論にはさまざまな暗黙の前提が関与する。3.1.2節で見たように、暗黙の前提が含意関係の逆の成立を保証すれば、推論の妥当性が変わる場合もある。「例外的な事態は考慮に入れない」ことも、日常の推論に関わる暗黙の前提のひとつである。

坂原（1985）では次の例があげられ、説明されている。

(46) 沸騰しているお湯に手を入れれば、やけどをする。

［坂原1985 第3章例（1）］

わざわざ試してみるまでもなく、(1)（上記例 (46)、引用者の補注）が"普通"真なのは誰でも知っている。ところが、この"普通"という制限がすでに、仮定節が結果節を含意するには、"普通"と名付けられる特殊世界への限定が必要であることを如実に示している。つまり、その世界では、高性能の断熱材でできた手袋をしているとか、気圧が異常に低く、沸騰していても40度ぐらいであるといった特殊な事態は除外されている。

［坂原1985: 87］

(46)の推論を、根拠と帰結とに分けて示せば、次のようになる。この推論の成立には、二重下線に示された例外的事態を排除するという前提が必要とされる。

(47) 根拠P：沸騰しているお湯に手を入れる
　　　　　沸騰しているお湯に手を入れればやけどをする
　　　　　<u>高性能の断熱材でできた手袋をしているのではない</u>
　　　　　<u>気圧が異常に低く沸騰温度が40度ぐらいであるのではない</u>

　　帰結Q：やけどをする

推論が、通常このような例外の除外の下に成立していることを、次のように図示しておこう。

(48) 　　根拠P：P
　　　　　　　例外の排除
　　　　　　―――――――
　　　　　　帰結Q：Q

この推論の前提に関する「視点4」は、とくに「はずだ」の意味記述において重要な役割を果たす。

4. 推論の帰結（認識内容）に関する特徴

前節（第3節）では、分析の「視点1」から「視点4」について述べた。これらは、認識の「客体的・対象的」側面のうち、認識の手掛かり（根拠）と認識内容（帰結）との関係（「知識」）に関する特徴であった。

本節では、認識内容（帰結）の特徴に関して、以下の二つの視点を提示する。

(49) 視点5： 推論の結果、ただひとつの帰結が導かれる場合（「必然性」）と相互に矛盾する帰結が同時に導かれる場合（「可能性」）とがある。　　　　　　　　(4.1節)

　　　視点6： 非現実世界（推論の帰結）は、変化する可能性が否定されていない場合がある。　　　　　　　(4.2節)

4.1 可能性・必然性・蓋然性

可能性、必然性という論理学の概念は、認識的モダリティ形式の分析にしばしば援用されてきた。推論の結果には、ただひとつの帰結が導かれる場合と、相互に矛盾対立する帰結が同時に導かれる場合がある。このうち、ただひとつの帰結が導かれた場合には必然性、相互に矛盾する帰結が同時に導かれた場合には可能性が表される。

(50) 必然性： 推論の結果、ただひとつの帰結が導かれること

　　　可能性： 推論の結果、相互に矛盾する帰結が同時に導かれること

たとえば、何らかの手掛かりから「Aさんは今夜パーティーに来

る」と推論するような場合、「必然性」が表される。この場合、疲れていても、残業があっても、急な接待が入ったとしても、とにかく「今夜Aさんは来る」と認識される。

これに対し「疲れていても来る」し、また「残業があっても来る」が、「急な接待が入った場合には来ない」というように帰結がひとつに定まらず、複数が同時に導かれるような場合には「可能性」が表される。

帰結Qと矛盾対立する帰結をQ′、Q″……と表示することにすると、「必然性」と「可能性」は、次のように示すことができる。

(51) 必然性：ただひとつの帰結が導かれる：P→Q
　　 可能性：相互に矛盾対立する帰結が同時に導かれる：
　　　　　　P→Q, Q′, Q″……

このように「可能性」、「必然性」という概念を認識的モダリティの分析に応用する際、話者の知識との関わりの中で考えるという点は重要である。この点について、ナロック（2002）に次の記述がある。

　　論理学的モダリティ概念を支え、言語学への幅広い応用を可能とするのは、可能世界（possible worlds）理論である。この理論では、現実世界の他に無限に可能な世界が存在するとするが、ある命題の必然性または可能性は、可能な世界の中からある条件を満たしているために、到達できる（accessible）可能世界との関係で定義される。真理論のモダリティにおいては、全ての世界が到達可能となっているが、認識的モダリティにおいては話し手の知識と適合している世界だけが到達可能となっており、義務のモダリティでは人間がある倫理的または法律的な制度に従って行動する世界が到達できる世界となっている。

　　　　　　　　　　　　　　　［ナロック 2002: 220、下線は引用者］

つまり「可能性」は話者の到達可能な世界について言うのであって、無限の可能性を指すのではない。「可能性」という概念は「かもしれない」と「にちがいない」の意味記述にとくに重要な役割を果たすが、たとえば「かもしれない」が「可能性」を表すと言う場合、話者なりの捉え方によって限定された世界における「可能性」

のことを言う。

　考察がやや脇道に逸れるようであるが、ここで「蓋然性」の概念規定をしておこう。第1章第3節で述べたように、認識的モダリティ形式は非現実世界について述べ、非現実世界は蓋然的であることを特徴とする。「蓋然性」の特徴把握には、「可能性」との比較が有効である。第1章3.2節では、「蓋然性」を不確かさと捉えるに留めたが、ここで、次のように規定しておく。

　　(52)蓋然性：異なる推論の帰結（非現実世界）の存在が否定されていない。

「否定されていない」とするのは、到達可能な非現実世界が複数あることを明示しない場合にも、「蓋然性」が表されることを意味する。たとえばひとつの認識に至ったとき、他の世界への到達可能性の検討が不十分であり、その存在が肯定も否定もされていない（と話者が認識する）のならば「蓋然性」が表されることになる。

　したがって、(50)に示した「可能性」は、「蓋然性」の下位に位置することになる。「可能性」は異なる推論の結果（非現実世界）が「存在する」と述べることを意味するが、「蓋然性」は「存在が否定されていな」ければよい。

　認識的モダリティ形式は非現実世界の認識を表し、非現実世界は蓋然的であることを特徴とする。つまり、すべての認識的モダリティ形式は、「蓋然性」を表す。ただし、その理由はさまざまである。到達可能な可能世界が複数あることを明示する場合も、他の非現実世界を否定しないという形で消極的に示す場合もある。各形式が「蓋然性」を表す理由については、第3章以降の分析の中で随時述べ、また、第10章2.7節で整理することになる。

4.2　変化可能性

「蓋然性」は認識時に話者の認識内において異なる可能世界が「共存」する可能性が否定されていないことによっても表されるが、ある時点でひとつの認識が提示されたとしてもそれが時間とともに「変わりゆく」可能性が否定されていないという、動的な把握によっても表される。

(53)「蓋然性」の動的把握：
　　　　認識時にはひとつの認識を表しても、それが変化する可能性が否定されていない。

具体例に即して見ておこう。ある時点で「Aさんはパーティーに来る」と認識していたとする。しかし、その後、新たに「そういえば昨日会ったときずいぶん体調が悪そうだった」ことを思い出せば「来ない」という認識に変化することもあり得る。

(54)「Aさんはパーティーに来るか」についての認識

　　　パーティーが好き→来る　　体調が悪い→来ない
　　　　　　　　‖　　　　　　　　　　　‖
　　　　　ある時点 ……………………… 別の時点 … 時間の流れ

非現実世界は、本来的にこのような不確かさを抱えている。抽象化して示せば次の(55)のようになる。時点「T_1」における認識を「$P_1 \to Q_1$」、また別の時点「T_2」における認識を「$P_2 \to Q_2$」などとする。非現実世界の認識を表す以上、そこには何らかの手掛かりが存在するが、その特徴は特定されていない場合もあるため、根拠の部分は丸括弧に入れて表してある。

(55) $(P_1 \to)\ Q_1$　　$(P_2 \to)\ Q_2$　　$(P_3 \to)\ Q_3$
　　　　　‖　　　　　　　‖　　　　　　　‖
　　　　T_1 ………… T_2 ………… T_3 …… 時間の流れ

ある時点(「T_X」とする)において、「$P_X \to Q_X$」という認識が得られ、認識内容が「変わりゆく」可能性が意識されていない場合についても、次に示しておく。

(56) $(P_X \to)\ Q_X$
　　　　　‖
　　　　T_X

以上のように、「蓋然性」を動の面からも捉えることができる。これが、認識的モダリティ形式の意味の記述に有効であると思われる「視点6」である。「視点6」は「だろう」の意味記述においてとくに重要な役割を果たす。

5. おわりに　分析の枠組みとしての推論の諸特徴

第3節、第4節で提示した「視点1」から「視点6」は以下のとおりである。

(57) 視点1：推論には、演繹推論と帰納推論とがある。

　　　視点2：推論の根拠と帰結とを結ぶ含意関係には、認知領域の異なるものがある。

　　　視点3：含意関係だけではなく、隣接関係や類似関係も推論の手段として用いられる。

　　　視点4：日常の推論は、例外を除くという非明示的な前提の下に成立する場合がある。

　　　視点5：推論の結果、ただひとつの帰結が導かれる場合（「必然性」）と、相互に矛盾する帰結が同時に導かれる場合（「可能性」）とがある。

　　　視点6：非現実世界（推論の帰結）は、変化する可能性が否定されていない場合がある。

「視点1」から「視点4」は推論の根拠と帰結との関係（知識）に関する特徴、「視点5」と「視点6」は推論の帰結（認識内容）に関する特徴であり、「視点1」から「視点6」はいずれも、認識の「客体的・対象的」な側面の特徴である。

以上のように、本研究は「客体的・対象的」な特徴からの分析を出発点とするが、これは「主体的・作用的」側面の観察が不要であることを意味するわけではない。この点に関しては、主に第9章で考察する。

「視点1」から「視点6」を、図と共に再提示する。

(58) 視点1：推論には、演繹推論と帰納推論とがある。

　　　　　演繹とは、含意関係に順行する形で推論が行われることを言う。ただし、含意関係に順行する推論でも、根拠と帰結の蓋然性の度合いの乖離度が高いならば、演繹から除外される（帰納となる）。帰納とは、演繹以外の多様な推論を指す。

根拠と帰結を関連付ける含意関係を「P→Q」と表示して示すと、

「視点1」は以下のように示せる。

(59) 視点1

   演繹推論   帰納推論（例）
   根拠 P：P → Q   根拠 P：P → Q
      P   Q
   ―――――――   ―――――――
   帰結 Q： Q   帰結 Q：P

(60) 視点2：認知領域の異なる含意関係がある。認識的モダリティ形式の分析に重要なのは、内容領域における含意関係と認識領域における含意関係である。

内容領域（content domain）の関係であることをとくに小文字 p と q で表記すると、以下のように示せる。

(61) 視点2

   根拠 P：p → q（内容領域） 根拠 P：P → Q（認識領域）
      p   P
   ―――――――――― ――――――――
   帰結 Q： q   帰結 Q： Q

(62) 視点3：含意関係だけではなく隣接関係や類似関係も推論に用いられる。隣接関係はメトニミー、類似関係はメタファーの成立の基盤となる関係である。

これを図示すると、次のようになる。

(63) 視点3

   根拠 P：p と q が隣接 根拠 P：p と q が類似
      p   p
   ――――――――   ――――――――
   帰結 Q： q   帰結 Q： q

(64) 視点4：推論は例外を除くという非明示的な前提の下に成立する場合がある。

次のように図示できる。

(65) 視点4

   根拠 P
   例外の排除
   ―――――
   帰結 Q

(66) 視点5：推論の結果、ただひとつの帰結が導かれる（「必然性」を表す）場合と、相互に矛盾する帰結が同時に導

かれる(「可能性」を表す)場合がある。
「必然性」と「可能性」は次のように示せる。
(67) 必然性:(ただひとつの帰結が導かれる場合):P → Q
可能性(相互に矛盾対立する帰結が同時に導かれる場合):
P → Q, Q′, Q″……
(68) 視点6:非現実世界の認識(推論の帰結)は変化する可能性が否定されていない。

これを図示すれば、次のようになる。Tは時間を表している。推論の結果Qは、時間とともに変化する可能性が否定されていないことになる。

(69) 変化可能性が否定されていないこと(「蓋然性」の動的把握)

$(P_1 →) Q_1 \quad (P_2 →) Q_2 \quad (P_3 →) Q_3$
$\quad\quad \| \quad\quad\quad\quad \| \quad\quad\quad\quad \|$
$\quad\quad T_1 \cdots\cdots\cdots T_2 \cdots\cdots\cdots T_3 \cdots$ 時間の流れ

また、認識的モダリティ形式は、非現実世界についての認識を表し、非現実世界は「蓋然性」という特徴を持つ。「蓋然性」は、次のように規定される。

(70) 蓋然性:異なる推論の帰結(非現実世界)の存在が否定されていない。

「蓋然性」は、「視点5」における「可能性」とは異なる概念である。「可能性」が、矛盾する非現実世界が存在すると述べるのに対し、「蓋然性」は「可能性」の広がりを否定しない、という捉え方である。

(71) 可能性:異なる非現実世界が存在する。

次節以降、各形式の具体的な分析に入る。

---

*1 この他に declaratives についての記述がある。
*2 (5) 比較的高い確信を持って主張され、聞き手がその正当性を疑う余地があるため、証拠に基づく正当化を必要とする(あるいは認めている)命題

(6) 仮説として確信なく主張され、それゆえその正当性を疑ったり、実証するための証拠を示すに値しない命題（訳は著者）

*3 寺村（1984: 224–225）は、パメラ・ダウニング氏と青木晴夫氏（Aoki 1986）から、アフリカ諸言語に関する研究者の間でよく用いられるevidentialsという概念があるとの教示を受けたと述べている。

*4 「真正モダリティ形式」としては、この他に次のようなものがあるとされている。
 (i) 早くこちらへ来い。   ［仁田1989 例（82）］
 (ii) よし、すぐに行こう。   ［仁田1989 例（83）］
 (iii) おそらく雨は降るまい。   ［仁田1989 例（84）］

「疑似モダリティ形式」としては、この他に、願望を表す「〜たい」や意志を表す「〜つもりだ」などがあげられている。

*5 訳はいずれも澤田治美訳（2000: 165–168）『認知意味論の展開』による。

第 3 章
証拠に基づく認識

1. はじめに

　認識的モダリティ形式「ようだ、らしい」(例(1))は、証拠に基づく認識を表すとされてきた。本章の目的は、両形式の共通性、すなわち、証拠に基づく認識（証拠性）とは何かを考察することにある。
　(1) どうやら田中さんは来ないようだ／らしい。
　両形式の相違については次章で、「ようだ」のいわゆる「直喩」の用法については、第5章で考察を行う。また、第1章でも言及したように、「らしい」の多義性は本研究の考察対象外である。
　ここで言う証拠性が「ようだ、らしい」の共通性の呼び名であることには、注意が必要である。証拠性は言語類型上でも重要な役割を果たすが、証拠性をこの立場から見た場合、「ようだ、らしい」の共通性は証拠性と呼ぶにふさわしくないと言うこともできるからである。
　Palmer (2001) は、複数の言語に証拠性のモダリティ (evidential modality) が認められることを指摘し、それを報告内容に基づいて述べるか (reported)、感覚的に得た情報に基づいて述べるか (sensory) に分類している。すなわち、この場合の証拠性は特定化された情報に基づく認識のことを意味すると考えられる。
　証拠性をこのように見るならば、「らしい」は証拠性と呼べる用法もそうではない用法も持つことになる。「伝聞」を表す場合には、情報源が伝聞内容に特定化されているため、「報告的 (reported)」に属し、証拠性の一種となる。一方で特定の情報に基づかない認識を表すこともあり、この意味では証拠性に入らない用法も持つ。澤田 (2012) において「認識的モダリティ」と呼ばれる用法である。

次の例（2）は「証拠性モダリティ」、例（3）は「認識的モダリティ」の例である。

(2)「奥さん、昨夜、ぼくは、先方に電報を打ちましたよ。その返電が今朝早くありましたがね。先方は、今、旅行していると言うのです。三、四日かかる<u>らしい</u>ですね」
〔澤田 2012 例（17b）、もとの例文は『わるいやつら』〕

(3) 昏いが、足元の枯草がほの白く見えた。彼女はそれを踏みながら、急な斜面を気をつけながら降りた。（中略）離れたところに水の音がしていた。川の中心までは距離が相当にある<u>らしい</u>。　〔澤田 2012 例（17a）、もとの例文は『黒い樹海』〕

例（3）の場合、認識の手掛かりは聴覚に特定されていない。「「川の中心までは距離が相当にある」という事柄は主人公の女性の推量・判断」（p.70）である。これに対し、例（2）の場合、「電報」で示された伝聞内容に基づく認識であることが明示的である。

以上のように、手掛かりとなる情報の特定化という意味で証拠性という語を用いるとすれば、「らしい」を証拠性の類と単純に呼ぶのは難しいと言える。

しかし、本研究では、例（2）の「証拠性モダリティ」と、例（3）の「認識的モダリティ」を区別せず、「ようだ」と「らしい」の共通性を証拠性と呼ぶことにする*1。なぜならば認識の手掛かりとなる情報の種類が特定されていなくとも「ようだ」「らしい」が手掛かりの存在を明示するのは確かであり、日本語の認識的モダリティ研究においては、この意味で「ようだ、らしい」が従来から証拠性と呼ばれてきたからである。また、本研究もその呼び名がふさわしいと考えている（第 5 節）*2。世界の言語における証拠という類（Aikhenvald 2004 など）の中における、日本語の認識的モダリティの関連付けという問題は、今後の課題となる。

「ようだ」「らしい」の意味を記述するにあたり、本章ではまず、両形式の意味の共通性について考察を行い、相違については次の第 4 章で考察を進める。この手順は類似度が極めて高い両形式の意味に接近する手段として、有効であると考えられる。ただし、このような考察順序によるために、「ようだ、らしい」のうち、一方しか

使えない文脈についての考察は、本章の考察対象からは除かれ、次章の課題として残される。次例のような場合である。

（4）（コートを買うために試着して）小さいようだ／*らしい。

この例では、「小さい」という自らの感覚が曖昧であり、その曖昧な感覚が言語化されている。このような文脈下で「ようだ」は容認されるが、「らしい」は不自然である。

2. 証拠に基づく認識

第2章2.1節でも触れたように、「ようだ、らしい」と「かもしれない、にちがいない」とは、証拠に基づく認識を表すか、蓋然性を表すかという点で対立する（寺村1984、仁田1989, 2000、森山1989a、益岡1991, 2007、日本語記述文法研究会編2003、三宅2011など）。

（5）証拠に基づく認識を表す類：ようだ、らしい
　　　蓋然性を表す類：かもしれない、にちがいない

この二類が認められるとき、すべての記述に、証拠という語が用いられているわけではない。「証拠」（仁田2000: 139、益岡2007: 145、三宅2011: 203など）や「客観的な事実」（寺村1984: 249）に基づく判断、「観察したことや証拠に基づく推定」（日本語記述文法研究会編2003: 163）、「存在している徴候や証拠から引き出され、捉えられたもの」（仁田2000: 139）などと記述されることもある。このように、用語にずれはあるものの、「ようだ、らしい」をevidentialsであると捉え、認識の手掛かりが証拠と呼べるようなある特徴を持ったものだと指摘する点は、共通している（第2章2.1節）。

「ようだ、らしい」が証拠（「客観的な事実」「徴候」「状況」「現実世界の観察や情報」）に基づく認識を表すとされるのは、次のような文脈で使われるからである。

（6）（玄関で物音がしたのを聞いて）誰か来たようだ／らしい。

この場合「ようだ、らしい」は、「玄関の物音」に基づく認識を表している。次例でも同様に、二重下線部に示した事態に基づく認識

を表している。

(7) 再びドアがノックされた。「花岡さん、花岡さん」ドアの向こうの人間は、靖子たちが部屋にいることを知っているようだ。　　　　　　　　　　　　　　　　　　　［『容疑者Ｘの献身』］

(8) ホテルの門を入って左側に、地下へと続くスロープがある。駐車場への入り口らしい。　　　　　　　　　　　　［『容疑者Ｘの献身』］

　証拠という用語を用いる場合、それが関係概念であるという点は重要である。つまり、証拠は何に対してのものかを述べなければ意味をなさない。しかし、証拠という概念が「客観的な事実」「状況」「現実世界の観察や情報」などとされる場合には、手掛かり単独の特徴として捉えられているように思われる。

　関係概念と捉えなければ、証拠を「ようだ、らしい」に共通の意味とする上で問題が生じる。次の例は、「客観的な事実」と思われる事態であっても「ようだ、らしい」の表す認識の手掛かりとなれない場合があることを示している。

(9)　　（「この小説のプロットはすばらしい」ということを手掛かりとして）
　　　（どうやら）作者はかなり才能のある人のようだ／らしい。

(10)　（「この小説のプロットはすばらしい」ということを手掛かりとして）
　　　＊（どうやら）作者は直木賞を受賞するようだ／らしい。

例(9)では、「ようだ、らしい」が容認されるのだから、「この小説のプロットはすばらしい」は「客観的な事実（証拠）」のはずである。しかし、例(10)では「ようだ、らしい」を用いることはできず、同じ事実が証拠とは認められないことになる。例(10)と同じ文脈「かもしれない」「にちがいない」ならば用いることができるのであるから、このような推論そのものが不可能だというわけではない。

(11)（「この小説のプロットはすばらしい」ということを手掛かりとして）
　　作者は直木賞を受賞するかもしれない／にちがいない。

考察が脇道に逸れるようであるが、認識の手掛かりと認識内容との関係を問題にするとき、例文の容認度判定については、注意が必要である。容認度はあくまでも丸括弧内の事態を手掛かりとした認識であるとして判定する。たとえば、例（10）が非文であるというのは、あくまでも「この小説のプロットはすばらしい」ということを手掛かりとして」であり、本を読み終えた直後などの発話である。ここに、「直木賞選考委員のうち数人が高い評価をしているという確かな筋からの話を聞いた」という状況を読み込めば容認度は変わる。例文の容認度については、このように、常に丸括弧内を手掛かりとすることに注意する必要がある。
　考察を本筋に戻そう。証拠性を「客観的な事実」に基づく認識表示とする記述、すなわち手掛かり単独の特徴で証拠を概念規定するならば、「かもしれない」など他の形式との差異化の上でも問題が生じる。「客観的な事実」と思われるものに基づく認識を「かもしれない」なども表すことができるのである。次の例（12）から（15）の二重下線の部分は、「客観的な事実」「現実世界の観察や情報」などと言うことができ、その意味でならば「証拠」と呼べる。しかし、それに基づく認識を表せるのは、「ようだ、らしい」だけではない。

(12)「一雨来るかもしれないな」早くもランニングシャツ一枚になった芳之が、テラスの戸をあけながら空を見た。灰色の空が重くたわんでいる。　　　　　　　　　　［『残像』］

(13) 飯塚は笑っていたけれど、それなりに本気だったにちがいない、言葉には熱が篭っていた。　　　［『猫を数えて』］

(14) 前方の林はやがて斜面になっていった。北側のフェンスと同じように、先端は海へ落ちているはずだ。　　　［『神の火』］

(15) 背を屈めて彼の顔を覗き込んでいる気配である。彼の顔のすぐ上に江美子の顔がある筈だ。　　　［『砂の上の植物群』］

以上の観察から浮かび上がってくるのは、「ようだ、らしい」の共通性を特徴付ける証拠を、認識の手掛かりと認識内容との関係という視点から見ることの重要性である。以下、本研究はこの視点から考察を行う。

第3章　証拠に基づく認識

ただし、このことは、証拠を「客観的な事実」と捉える見方を否定するものではない。例（1）が示すように、手掛かりを単独で見て「客観的な事実」と呼べるような特徴が認められることは事実であり、この指摘は「ようだ、らしい」の使用条件の一部を的確に捉えていると考えられる。この点については、第4章6.2節の考察課題となる。

3．証拠と content domain における含意関係

結論を先取りすれば、「ようだ、らしい」の共通性である証拠に基づく認識（証拠性）とは、結果から原因へ向かう認識のことであると考えることができる。日常語としての証拠も、ほぼ同様の意味で用いられていると言えるだろう。たとえば、ある部屋が犯罪の現場であったことの証拠は、犯罪の結果として残された血痕である。約束の日に手紙が投函されたことの証拠は、その結果として残された消印である。

ここで原因あるいは結果と言う場合、その基盤となる因果関係は、次節（3.1節、3.2節）で見るように「広義因果関係」として定義される。考察の結果として、「ようだ、らしい」の表す推論は「広義因果関係」における結果（証拠）を原因へさかのぼるという方向性を持つ推論（原因推論）であると考えることができる。

(16) ようだ、らしい：「広義因果関係」の結果から原因を導く推論の帰結を表す。

「広義因果関係」を $[p \to q]$ と表示し、(16) を図示すると、次のようになる。

(17) ようだ、らしい：

　　　根拠 P：$[p \to q]$
　　　　　　　　q
　　　　―――――――――
　　　帰結 Q：　p

ここには二つの意味特徴が含まれている。ひとつは、推論の知識が「広義因果関係」であること、もうひとつは、推論が「広義因果関係」をさかのぼる方向性を持つことである。次の3.1節と3.2節

では、「広義因果関係」の概念規定を行う。「ようだ、らしい」の表す推論がそれを結果から原因へさかのぼるという方向性を持つことについては、続く第4節の考察課題とする。

3.1 「広義因果関係」と認知領域

「広義因果関係：p→q」は、次のように定義される。

(18)「広義因果関係：p→q」
　　　pであればqというように事態は存在、生起するという、事態のあり方（存在や生起の仕方）についての認識の型

たとえば、「無理な運転をすれば事故が起きる」という関係は、一方を契機として他方が生じ、時間的には前後関係にあるという意味で典型的な因果関係である。しかし、「広義因果関係：p→q」は、このような典型的な因果関係だけではない。一般的な事態が個別の事態の存在を含意すること、またあるモノがその属性を持つことも「存在の仕方についての認識の型」であり、「広義因果関係」に含まれる。

　具体例を示そう。「広義因果関係」であることを示すために角括弧で括る。

①原因と結果
(19)［無理な運転をする→事故が起きる］
(20)［ガラスに石を投げる→ガラスが割れる］
(21)［酸素がある→火が燃える］
(22)［弁護士になりたい→法律を熱心に勉強する］：目的と手段

②一般と特殊
(23)［女の子は甘い物が好きだ→知子も花子も甘い物が好きだ］
　　　：主部が一般、特殊の関係
(24)［太郎は算数が苦手だ→太郎は分数も小数点もわからない］
　　　：述部が一般、特殊の関係

③モノと属性

(25)［(ある物は) お父さんのシャツである→(それは) 大きい］

記述の便宜上①②③に分類したが、その間に明確な境界があるわけではない。次の例は①の「原因と結果」であるとも、また、②の「一般と特殊」の関係であるとも考えることができよう。

(26)［当たりくじは10本に1本だ→100本くじを買ったら10本
　　　　当たる］　　　　　　　　（「原因と結果」／「一般と特殊」）

同様に、次の(27)は、①の「原因と結果」の関係であるとも③の「モノと属性」の関係であるとも考えられ、(28)は②の「一般と特殊」であるとも③の「モノと属性」であるとも考え得る。

(27)［雨が降っている→雨音が聞こえる］

（「原因と結果」／「モノと属性」）

(28)［親切な人だ→親切にしてくれる］

（「一般と特殊」／「モノと属性」）

含意関係に認知領域の異なるものがあるという「視点2」(第2章3.2節)の観点から見るならば、「広義因果関係」は、内容領域(content domain)における含意関係である。「広義因果関係」についてこの特徴を押さえておくことは、他の認識的モダリティ形式が推論の方向性（「広義因果関係」の原因推論に適するか）について示す特徴について考える上でも重要である（第8章）。

内容領域(content domain)とは、Sweetser (1990) が、多様な言語現象の背後に見出した、次の三つの認知領域のうちのひとつである。

(29)内容領域（content domain）

　　　認識領域（epistemic domain）

　　　言語行為領域（speech-act domain）

第2章3.2節では、条件節の多義的意味の広がりが、この三領域の設定によって説明可能となる例をあげた。becauseの多義性も同様に、この三領域の仮定によって説明可能となる。

(30) John came back because he loved her.　　　　（内容領域）

(31) John loved her, because he came back.　　　　（認識領域）

(32) What are you doing tonight, because there's a good movie

on.（言語行為領域）[Sweetser 1990 第4章例 (1a)(1b)(1c)]

例 (30) の because は、「戻る」という行動の理由を表しており、例 (31) では「彼女を愛している」と判断する理由を表している。さらに例 (32) では、「今夜の予定を尋ねる」という言語行為を行う理由を表している。

同様の意味の広がりは、日本語の接続助詞「〜から」にも並行的に見られ、普遍性の高さが覗える。

(33) ジョンは彼女を愛している<u>から</u>戻ってきた*3。
(34) 戻ってきたのだ<u>から</u>、ジョンは彼女を愛しているのだ。
(35) 今夜予定はある？　いい映画がある<u>から</u>聞いているのだけど。

この三領域のうち内容領域の「〜から」で結ばれる含意関係が、「広義因果関係：p→q」である。これを単に因果関係と呼ぶこともできるが、すでに見たように、ここには「モノと属性」のような時間的に前後しない関係も含まれる。日常で言う因果関係と比して指示範囲が広いと思われ、この点を踏まえて「広義」とする。

3.2　「広義因果関係：pならばq」の操作的定義

「広義因果関係：p→q」は非対称的である。先の例 (33)(34) で見たように、原因pと結果qを逆転した「知識：q→p」も「〜から」で結ばれる関係となり得る。しかし、「内容領域」の含意関係が逆転した例 (34) の「〜から」の示す関係は認識領域の関係であり、「広義因果関係」には含まれない。「広義因果関係」は同じ「〜から」で結ばれる関係のうち、「内容領域」の「〜から」で結ばれる関係をのみを取り出したものである。

「内容領域」の「〜から」は、南 (1974) の示した階層構造*4におけるB類の「〜から」に相当すると考えられる。田窪 (1987) では、南 (1974) の示した従属節の階層構造においてC類とされていた「〜から」に、二種類、すなわち行動の理由を表すB類の「〜から」と、判断の根拠を表すC類の「〜から」があると指摘されている。B類は事態のレベル、C類は判断のレベルと対応するのであるから、事態間の関係を表す「広義因果関係：p→q」は、B類の「〜から」で結ばれる関係であると考えられる。

表面上、同じ形をとるB類の「～から」をC類の「～から」から区別する指標について、田窪（1987）には次のような指摘がある。

　　　文末の述語以外では、「の」のスコープ内に含まれる要素が、潜在的な焦点位置である。「の」のスコープ内、したがって、疑問やモーダルの焦点に来得るのは、A、B類の要素である。
　　　　　　　　　　　　　　　　　　　　　　　　　　　［田窪1987: 44］

　つまり、疑問の焦点となり「の」のスコープ内に含まれている「～から」は、B類の「～から」であり、C類の「～から」ではないことになる。このテストを前節であげた「広義因果関係」（(36)として再掲）の例に当てはめてみよう。

　(36)［無理な運転をする→事故が起きる］　　　　［(19)を再掲］
　(37) A：　どうして事故が起きたの？
　　　 B：　無理な運転をしたから事故が起きたんだ。
　(38) A：　どうして無理な運転をしたの？
　　　 B：＊事故が起きたから無理な運転をしたんだ。

例（37）は、実際には次のように後件が省略されるほうが自然ではあるが、「～から」で結ばれる二つの事態が何であるかを明示するために、後件を表示してある。

　(39) A：　どうして事故が起きたの？
　　　 B：　無理な運転をしたからなんだ。

後件表示の有無にかかわらず、例（37）（39）の「～から」は疑問の焦点となって「の」のスコープ内に含まれており、B類の「～から」であると言える。しかし、例（38）が成立しない以上、(36)を逆転した関係は、「広義因果関係」とは言えない。つまり、「無理な運転をする→事故が起きる」は「広義因果関係：p→q」であるが、「事故が起きる→無理な運転をする」はそうではない。

　何が原因pであり何が結果qであるかは、二つの事態間の関係としてそれぞれに決定され、固定的ではない。ある事態との関係では結果であったものが、他の事態との関係の中で原因となることもあり得る。たとえば「事故が起きる」という事態は、「無理な運転をする」という事態との関係では、結果である。しかし、「救急車が

来る」という別の事態との関係では原因となる。「事故が起きる→救急車が来る」が「広義因果関係」であることは、B類の「〜から」で結ばれることからわかる。

(40) A： どうして救急車が来たの？
　　 B： 事故が起きたから救急車が来たんだ。

前節であげた「広義因果関係」の具体例のうち、②の「一般と特殊」、③の「モノと属性」の中からもそれぞれ一例を取り上げ、操作的定義を適用しておこう。次の例 (41)(42) の (a) が「広義因果関係」であることは、(b) に示すようにB類の「〜から」で結ばれることから確認できる。これに対し、この原因と結果が逆転した関係は (c) に示すようにB類の「〜から」で結ばれず、「広義因果関係」には含まれない。

(41) a. ［女の子は甘い物が好きだ→
　　　　知子も花子も甘いものが好きだ］　　　［(23) を再掲］
　　 b. A： どうして知子も花子も甘い物が好きなの？
　　　　B： 女の子だから好きなんだ。
　　 c. A： どうして女の子は甘い物が好きなの？
　　　　B：＊知子も花子も好きだから女の子は好きなんだ。

(42) a. ［(ある物は) お父さんのシャツである→(それは) 大きい］　　　［(25) を再掲］
　　 b. A： どうして大きいの？
　　　　B： お父さんのシャツだから大きいんだ。
　　 c. A： どうしてお父さんのシャツなの？
　　　　B：＊大きいからお父さんのシャツなんだ。

容認度判定には注意が必要である。とくに (c) は容認可能ではないかと思われるかもしれない。しかし、これらが容認されると言う場合、それぞれ次の例 (43)(44) の意味で理解されていると考えられる。

(43) A： どうして女の子は甘い物が好きだと (あなたは) 信じているの？
　　 B： 知子も花子も甘い物が好きだから女の子は甘い物が好きだと (私は) と信じているんだ。

第3章　証拠に基づく認識

(44) A： どうしてお父さんのシャツだと思うの？
　　　B： 大きいからお父さんのシャツだと思うんだ。

例 (43) (44) が容認されることによって認められるのは、(41a) (42a) ではなく、次の (45a) (46a) に示す「広義因果関係：p → q」である。4.1 節の考察を先取りすることになるが、(b) に示すように、この結果 q から原因 p へさかのぼる推論ならば「ようだ、らしい」で表すことができる。

(45) a. ［知子も花子も甘い物が好きだ→
　　　　　女の子は甘い物が好きだと信じる］
　　　b. 太郎が女の子は甘い物が好きだと信じているところからすると、どうやら太郎の姉の知子も花子も甘い物が好きなようだ／らしい。

(46) a. ［大きい→お父さんのシャツだと思う］
　　　b. 太郎があのシャツを「お父さんのだ」と思っているところからすると、どうやらあのシャツは大きいようだ／らしい。

4.「広義因果関係」における原因推論と証拠

　本節では、「ようだ、らしい」が「広義因果関係」を結果から原因へさかのぼる方向性を持つ推論を表すことを見ていく。
　結果から原因へさかのぼるということは、図の (17) が示すように次の二つの特徴を含んでいる。以下、丸括弧内の各節で順に見ていく。

(47) (i) 原因 p を推論したことを表す。　　　　　　　(4.1 節)
　　　(ii) その際に用いられた知識は「広義因果関係：p → q」であって、それを逆転した関係（「知識：q → p」と呼ぶ）ではない。　　　　　　　　　　　　　　(4.2 節)

4.1　原因 p の「推論」と証拠

　「ようだ、らしい」は、「広義因果関係：p → q」の原因 p を推論したことしか表せない。次例を見てみよう。例 (48) は (50) の

「広義因果関係」に基づいて原因を推論した例であり、例（49）は結果を推論した例である。

　（48）（足が腫れたことを根拠に）足をくじいたようだ／らしい。
　（49）（足をくじいたことを根拠に）足が腫れる*ようだ／*らしい。
　（50）［足をくじいた→足が腫れる］

本章第2節で述べたように、容認度判定には注意が必要である。例（49）が非文であるというのは、足をくじいた直後のように「足をくじいた」ことのみを手掛かりに言う場合のことである。ここに暗黙の前提を読み込んでいくと、容認度は変わる。たとえば、「足が腫れかけている」「赤くなってきた」「嫌な痛みがある」等々を文脈として読み込めば「ようだ、らしい」も容認される。例（49）にはこのような文脈を読み込まない。

　「ようだ、らしい」が原因の推論を表すことを示す例を、さらにあげておこう。次の例（51）から（55）の（a）は、いずれも原因が導かれたことを表している。推論に用いられたと考えられる「広義因果関係」を（b）に併記しておく。記述の便宜上区分するならば、例（51）（52）は「原因と結果」、例（53）（54）は「一般と特殊」、例（55）は「モノと属性」となると思われる。

「原因と結果」
　（51）a.　叩いてみるとドコドコ鳴って、中でセメントがゆるんでいるようだ。　　　　　　　　　［『コーヒーブレイク11夜』］
　　　 b.　［セメントがゆるんでいる→ドコドコ音がする］
　（52）a.　どうやら頭を打ったらしい。目を開けるとすべてのものが二重にだぶって見えた。
　　　　　　　　　　　　　　　　　　　［『ステップファザーステップ』］
　　　 b.　［頭を打つ→すべてのものが二重にだぶって見える］
「一般と特殊」
　（53）a.　先週はまた暴走族が各地で騒いでいた。気温26度以上、湿度80％以上になると本能的、衝動的に行動する人が多くなるようだ。
　　　　　　　　［寺村1984:245 例（81）、もとの例文は朝日新聞1979/9］

第3章　証拠に基づく認識　　75

　　　　b.　［不快指数が高いと衝動的に行動する人が多くなる→不快指数が高い日に暴走族が騒ぐ］
　(54)a.　一軒でパタパタやりはじめると、全戸が倣う。同じタイプの家に住んでいると、生活様式までが似てくる<u>らしい</u>。　　　　　　　　　　　　　　　［『虹への旅券』］
　　　　b.　［生活様式が似てくる→一軒で布団をたたくと全戸が倣う］

「モノと属性」
　(55)a.　「ええ日和やな、ほんまによかったな」加藤が言った。（中略）加藤が下山をはじめると、パーティーのひとりが加藤に聞こえるように言った。「関西<u>らしい</u>なあいつ」　　　　　　　　　　　　　　　　　　［『孤高の人』］
　　　　b.　［関西の人→関西弁を話す］

　以上のように、「ようだ、らしい」は「広義因果関係」の原因が推論されたことを表すと考えられる。

　本章第2節では、証拠を関係概念と見ることが重要であり、証拠を手掛かり単独の特徴と見るのでは「ようだ、らしい」のふるまいを説明しきれない例を示した。ここまでの考察で、その説明が可能となる。例（10）（(56)として再掲）が容認されないのは、(57)に示す「広義因果関係」に基づき、結果を推論したことを表すからである。

　(56)　　（「この小説のプロットはすばらしい」ということを手掛かりとして）
　　　　　＊（どうやら）作者は直木賞を受賞する<u>ようだ</u>／<u>らしい</u>。
　　　　　　　　　　　　　　　　　　　　　［例（10）を再掲］
　(57)　　［小説のプロットがすばらしい→直木賞を受賞する］

これに対し、同じ手掛かりに基づいているにもかかわらず、例(9)（(58)として再掲）が容認されるのは、(59)の「広義因果関係」基づき、原因を推論したことを表していることによる。

　(58)（「この小説のプロットはすばらしい」ということを手掛かりとして）
　　　　（どうやら）作者はかなり才能のある人の<u>ようだ</u>／<u>らしい</u>。

76

[例（9）を再掲]
(59)［作者は才能のある人だ→小説のプロットはすばらしい］

4.2　演繹推論・帰納推論

　原因 p の推論を表示する際に用いられている知識としては、「広義因果関係：p→q」と、この含意関係を逆転した「知識：q→p」の二種類が想定可能である。「ようだ、らしい」の推論で使われるのは、このうち「広義因果関係：p→q」のほうだと考えられる。この特徴を確認するには、「かもしれない」との比較が有効である。
　「かもしれない」も「ようだ、らしい」と同じく、原因 p が導かれたことを表せる。しかし、用いられる知識は異なり、「知識：q→p」が使われていると考えられる。次例を見てみよう。すべての形式が、(60)の「広義因果関係」の原因を表示している。
　(60)［熱がある→顔が赤い］
　(61)顔が赤い。熱があるようだ／らしい／かもしれない。

　同じように原因推論を表す場合、「ようだ、らしい」と「かもしれない」との相違は、手掛かりの表示の仕方に現れる。「ようだ、らしい」の場合、認識の手掛かりは「〜ところからすると」などを用いて表すのが自然であって、条件節や理由節で示すのは不自然である（益岡 1991: 118–119、田窪 2001: 1004–1006 など）。
　(62)　　顔が赤いところからすると、熱があるようだ／らしい。
　(63)　　*顔が赤いのなら熱があるようだ／らしい。
　(64)　　??顔が赤いんだから熱があるようだ／らしい。
　これに対し、「かもしれない、にちがいない」の場合、手掛かりを条件節や理由節で表示するのは自然である。
　(65)顔が赤いのなら熱があるかもしれない。
　(66)顔が赤いんだから熱があるかもしれない。
　このことから、例(61)のように「ようだ、らしい、かもしれない」が原因が推論されたことを表す場合、「ようだ、らしい」の表す推論は、条件節や理由節の表す含意関係と逆行するのに対し、「かもしれない」の推論は合致すると考えることができる。つまり「ようだ、らしい」は次の(67)、「かもしれない」は(68)のよう

第 3 章　証拠に基づく認識　　77

な推論過程をたどっていると考えることができる。

(67) ようだ、らしい

　　　根拠P： 熱があれば顔が赤い
　　　　　　　　　　　　顔が赤い
　　　　　―――――――――――――
　　　帰結Q： 熱がある

(68) かもしれない

　　　根拠P： 顔が赤ければ熱がある
　　　　　　　　　顔が赤い
　　　　　―――――――――――――
　　　帰結Q：　　　　　　熱がある

抽象化して図示すれば、次のようになる。

(69) ようだ、らしい　　　　　　　　　　　　［(17)を再掲］

　　　根拠P：[p → q]
　　　　　　　　　q
　　　　　―――――――――
　　　帰結Q： p

(70) かもしれない

　　　根拠P： q → p
　　　　　　　　q
　　　　　―――――――――
　　　帰結Q：　p

　「ようだ、らしい」の表す推論の型をこのように捉えることによってまず説明可能となるのは、「ようだ、らしい」が仮想世界について述べられない（澤田2006: 158）*5理由である。「ようだ、らしい」は条件節の表す含意関係と逆行する推論結果を表示する。条件節で根拠が仮定的なものであることを表せないという文法上の制約は、仮想世界について述べられないという意味特徴と表裏の関係にあると考えられる。

　また、認識の手掛かりを「～から節」で表示することの可否について、さらに詳細な説明も可能となる。「ようだ、らしい」の表す認識の手掛かりは、たしかに条件節や理由節で表しにくい（例(63)(64)）。しかし、決して表せないわけではない。このことは、上に示した推論過程に修正を加えることなく説明できる。

　まず、認識の手掛かりが「～から」で表示不可能ではないことを示す例から見てみよう。次例における「ここには四人の女給が集

まっている」は、「いい客らしい」という認識の手掛かりであると考えられる。

(71) 白髪の紳士が一人の女の肩に手を回して酒を飲んでいる。ここには四人の女給が集まっている<u>から</u>いい客<u>らしい</u>。

[『眼の壁』]

次の例文における「〜から」も同様に、認識の手掛かりを表している。

(72) アミダの沢はそれから「運だよな」という歌を作ってレコード会社へ売り込むつもりだと言っていたが、それが流行したという話は聞かない<u>から</u>、つまりは「運がわるくて」買ってもらえなかった<u>らしい</u>。

[幸松2007 例(19)、もとの文は『太郎物語』、下線は引用者]

(73) 後日、ガイが日本人秘書を伴ってパーティーの写真を持って訪れて来た。歓談の後は、3人で新宿の厚生年金会館で行われていたYMOのコンサートに出かけた。ガイ側が用意したのだ<u>から</u>、彼も水沢に好意を持っていた<u>ようだ</u>。

[幸松2007 例(20)、もとの例文は毎日新聞2000/12/24、下線は引用者]

つまり、「ようだ、らしい」で表される認識の手掛かりは条件節や理由節で示しにくいが(例(63)(64))、表すことが不可能なわけではない。この事実を踏まえて(69)に示した推論を見てみると、二つの認知領域で、含意関係が矛盾していることがわかる。推論の方向が「広義因果関係」を逆行するという点から見れば、「〜から」で手掛かりを表示するのは不適である。一方、根拠Pから帰結Qが導かれるという点から見れば、「〜から」で表示されるにふさわしい。たとえば、(67)の場合であれば「顔が赤い」ことを手掛かりに「熱がある」と推論することは、「広義因果関係」を逆行するという方向性を持つと同時に、手掛かりから認識結果が得られたという意味では、「〜から」で表示されるのに適する方向性を持つ。

(74) 顔が赤い→熱がある

　　：「広義因果関係」を逆行（①）
　　：認識の根拠と帰結の関係としては、順行（②）

第3章　証拠に基づく認識　　79

「〜から」は三つの認知領域にわたって用いられる（本章3.1節）。①の「広義因果関係」を表示する「〜から」は「内容領域」、②の根拠と帰結の関係を表示する「〜から」は「認識領域」に属する。①を強く意識すれば、「〜から」で表示するには不適であり、②を強く意識すれば「〜から」で表示できる。「ようだ、らしい」の表す推論では原因を推論したこと（①）が強く意識されるために、手掛かりを「〜から」で表示するのは不可能ではないが、不適なのだと考えられる。

　以上のように、「ようだ、らしい」で表される認識の証拠を「〜から」で表示しにくい理由は、(69)に示した推論の型にあると考えることができる。

4.3　蓋然性の出所と唯一の原因

　認識的モダリティは非現実世界の認識を表示し、非現実世界は蓋然的である（第1章3.2節）。「ようだ、らしい」も他の認識的モダリティ形式と同じく「蓋然性」を表す。次例を見てみよう。
(75)「大京昭和銀行は、現在では本当にRCA方式に切り替えているようです。——ようですだが」　　　　　　［『返事はいらない』］
(76)「率直にいって君の学歴からすると早過ぎるけれど、君のディーゼルエンジンの改良案の功績と影村君の熱心さが部長を動かしたらしい。らしいというのは、あきらかに、外山三郎の持っている疑問だった。　　　［『孤高の人』］
例(75)の「ようですだが」という表現には話者の責任回避の態度が表れている。言質をとられる発言とはならないのは「蓋然性」を表すからである（石原1992）。また、例(76)では「らしいというのは、あきらかに、外山三郎の持っている疑問だった」という部分に、その認識を確かではないと思っていることが示されている。これらの「ようだ、らしい」を確言形に置き換えることはできない。

　「ようだ、らしい」が「蓋然性」を表す理由は、推論の型にあると考えられる。これらの表す推論(69)は、根拠が真であっても帰結は必ずしも真とはならない。「p′ならばq」や「p″ならばq」が真である可能性がある以上、pは可能な帰結でしかない。つまり、

「ようだ、らしい」の表す推論は、帰納推論であり（「視点1」第2章3.1節）、これが「蓋然性」の出所だと考えられる＊6。

　むろん、「蓋然性」は、推論の型によってのみ生じる意味ではない。第8章で考察を行う「かもしれない」のように、「可能性」を表すことやその他の理由（第10章2.7節）によっても表される。

　「蓋然性」はさまざまな理由によってもたらされるため、各形式が「蓋然性」を表す理由の特定は容易ではない。しかし、「ようだ、らしい」が「蓋然性」を表す理由が「可能性」を表すという点に求められないことは、次例によって確かめられる。この例文は、(79)に示した「広義因果関係」に基づき、結果から原因を推論したことを表している。しかし、原因推論であるにもかかわらず、「ようだ、らしい」は使えない。

(77)　（夜、恋人の真也がなかなか家に来ないが、残業ではない：引用者の補注）外でだれかと仕事のお話をしているのかもしれない。（中略）真也は来ないのかもしれない。　　　　　　　　　　　　　　　　[『秋の終わりの旅』]

(78)　＊外で誰かと仕事のお話をしているようだ／らしい。

(79)　[仕事の話をしている→家に来ない]

次例も同様に、原因推論であるにもかかわらず、「ようだ、らしい」は容認されない。いずれの文においても「風邪を引いたという噂を聞いた」「A君は昨日雨に降られた」などの文脈を読み込まず、「部活動を休んだ」ことのみを手掛かりとした認識であるとする。

(80)　（A君が部活動を休んだ）風邪でも引いたのかもしれない。

(81)　＊（A君が部活動を休んだ）風邪でも引いたようだ／らしい。

(82)　[風邪を引いた→部活動を休む]

　例(78)(81)で「ようだ、らしい」が不自然なのは、この文脈下では次に示すようにさまざまな原因が容易に推定されるからだと考えられる。矢印は、原因と結果の結び付きを表している。

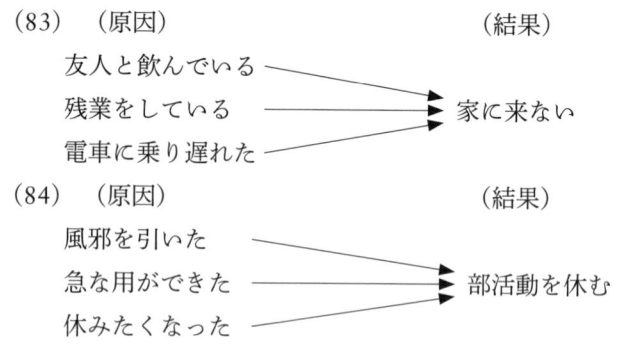

(83) （原因） （結果）
　　　友人と飲んでいる ──┐
　　　残業をしている ───┼→ 家に来ない
　　　電車に乗り遅れた ──┘

(84) （原因） （結果）
　　　風邪を引いた ────┐
　　　急な用ができた ──┼→ 部活動を休む
　　　休みたくなった ──┘

　このように、「ようだ、らしい」は、話者が想定するただひとつの原因について述べるのであり（杉村2009: 65）、「可能性」を表すのではない。したがって、「ようだ、らしい」が「蓋然性」を表す理由は、「可能性」を表すことではなく他の点に求めなければならない。「ようだ、らしい」が（69）のような推論を表すと考え、「蓋然性」を表す理由を推論の型に求めるという見方は、この意味で妥当だと考えられる。

　以上、第3節と第4節の考察は「ようだ、らしい」が「広義因果関係」の原因推論を表すという共通性を持つことを示していると言うことができる。

5. 「広義因果関係」の原因推論と日常語としての証拠

　「ようだ、らしい」の共通性は、証拠性（証拠に基づく認識を表す）と呼ばれてきたが、この名付けは日常語としての証拠と多くの共通性を持つという意味で妥当であると言える。本節では、この点について見ていこう。
　「ようだ、らしい」の共通性を証拠と呼ぶ場合の証拠は、およそ次のような意味を持つと考えられる。

(85) ある事態が事実であることを示すために、提示される<u>関連する事実（因果関係の結果）</u>[i]。<u>その事実</u>[ii]を提示すれば、<u>論理は不要</u>[iii]で、<u>問題とする事態の存在が自動的に確定する</u>[iv]。

下線をほどこした四つの要素が「ようだ、らしい」の表す推論を特徴付けていることについては、(ii)を除き次に示す各節で検討済みである。

(86) (i) 原因に対する結果であること　　　　　　　(4.1節)
　　 (ii) 提示できる客観的な事実であること　（第4章6.2節）
　　 (iii) 証拠によって何かが示されても論理には飛躍があること　　　　　　　　　　　　　　　　　　　　　　(4.2節)
　　 (iv) 証拠を示せば問題とする事態の存在が自動的に確定すること　　　　　　　　　　　　　　　　　　　　(4.3節)

日常語としての証拠も「ようだ、らしい」と同じく、この四つの特徴を持つと考えられる。

(i) 原因に対する結果であること

　本章第3節の冒頭でも触れたように、日常語としての証拠は、原因に対する結果の呼び名として使われる。たとえば、盗み食いしたことの証拠は、その結果として口の周りについたお菓子の屑である。「ようだ、らしい」も結果に基づく原因の認識を表す。

(ii) 提示できる客観的な事実であること

　「証拠を見せてみろよ」という言い方が示すように、日常語としての証拠は提示可能な事実である。「ようだ、らしい」の表す推論も、この意味特徴を含意する。原因を遡及していくには、まず遡及するための何らかの事実の存在が必要である。この点については、「ようだ」「らしい」それぞれの意味について考察を行う第4章6.2節で改めて触れる。

(iii) 論理の飛躍があること

　「論より証拠」という言い方が端的に示すように、日常語としての証拠は「事実を提示すれば論理は必要ない」ことを意味する。この非論理性は、「ようだ、らしい」の表す推論における論理の飛躍と類似する。「ようだ、らしい」は帰納推論を表し、演繹的な意味での論理性は表さない。

(iv) 問題とする事態の存在が自動的に確定すること

　日常語としての証拠は、「問題とする事態の存在が自動的に確定」することを表し、「証拠を突きつけられれば終わりだ」という強い説得力をあわせ持つ。この説得力の強さは、複数の原因が容易に想定される場合には得られない。窃盗の証拠として当該の財布を所持していた事実を突きつけられても、そこから多様な原因（拾った、もらったなど）が想定されるようでは証拠とはならない。「ようだ、らしい」も同様に、複数の原因が想定される場合には使われない。

　日常語としての証拠と、「ようだ、らしい」の表す推論の帰結との間には、上記（i）から（iv）のような共通点が見られ、証拠を表す類という名称は、これらの呼び名として妥当であると思われる。
　証拠を表す類に含まれる候補には、「（し）そうだ」もある。「（し）そうだ」と証拠性との関連については、「（し）そうだ」の意味を考察する際に検討を行う（第6章第7節）。

6. 証拠に基づく認識と既定性

　本節では、「ようだ、らしい」の表す認識内容が「既定性」という特徴を持つこと、その特徴が両形式の意味から生じていることを見ていく。

6.1 既定性

　「ようだ、らしい」の表す認識内容は「既定性」を持つ。「既定性」とは、事態の真偽が発話時点において既に定まっていることを言う。過去や現在の事態は、既にどこかで実現しているため「既定性」を持つ。これに対し、不定時の未来は非既定的である*7。
　次例を見てみよう。
　（87）　??（どうやら）Aさんにもいつか幸運がめぐってくる<u>ようだ／らしい</u>。
　（88）　??Aさんは今度こそびっくりする<u>ようだ／らしい</u>。
「いつか幸運がめぐってくる」ことは未来の不定時に生じる事態

であり、発話時において真偽が定まっていることは通常ない。また、「びっくりする」ことは、主体の意志で制御不可能な内的な状態であり、演技するような場合を除いて、その生起が発話時に既に決定されていることはない。これらは、いずれも「非既定的」である。

例(87)(88)は未来の事態であるが、未来の事態であることが直ちに「非既定的」であることを意味するわけではない。事態の成立を制御可能な人によって、実行の意志決定がなされている例(89)(90)のような場合や、一連の過程をたどれば、そのまま必然的に実現に至る例(91)(92)のような場合、未来の事態であっても「既定的」であり、「ようだ、らしい」で表示することができる。

(89) 明日はどうやら決戦があるようだ。
(90) 明日はどうやら決戦があるらしい。　　　『国盗り物語』
(91) 空が明るくなり、間もなく月が出るようだ。
(92) 空が明るくなり、間もなく月が出るらしい。　　『砂の女』

ある未来の事態が「既定的」か「非既定的」かは、「〜予定だ」「〜ことになっている」などとの共起関係を見ればわかる。「非既定的」な事態の場合、「〜予定だ」と言うことはできない。

(93)　??いつかは幸運がめぐってくる予定だ。
(94)　??田中さんはびっくりする予定だ。
(95)　　明日は決戦がある予定だ。
(96)　　間もなく月が出る予定だ。

「ようだ、らしい」の表す認識内容が「既定的」という制約を受けることは、「既定的」とも「非既定的」とも解釈可能な内容について述べる場合に際立つ。次例を見てみよう。

(97) A社の社長は事業拡大の話に腹を立てるようだ／らしい。

「腹を立てる」は、未来の事態と解釈すれば予見は困難で「非既定的」である。しかし、繰り返される習慣と解釈すれば、「既定的」である。「ようだ、らしい」を用いれば既定的解釈が要求され、次例のように、繰り返される事態について述べているのだと理解される。

(98) A社の社長は事業拡大の話に（いつも）腹を立てるようだ／らしい。

この事実は、「かもしれない」を用いた場合、非既定的な解釈が優先されるのとは対照的である。

(99) A社の社長は事業拡大の話に腹を立てるかもしれない。

6.2 「広義因果関係」の原因推論と既定性

「ようだ、らしい」の表す認識内容が「既定的」になるのは、「広義因果関係」の原因推論を表すことによる。時間的に前後する二つの事態が「広義因果関係」を構成する時、原因となるのは相対的過去であり、結果が真である時点において、原因pの真偽は定まっている。すなわち原因pは「既定性」を持つ。たとえば、「無謀な運転をすれば事故が起きる」という因果関係は、典型的な「広義因果関係」であるが、この時の原因（「無謀な運転をする」）は相対的に過去であり、結果が実現した時点、すなわち「事故が起きる」時点において、実現済である。

時間の前後が逆転して、相対的に未来の事態が「広義因果関係」の原因となる場合もある。人の意志で決定された未来、一連の過程をたどれば必ず実現する未来はこの場合に相当する。

前者は目的因である。三浦（2000）では目的因について、次のように説明されている。

> 目的因とは、自然界の原因―結果の関係を、手段―目的の関係になぞらえて理解する考え方で、目的因の名のとおり、目的を原因の位置に置く。すなわち、目的が説明原理となって、特定の手段の存在を説明するのだ。日常的に私たちは、「なぜ逃げてきたんだ？」「マムシがいたからだ」といった会話をする。「マムシの姿が見えたから」という〈行動の原因〉を挙げて答えているわけだが、これはただちに「マムシに咬まれないよう避難するため」という〈行動の目的〉をも意味している。原因と目的を同時に扱う言い方は、日常言語では確かにありふれている。
> ［三浦 2000: 158］

次の例（100）はこの場合である。（101）に示す「広義因果関

係」に基づく推論を表していると考えられ、(101)が「広義因果関係」であることは、例(102)のように操作的定義を適用して確かめることができる。

　(100)明日はどうやら決戦があるようだ／らしい。
　　　　　　　　　　　　　　　［例(89)(90)をまとめて再掲］
　(101)［明日決戦がある→鎧の準備をする］
　(102)子供：どうしてみんな鎧の準備をしているの？
　　　　大人：明日決戦があるから鎧の準備をしているんだよ。

(101)の「広義因果関係」においては、「明日決戦がある」という相対的に未来の事態が原因、「鎧の準備をする」という相対的に過去の事態が結果となり、時間の流れに逆行する形で「広義因果関係」が構成されている。しかし、この場合も相対的未来である原因が「既定性」を持つことに変わりはない「明日決戦がある」ことが「鎧の準備をしている」時点において既に定まったものと捉えられているからこそ「鎧の準備をしている」のである。

　目的因の他に、ある一連の過程を経れば必然的に到達する未来も、原因と認識され得る。例(103)は、(104)に示す「広義因果関係」の原因推論である。(104)が「広義因果関係」であることは、(105)の操作的定義によって確認できる。

　(103)空が明るくなり、間もなく月が出るらしい。　　［『砂の女』］
　(104)［間もなく月が出る→空が明るくなる］
　(105)子供：どうして空が明るくなったの？
　　　　大人：間もなく月が出るから明るくなったんだよ。

「月が出る」ことは一連の過程をたどりはじめれば、止めようなく必ず実現する。つまり、過程開始の時点で実現が確約されている（既定性を持っている）。

　以上のように、時間の流れに順行する形で「広義因果関係」が構成される場合も、逆行する形で構成される場合も、原因は結果が現実となった時点において「既定性」を持つ。「ようだ、らしい」は原因が推論されたことを表すのであるから、認識内容は「既定性」（発話時においてその真偽がどこかで定まっているという特性）を持つことになる。

7. おわりに

「ようだ、らしい」の共通性を証拠性と呼ぶとき、証拠とは「広義因果関係：p→q」の結果のことを言う。「ようだ、らしい」は、証拠（結果）を原因へさかのぼる推論の帰結を表示する。

ここで重要な役割を果たす「広義因果関係：p→q」は、「ようだ、らしい」で表される認識に固有のものではない。B類の接続助詞「〜から」で接続可能な関係であり、内容領域の含意関係（Sweetser 1990）に対応する。第2章では、分析の「視点1」から「視点6」を提示したが、このうち「視点2」の観点から見るならば、「ようだ、らしい」は、さまざまな含意関係のうち、特定の（内容領域）の含意関係を用いた推論の結果を表示する形式であると言える。

また「視点1」の観点から見るならば、「ようだ、らしい」の表す推論は、含意関係を逆行するため論理的な妥当性に欠け、帰納推論であると言うことができる。

---

*1 ただし、「伝聞」の「らしい」（「証拠性のモダリティ」）は過去形になれないという特徴を持ち、「認識的モダリティ」の「らしい」と同一に扱えない側面がある。この点についての考察は今後の課題である。「らしい」が伝聞表現に適する理由については、第4章5.2節で考察を行う。
*2 蒋（2011）は、証拠性を「ソース明示的証拠性」と「証拠存在明示的証拠性」とに分け、「ようだ、らしい、(し)そうだ」を「証拠存在明示的証拠性」としている。本研究はこの「証拠存在明示的証拠性」を証拠性と呼ぶのだと言える。
*3 訳は澤田治美訳（2000）『認知意味論の展開』による。
*4 南（1974: 38）によれば、文の構造は四つの階層（A、B、C、D）から成る重層的なものと捉えられる。この四つの段階は、田窪（1987: 38）によって次のように簡略化してまとめられている。
　A＝様態・頻度の副詞＋補語＋述語
　B＝制限的修飾句＋主格＋A＋（否定）＋時制
　C＝非制限的修飾句＋主題＋B＋モーダル
　D＝呼びかけ＋C＋終助詞

意味という観点から見れば、A類は「動作」、B類は「事態」、C類は「判断」、D類は「伝達」と対応する。
＊5 「現実世界制約（日本語）：認識述語「らしい」、「ようだ」などの命題内容は現実世界の状況でなければならない」　　　　　　　　　　［澤田 2006: 158］
　この場合の「現実世界」は仮想的ではない世界を指している。
＊6　むろん、「広義因果関係：pならばq」が、「pならば、そしてその時に限りqである」というものであるとすれば、pは必然的に真となる。しかし「知識（pならばq）」には、そのような性質のものは含まない。
＊7　この「既定性」は、田野村（1990b）、国広（1992）によって「のだ」の特徴として指摘された特性に一致すると思われる。また、有田（2007）の条件文の分析において指摘された広義の「既定性」も、同じ特徴を持つのではないかと考えられる。

第4章
「広義因果関係」をさかのぼる二つの推論

1. はじめに

　第3章（前章）では、証拠に基づく認識を表すと言われる「ようだ、らしい」の共通性を取り出すことを目的に考察を行った。本章では、両形式の相違について考察を進める。

　「ようだ」と「らしい」は意味の類似度が極めて高い。それだけに、認識的モダリティ形式の中でもとくに強い関心が寄せられ、多くの考察がなされてきた。他の形式と比較したものなど、関連する論考は数多い*1。本章と同じく両形式の相違を主な目的とした研究にも、柏岡（1980）、森田（1980）、柴田（1982）、長嶋（1985）、早津（1988）、田中俊子（1988）、中畠（1990）、田野村（1991b）、金（1992）、紙谷（1995a）、伊藤（1997）、品川（1997）、野林（1999）、菊地（2000a）、大場（2003）などがある。

　これら豊かな考察の蓄積は、両形式の相違について考察する上で重要な視点を炙り出してくれている。それは次の三点に整理できる。
(1) (i) 認識の手掛かりの相違
　　(ii) 認識の手掛かりと認識内容との距離の相違
　　(iii) 類似性による認識か、隣接関係（近接性）による認識かの相違

　考察を進めるには、すでに手にしているこれらの知見の概観からはじめなければならない。以下、順に見ていこう。

(i) 認識の手掛かりの相違
　「ようだ」「らしい」に関する初期の研究において、両形式は、証拠となる手掛かりの種類が異なると記述されることが多い。すなわち、「ようだ」は話者自身の観察結果など、直接的に得られた情報

に基づく認識を表し、「らしい」は書物などから得た間接的な情報に基づく認識を表すとされる。

　この記述は両形式の相違をかなりの程度よく捉えており、言語直感にもうまく沿う。次の例（2）（3）のうちどちらが自らの観察（直接的情報）に基づく認識で、どちらが伝聞情報（間接的情報）に基づく認識かを二者択一で選べば、「ようだ」が使われた例（2）は直接的情報、「らしい」が使われた例（3）は間接的情報に基づくと判断される傾向が強いと思われる。

　　（2）この辺りでは、果物がよく採れるようだ。

　　（3）この辺りでは、果物がよく採れるらしい。

　しかし、直接的情報と間接的情報とを分かつ基準には、曖昧な部分が残る。次の例（4）（5）の二重下線部は認識の手掛かりであるが、どちらも聴覚や視覚によって得られた直接的情報である。しかし、「ようだ」「らしい」の選択結果を見れば、「ドアがノックされ、呼び声が聞こえた」ことは直接的情報であり、「ホテルの横にスロープがあるのが見える」ことは間接的情報となる。この場合、どのような基準で直接、間接が区分されているのか、区分の規準は明確ではない。

　　（4）再びドアがノックされた。「花岡さん、花岡さん」ドアの向こうの人間は、靖子たちが部屋にいることを知っているようだ。　　　　　　　　　　　　　　　　［『容疑者Ｘの献身』］

　　（5）ホテルの門を入って左側に、地下へと続くスロープがある。駐車場への入り口らしい。　　　　　　　　　［『容疑者Ｘの献身』］

　これとは逆に、次の例（6）（7）の二重下線部に示された認識の手掛かりはどちらも伝聞内容であり、間接的情報であると考えられる。しかし、「ようだ」「らしい」の選択を見る限り、「靖子の話」は直接的情報で「彼をよく知る人の話」は間接的情報となる。そのように分けられる理由は、明確ではない。

　　（6）靖子の話によれば、予想どおり彼らは映画館でのアリバイを確認しにきたようだ。　　　　　　　　　　［『容疑者Ｘの献身』］

　　（7）彼をよく知る人間の話によれば、富樫は離婚後も別れた妻に執着していたらしい。　　　　　　　　　　［『容疑者Ｘの献身』］

根拠の直接性、間接性には、以上のように曖昧な点が残る。しかし、例（2）（3）が示すように、この指摘が「ようだ」「らしい」の使用上の傾向を示しているのも事実である。この傾向がどこから生じるのか説明可能な意味記述が求められる（5.2節）。

(ii) 認識の手掛かりと認識内容との距離
　「認識の手掛かりと認識内容との距離」という観点から両形式の相違を捉えたのは、菊地（2000a）である。菊地（2000a）は、早津（1988）その他、数多の先行研究の成果を丁寧に踏まえ、両形式の相違を認識の手掛かり（根拠）と認識内容（結果）との関係（距離）という視点から考察した。そして、「ようだ」は「観察された事態」と「判断内容」とが「密着した一体のもの」である場合、「らしい」は「観察された事態」と「判断内容」との間に推論や伝聞が介在する場合に用いられるとする。

(8) 〈観察対象と判断内容の距離〉が近いと捉えればヨウダ、遠いと捉えればラシイが使われるといってもよい。

［菊地2000a: 46］

　この記述を実証する複数の事実のうち、第1章5.2節ではその一部を引用した。ここでは、それとは異なる例を見てみよう。

(9) 邪馬台国は、奈良ではなく北九州にあったヨウダ。

［菊地2000a 例（19）］

(10) 邪馬台国は、奈良ではなく北九州にあったらしい。

　これらの例において「ようだ」「らしい」のいずれが選択されるかは、専門家の発話か一般人の発話かによって変わると考えられる。すなわち、「ようだ」を用いれば専門家の、「らしい」を用いれば素人の発話と解釈されやすい。その理由は、次のように説明される。

　　一般人なら、史料を観察しても、それに密着して判断材料を導き出すことはできないのに対し、専門家の場合は、史料に密着して当時の様子を（大袈裟にいえば、見てきたようにまざまざと）読み取ることができ、したがってヨウダが使いやすいわけである。一般人ならば、歴史書に没頭してそれを読み終えた直後といった場合でもなければ（19）（例（9）、引用者の補注）

第4章　「広義因果関係」をさかのぼる二つの推論　　93

のようには述べにくく、ラシイを使うほうが自然である。

[菊地2000a: 53]

　距離は二つの事物間の関係である。関係という視点の重要性を指摘する点、本研究は菊地（2000a）と同じ立場にあり、分析には重なるところがある。本研究に課題として残されているのは、遠近という空間的比喩で表される心象の背後にある、認識のしくみの把握である。

(iii) 類似性と隣接関係

　多義性を視野に入れた研究において、「ようだ」は類似性、「らしい」は隣接関係に基づく認識を表すという指摘がなされることがある。

　「ようだ」の分析から見ていこう。「ようだ」は次例に示すように、「推量」（例（11））、「直喩」（例（12））、「例示」（例（13））の用法を持つ。

(11) ライオンのような（／みたいな）動物がアフリカで取ったビデオに写っていた。　　　　　　　　　　[森山1995a 例（1）]
(12) ライオンのような（／みたいな）犬がいた。

[森山1995a 例（2）]
(13) ライオンのような（／みたいな）肉食動物は生肉からビタミン類を摂取する。　　　　　　　　　　[森山1995a 例（3）]

　森山（1995a）では、これらの多義性は「「類似性」ということを軸」（p.522）にした多様な意味の実現であるとされる。多義的な意味が派生するのは、類似関係を成すAとBとの間の「同一関係」に、1）不明、2）不一致、3）同等・包含関係の三通りがあることによる。「同一関係」が「不明」の場合には「推量」、「不一致」の場合には「直喩」、「同等・包含」の場合には「例示」となる。

　例（11）の場合、「動物」が「ライオン」であるかは「不明」であり、「推量」となる。例（12）は「ライオン」と「犬」とは「不一致」の関係にあり、「直喩」となる。例（13）は「ライオン」は「肉食動物」に包含され「例示」となる。

　「推量」だけを見ていれば、「ようだ」の意味に類似性が関与する

ことは見えにくい。しかし、これらの用法のうちとくに「直喩」を考察対象に含めれば、そこに類似性の関与が浮かび上がることは自然であるとも言える。多義性を考察することで、「ようだ」の意味に類似性が関与することを見出した意義は大きい。

「らしい」についても多義性を含めた研究がある。三宅（2006）は、「ようだ」については森山（1995a）と同様の記述を行っているが、「らしい」についても考察を行っている点は新しく、「近接性の表示」という意味を見出している。「近接性」は、メトニミーの基盤となる概念であり、隣接関係とも呼ばれる。

「らしい」は、例（14）のような「典型的属性表示」の用法を持つ。これは、例（15）のような認識的モダリティの用法とは異なり、典型的な属性の存在（例（14）の場合は「あなた」の典型的な属性の顕現）を示している。

（14）友人たちは、この私の発言を聞いて、いかにもあなたらしいと笑った。　　　　　　　　　　　　　［三宅2006 例（26）］
（15）（太郎の態度を見て）太郎は知子に何か言いたいことがあるらしい。

「典型的属性表示」の用法の場合、「「［名詞］ラシイ」における、名詞の概念そのものと、その名詞の典型的な属性との間には「近接的」な関係が成り立っている」（三宅2006: 134）。例文に即して見るならば、例（14）の場合、「らしい」は「あなた」と「あなたの発言」（あなたの典型的ふるまい）との間に隣接関係が成立していることを表している。

認識的モダリティは、「「近接性」を「命題（統語的には「節」）のレベルまで拡張した場合に獲得される用法」（三宅2006: 134）であり、例（15）の場合、「太郎の態度」と「太郎は知子に何か言いたいことがある」こととの間に隣接関係が成立していることを表すとされる。

結論を先取りするならば、「ようだ」に類似性、「らしい」に隣接関係が関与するという、森山（1995a）、三宅（2006）の指摘は、本章の考察結果と重なる部分がある。ただし、これらの論考は、多義語の意味間の関連を主たる考察対象としたものであり、類似性と

隣接性という概念を核として「ようだ」「らしい」を認識的モダリティの体系内に位置付けることが可能か、という問いは課題として残されている。本研究は類似性と隣接性を核として、次の二点について説明が可能かを検討していくことになる。

(16) (i) 「ようだ」「らしい」の相違は説明可能か。
　　(ii) 他の認識的モダリティ形式との対立は説明可能か。

(i)は両形式の相違についての検討である。(ii)については、証拠性という意味を、「ようだ」「らしい」の意味の中に盛り込むことが課題となる。前章で見たように、「ようだ」と「らしい」は、証拠性（証拠に基づく認識）を表すという特徴を共有する。

以下、具体的に考察を進める。

2.「広義因果関係」の二つの捉え方

2.1　捉え方の相違

「ようだ」と「らしい」は共に証拠に基づく認識を表す。これが「広義因果関係：p→q」をさかのぼる推論であることは、前章で考察したとおりである。結論を先取りすれば、両形式はこの「広義因果関係」についての話者の捉え方が、次のように異なると考えられる。

(17) ようだ：カテゴリーの含有関係と捉える。

(18) らしい：「広義因果関係」をそのまま「広義因果関係」と捉える。

これをさかのぼって推論する（「広義因果関係」をさかのぼる）場合、次のような差異となる。

(19) Q ようだ：P が Q カテゴリーに帰属する可能性を表す。

　　　　　　　　　　　　（「カテゴリー帰属（志向的）認識」）

　　Q らしい：P の広義原因が Q であることを表す。

この記述が示すところを、次の例文に即して見ておこう。

(20) べつの闇の一角から、べつの声が湧いた。どうやら賊は二人いる<u>ようだ</u>。

(21) べつの闇の一角から、べつの声が湧いた。どうやら賊は二

人いるらしい。　　　　　　　　　　　　　［『虹への旅券』］

　仮説に基づけば例（20）の「ようだ」は、「べつの声が湧いた（聞こえた）という状況は、賊がもう一人いる状況である」可能性を表すことになる。注意すべきは、「ようだ」が表すのは「カテゴリー帰属認識」ではなく、その可能性であるということである。「志向的」という表現を入れて「カテゴリー帰属（志向的）認識」とするのはこのためである。この認識の基盤には、ある対象（この場合「べつの声が湧いた」状況）が「賊が二人いる」状況と類似する、という理解がある。

　一方、「らしい」は、「べつの声が湧いた」という事態の原因（「広義因果関係」の原因）が、「賊がもう一人いる」ことにあることを表す。

2.2　「ようだ」と「全体的類似性」の認識

　(19) に示した意味のうち、「ようだ」については補足が要る。補足すべきは、(19) に示した「ようだ」の意味が次の (22) と表裏一体であるということである。

　(22) Q ようだ：ある対象の特徴が、Q カテゴリーを特徴付ける
　　　　　　　　性質と全体として類似する。（「全体的類似性」の認識）

　類似性という概念は、類似点と相違点から構成される。このうち、相違点については、少なくとも次の二種の捉え方が想定可能であり、「全体的類似性」とは、(i) のタイプの類似性を言う。

　(23)(i)　相違点を捨象しきれない類似性　　　（「全体的類似性」）
　　　(ii)　相違点もあることを認める類似性　　（「部分的類似性」）

　「カテゴリー帰属（志向的）認識」と「全体的類似性」の認識とが表裏一体であることは、次に示す「カテゴリー帰属（志向的）認識」成立の要件の中に見ることができる。

　(24) 1)　当該カテゴリーがどのような属性を持つかその全体
　　　　　（十分条件）を知っている。
　　　 2)　その属性との「全体的類似性」を認識する。

　たとえば、あるモノを「机」カテゴリーの成員と見るには、まず、1) の条件を満たし、「机」カテゴリーの属性（カテゴリー帰属認

識に必要な属性）の「全体」と呼べるような特徴を知っている必要がある。「足がある」「座って使える」「勉強をするとき使う」……などがこの属性に相当すると考えられる。

　カテゴリー化に必要な属性とは何かという問題は、本研究ではふれないこととする。そもそもカテゴリー化に必要な属性の「全体」なるものが想定可能かということからして、問題かもしれない。しかし、カテゴリー化に際し、属性の「部分」を知っているのでは不十分であるという点は重要である。あまりにも当然のことではあるが、「机」カテゴリーの属性について、「足がある」ことを知っていてもそれが属性の一部にすぎないと認識しているのであれば、カテゴリー判断はできない。「机」がどのようなものかを知っていると感じるからこそカテゴリー化は可能である。したがってカテゴリー化が可能である以上、「当該カテゴリーがどのような属性を持つかその全体」すなわち、カテゴリー化に十分な条件を知っていることになる。

　ただし、「カテゴリー帰属（志向的）認識」は、完全なカテゴリー帰属認識ではない。「カテゴリー帰属認識」であるならば、相違は捨象され、当該カテゴリーを特徴付ける属性が一致することだけが問題とされる。これに対し、「カテゴリー帰属（志向的）認識」では相違は捨象しきれないが、類似すると認識されることになる。これが2）の条件である。たとえば、あるモノの属性が「机」カテゴリーにとって重要な「足がある」「座って使える」「勉強をするとき使う」……などの属性とほぼ一致はするが、曖昧な点が残り、「机」とは言い切れないような場合を言う。

　そうであっても「ようだ」が表すのは、あくまでも「全体的類似性」であって、「部分的類似性」ではない。「部分的類似性」であれば、類似点も相違点もあるという捉え方になる。「机」の例であれば、「足がある」「座って使える」「勉強をするとき使う」……という属性の一部分、たとえば「足がある」「座って使える」は類似するが、「勉強するとき使う」か「食事のとき使う」かが異なるため、「机」と「テーブル」は類似すると言うような場合である。

　「ようだ」が表すのは、類似性の中でも「全体的類似性」である

ことは、認識的モダリティとしての「ようだ」を特徴付けるだけではなく、直喩形式としての「ようだ」と「似ている」の相違を捉える上でも重要である(第5章)。

「カテゴリー帰属(志向的)認識」が(24)に示した二つの要件を満たす以上、「カテゴリー帰属(志向的)認識」(19)と、「全体的類似性」の認識(22)は、裏表の関係にあると言うことができる。この点について、佐藤(1992)では次の例があげられ、明解に説明されている。Σは「人間」とその外延、πは「人間」とその内包である。

(25)(Σ) 人間 = 日本人またはアメリカ人またはソ連人または中国人またはフランス人またはドイツ人または……

(π) 人間 = 霊長類の動物であり、かつ脳がもっとも発達しており、かつ直立して歩行し、かつ言語をあやつり、かつ笑い、かつ衣類を着用し、かつ……

少し長くなるが、引用しよう。下線は引用者による。

ふつう、語の概念あるいは意味と呼ばれるものには、ご承知のとおり外延と内包というふたつの側面がある。人間なら「人間」という概念=意味の外延とは、もちろんその名称によって呼ばれるべき対象や要素の範囲、つまりそう呼ばれるべき存在物の集合であり、その集合がとりもなおさずΣ様式の全体としての《人間》である。それに対して、「人間」の内包は、ある存在物を人間として認めるための基準となるような性質、資格条件を集めたものであり、その集積が、π様式の全体としての《人間》にほかならない。考えてみれば、<u>外延を確定するためには内包の基準に照らし合せて合格する存在物だけをメンバーとして集めればいいわけだし</u>、逆に内包を確定するためには、その外延にふくまれているメンバー全員が独占的に共有している特性を列挙してみればいい。つまり、Σ的全体(外延)と、π的全体(内包)は、いわば表裏のような関係にあり、一方がきまれば他方もそれにつれてきまってくるはずである。

[佐藤1992〔= 1978〕: 188–189]

このように、相対的な下位カテゴリー(「日本人またはアメリカ

人またはソ連人または中国人またはフランス人またはドイツ人……」）を上位カテゴリー（「人間」）に帰属させる場合、その裏にπの関係の認識がある。これは特定の個体のカテゴリー帰属を認識する場合についても同様である。「外延を確定するため（どのカテゴリーに属すかを述べる）には内包の基準に照らし合せ（カテゴリーの属性との類似性を見る）」ことが必要である。

　以上のように、「カテゴリー帰属（志向的）認識」と表裏一体の関係として「全体的類似性」の認識がある。本章5.3節で見るように、「ようだ」は、どちらの面からも認識内容を提示することができる。その背後にあるのは、次の意味だと考えられる。

　(26) Q ようだ：P と Q との間にカテゴリーの含有関係（P が Q を含む関係）がある可能性を表す。

　Q は非現実世界についての認識内容であり、P は Q とカテゴリーの含有関係を構成する事態である。このうち、P から Q が導かれたと述べれば「カテゴリー帰属（志向的）認識」となり、Q と言える P の存在を示せば、「全体的類似性」の認識となる*2。

　「ようだ」が類似性を表すという指摘（森山1995a）は、「カテゴリー帰属（志向的）認識」を裏の側面から、すなわち「全体的類似性」の認識の側から「ようだ」の特徴を捉えたものであると言えるだろう。

　次節以降、具体的検討に入る。

3.「広義因果関係」をさかのぼる推論との整合性

3.1　問題の所在

　考察にあたって、まず検討しなければならないのは、前章（第3章）の考察結果との整合性である。前章では、「ようだ」「らしい」に「広義因果関係」をさかのぼる推論、という共通点が抽出されることを指摘した。この記述は、「らしい」に関して見るならば本章の記述（(19)）と完全に一致する。当然のことながら、「らしい」の記述に関して前章と本章の記述の間に矛盾はない。

　では、「ようだ」についてはどうか。問題は二点ある。

(27)(i)「広義因果関係」をさかのぼる推論を、「カテゴリー帰属（志向的）認識」と捉え得るか。　（本節（第3節））
　　(ii)「ようだ」は容認されるが、「らしい」は不自然な文脈がある。それは、各形式の意味から説明可能か。
（第4節）

　本節では（i）について検討し、次の第4節で（ii）について検討する。（ii）は、第3章の冒頭で述べた、「ようだ」は使えるが「らしい」は使えない文脈（例（4））があるという問題である。曖昧な感覚を言語化するような場合、「ようだ」は使えるが「らしい」は使えない。前章（第3章）では「ようだ」、「らしい」が共に使える文脈を考察対象としており、この文脈についての考察は、本章に課題として残されている。

　以上を整理すると、次の（28）のようになる。四角で囲まれた部分が、前章の考察結果である。「ようだ」は「広義因果関係」の原因推論を表し、この点「らしい」も同様である。楕円で囲まれた部分が、本章の考察の結果、得られる結論である。前章の考察結果を矢印で示したように解釈可能か否かが、第3節、第4節の考察課題となる。すなわち、「ようだ」に関しては「広義因果関係」をさかのぼる推論を「カテゴリー帰属（志向的）認識」と捉え得るか、曖昧な感覚の言語化を表せることについて説明可能かという問題が検討事項となる。「らしい」に関しては、前章で「ようだ、らしい」の共通性として抽出した「広義因果関係」の原因推論という意味を、そのまま「らしい」の意味と見てよいのか、曖昧な感覚の言語化を表せないことは説明可能か、ということが考察課題となる。

(28) 第3章の考察と本章の考察との関係

```
      ようだ
      ┌─────────────────┐  ＋曖昧な感覚の言語化の表示
      │「広義因果関係」の原因推論│
      └─────────────────┘          （第4節）
              ↓（第3節）
       ╭─────────────────╮
      （ カテゴリー帰属（志向的）認識 ）
       ╰─────────────────╯

      らしい                                    （第4節）
      ┌─────────────────┐
      │「広義因果関係」の原因推論│
      └─────────────────┘
              ↓（第4節）
       ╭─────────────────╮
      （ 「広義因果関係」の原因推論 ）
       ╰─────────────────╯
```

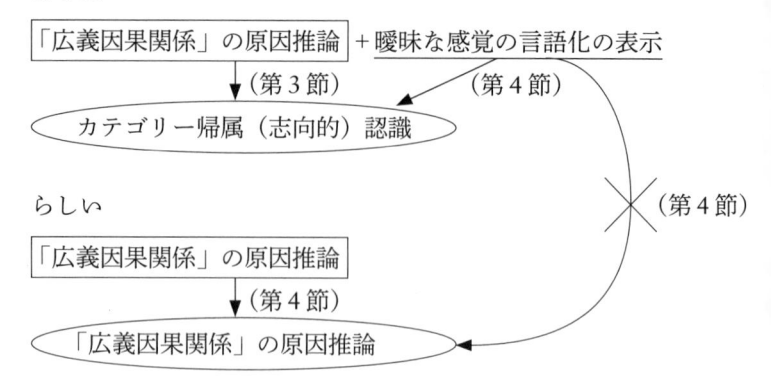

　第3節と第4節で前章との整合性について考察を行った上で、第5節で両形式における表現の差異について考察を行う。
　次節ではまず、「広義因果関係」をさかのぼる推論を、「カテゴリー帰属（志向的）認識」とみなし得ることから見ていく。

3.2 「広義因果関係」と「カテゴリー帰属（志向的）認識」

　「広義因果関係」は、便宜上、「原因と結果」「一般と特殊」そして「モノと属性」に分類可能である（第3章3.1節）。それぞれをさかのぼる推論を「カテゴリー帰属（志向的）認識」とみなすことはできるのだろうか。
　「ようだ」「らしい」が「原因と結果」「一般と特殊」「モノと属性」に基づく認識を表す具体例をあげておく。

(29)「原因と結果」
　　　（玄関で物音がした）だれか来たようだ／らしい。
(30)「一般と特殊」
　　　（知子も花子も甘い物が好きだということを思い出して）
　　　どうやら女の子は甘い物が好きなようだ／らしい。
(31)「モノと属性」
　　　（不可思議な生き物を観察して）
　　　どうやらこれは鳥のようだ／らしい。

このうち、「一般と特殊」の関係をさかのぼる推論は、問題なく

「カテゴリー帰属（志向的）認識」とみなすことができる。例（30）の場合であれば、「知子と花子」が持つ「甘い物が好きだ」という特性を、「女の子」全般の特性として一般化している。つまり、「知子と花子は甘い物が好きだ」という状況を、「女の子は甘い物が好きだ」という状況の一種とみなしている。説明が必要なのはむしろ、この推論を支える「女の子は甘い物が好きだ→知子も花子も甘い物が好きだ」という関係を、「広義因果関係」と呼ぶことのほうであるとも言える。むろん、この関係がB類の「〜から」で接続可能であり、ここにも因果性が見出し得ること（「広義因果関係」と呼べること）は、前章の例（41）で見たとおりである。

「モノと属性」の関係をさかのぼる推論を「カテゴリー帰属（志向的）認識」とみなすことにも問題はない。例（31）は、（32）の「モノと属性」の関係に基づく認識だと考えられる。属性（内包）を見れば、モノ（外延）が決まる。あるモノが「羽がある、くちばしがある…」という属性を持つことがわかれば、それは「鳥」カテゴリーに位置付けられる。

(32) 鳥：羽がある、くちばしがある、卵を産む……

残るのは「原因と結果」である。次節ではこれをさかのぼる推論を「カテゴリー帰属（志向的）認識」と見ることが可能かについて、考察を行う。

3.3 「原因・結果」と「カテゴリー帰属（志向的）認識」

次の（33）は、一方を契機として他方が生じ、事態間に時間差のある典型的な「原因と結果」である。「ようだ」はこれをさかのぼる推論を表せる。

(33) ［誰か来た→玄関で物音がする］
(34) （玄関で物音がしているのを聞いて）誰か来た<u>ようだ</u>。

この場合の認識過程は次に示す要件を満たし、「カテゴリー帰属（志向的）認識」を表していると見ることができる。

(35) 1)「誰か来た状況」がどのような特徴を持つのか、その全体（十分条件）を知っている。

　　2)「玄関で物音がした」状況と、その特徴（「誰か来た状

況」）との「全体的類似性」を認識する。

このように「カテゴリー帰属（志向的）認識」を表すと考えても「ようだ」は「原因と結果」の原因が推論されたことを表し得る。

「カテゴリー帰属（志向的）認識」を表すと考えれば、「ようだ」が結果の表示に適さない理由についても説明可能である。「ようだ」は結果が推論されたことを表すのに適さない。このことは、非既定的な事態、すなわち、どこかで真偽が決定されていない未来の認識を表せないことから確かめられる（第3章第6節）。次例を見てみよう。

(36)　*（「この小説のプロットはすばらしい」ということを根拠として）
　　　作者は直木賞を受賞する<u>ようだ</u>／らしい。

(37)　??（子供の大胆な行動を見て、それを根拠として）
　　　あいつは大物になる<u>ようだ</u>／らしい。

この例では、予定など実現が確実視されている未来ではなく、発話時において真偽が定まっているとは考えられない事態について述べている。このように、「ようだ」、「らしい」が非既定的な事態についての認識を表せないことは、「広義因果関係」の原因推論を表すと考えれば説明可能であった。非既定的な事態は、「広義因果関係」の結果の位置にしか立ち得ず、原因推論を表すならば、その認識内容が非既定的になることはあり得ない。

「ようだ」が既定性を持つことは、「カテゴリー帰属（志向的）認識」を表すと考えても、説明可能である。仮に例(36)(37)が「カテゴリー帰属（志向的）認識」を表すと仮定すれば、それぞれ次のような認識過程を経なければならない。

(38) 1)　「（今後）直木賞を受賞する状況」とはどのような状況か、その全体（十分条件）を知っている。
　　　2)　その特徴との「全体的類似性」を認識する。

(39) 1)　「（今後）大物になる状況」とはどのような状況か、その全体（十分条件）を知っている。
　　　2)　その特徴との「全体的類似性」を認識する。

しかし、この要件を満たすことは困難である。「直木賞を受賞す

る状況」がどのような状況なのか、「大物になる人」がどのような人かその特徴を十分に知ることはできない。カテゴリー化の条件（(24)）のうち、「当該カテゴリーがどのような属性を持つかその全体（十分条件）を知っている」という部分が満たされない。

　ただし、未来の事態であっても、既定的な未来ならば問題なくこの条件を満たせる。既定的な未来は、大きく分けて二種類ある（第3章第6節）。ひとつは予定された未来（目的因）であり、もうひとつは一連の過程をたどれば必然的に生起する未来である。

　(40) 太郎は出かける<u>ようだ</u>。　　　　　　　　　　〔目的因〕
　(41) 明日は晴れる<u>ようだ</u>。　〔一連の過程をたどった先の未来〕

これらの事態についてならば、どのような状況で成立するかを十分に知ることは可能である。たとえば、「太郎が出かける状況」とは、服を着替え、身だしなみを整え、鞄を用意するなどである。同様に、「明日は晴れる状況」とは、天気図がある種の様相を示し、風の流れが変わり、夕焼けが観察可能などの状況を指す。

　以上のように、「ようだ」の意味を「カテゴリー帰属（志向的）認識」と考えることで原因が推論されたことの表示には適するが、結果が推論されたことの表示には適さない理由が説明可能である。

　以上、「広義因果関係」（「一般と特殊」（3.2節）、「モノと属性」（3.2節）、「原因と結果」（3.3節））をさかのぼる推論は、いずれも「カテゴリー帰属（志向的）認識」とも捉え得る。この点、前章の考察と本章で提示した仮説との間に矛盾は生じない。

4.「広義因果関係」の捉え方と全体・部分

　本節では、前章で残された課題、すなわち、「ようだ」のみが使える文脈についての考察を行う。

4.1　曖昧な感覚の言語化
次例を見てみよう。

(42)（コートを試着して）小さいようだ／*らしい。
(43)（自分の胸の胃のあたりを指さして）どうもこのへんが痛い［ヨウダ／*ラシイ］。　　　　　　　　［菊地2000a 例（3）］
(44)（話者自身がめまいを感じる場合）
　　強い香水の香りをかいだので、めまいがするようだ／*らしい。

　これらの例文では、自らの曖昧な感覚が言語化されて述べられている。例（42）では、実際に服を試着し「小さい」と感じたその特定の感覚（着用感）がそのまま言語化されており、例（43）では痛覚、例（44）でも平衡感覚がそのまま言語化されている。
　これらの認識を支えているのは、ある種の感覚が個別事例としての感覚を含むという関係である。例（42）の場合であれば、「小さい（という着用感）」が個別事例を含むという次のような関係（含有関係）であると考えられる。

(45)小さいという着用感：小さいという個別の着用感X、小さいという個別の着用感Y、小さいという個別の着用感Z……

　例（42）ではこの関係に基づいて自らの感覚が「小さい」というカテゴリー内に位置付けられている。これは、「カテゴリー帰属（志向的）認識」であり、上記（42）の例文において「ようだ」が使えるのは自然であると言えるだろう。
　しかし、このように、曖昧な感覚を言語化する場合、「らしい」は不自然である。このことから、感覚の言語化を支える知識は、「広義因果関係」とはみなせないのだと考えられる。次節ではこの点について見ていこう。

4.2　内包の全体と部分

　例（42）（43）（44）のように、曖昧な感覚を言語化する際、それを支える知識は、「広義因果関係」の操作的定義（第3章3.2節参照）に当てはまりにくい。（45）の知識を例に見てみよう。

(46)　??（このコートは）どうして小さい（と感じる）んだろう。
　　　小さいから小さい（と感じる）んだ。

このことからすれば例（42）において「らしい」が使えないのは自然であると言える。ただし、これは、着用感の内包を分解して捉えることはないからである。感覚は未分化で分解できず、その全体を捉えるのが通常であるが、次のように、「袖廻りは」「胴回りのゆとりは」というように分析的に捉えた場合は事情が異なる。
　(47) 小さいという着用感：袖廻りのゆとりのなさ、胴回りのゆとりのなさ、裾幅の狭さ、ボタンをかけたときの感覚……
　この場合の「小さいという着用感」は、もはや未分化の感覚ではなく、分解された部分が捉えられる。コートを試着して得たある感覚が「小さいという着用感」の全体と類似すると捉えれば、「小さいという着用感」カテゴリーに帰属させることになるが、「小さいという着用感」の一部と類似すると捉えた場合には、次のような「広義因果関係」に基づく推論となる。
　(48)［小さいという着用感→袖周りのゆとりのなさ］
　(48) の関係に「広義因果関係」の操作的定義（第 3 章 3.2 節）を当てはめて見ると、B 類の「〜から」で接続可能であり、「広義因果関係」と呼ぶ条件を満たすことがわかる。
　(49) このコート、どうして小さい（と感じる）んだろう。
　　　袖廻りがきついから小さい（と感じる）んだ。
　このように感覚を分析的に捉えた場合、内包の全体と内包の部分との関係が成立し、それは隣接関係、ひいては「広義因果関係」と解釈可能となる。
　(50) 感覚を分析的に捉えて言語化する場合
　　　［広義因果関係：内包の全体→その内包の一部］
　この「広義因果関係」を原因へ向けて推論した結果ならば、「らしい」も表せる。次例のように、「大きさは十分か」「胴回りはどうか」と着用感が分析され、「袖周りのゆとりのなさ」に気づいた場合である。
　(51)（コートを試着して、あれこれ検討したのちに）
　　　どうやら小さいらしい。
　ただし、「袖回りのゆとりは」「胴回りは」など、着用感を分析的

第 4 章　「広義因果関係」をさかのぼる二つの推論

に捉えた後であっても、その分析的に捉えられた着用感を再び総合して結論付けるときには、「ようだ」が使われる。つまり、カテゴリー帰属認識に必要な属性の全体を見て一致を問題とするか、部分的属性の一致を問題とするか、という点が、「ようだ」と「らしい」の使用を決定すると考えられる*3。

以上、「ようだ」と「らしい」がそれぞれ「カテゴリー帰属（志向的）認識」、「広義因果関係」の原因推論を表すという記述は、前章（第3章）の考察結果との整合性に関し、次の二点において、矛盾がないと言うことができる。

(52) (i)「広義因果関係」はカテゴリーの含有関係とも捉えられる。したがって、「ようだ」が「カテゴリー帰属（志向的）認識」を表すと考えても前章の考察結果と矛盾はしない。また、「ようだ」によって表される認識内容が「既定性」を持つことも、「カテゴリー帰属（志向的）認識」を表すことによって説明される。

(3.2節、3.3節)

(ii) 感覚の言語化をする際に「ようだ」のみが使えることは、それぞれの意味を、「カテゴリー帰属（志向的）認識」、「広義因果関係」の原因推論と考えることで説明可能である。

(第4節)

5. 二つの捉え方と表現の差異

本節では、両形式ともに使える文脈下における「ようだ」と「らしい」の相違について考察を進める。次の四つの点から両者の差異を見ていく。

(53) (i) 認識内容に対する責任の相違　　　　　　　(5.1節)
　　(ii) 伝聞に基づく認識の表示形式としての適否　(5.2節)
　　(iii) 所与の現実についての描写性の相違　　　　(5.3節)
　　(iv) 聞き手への配慮を表す表現の可否　　　　　(5.4節)

なお、(i) から (iii) は、独話でも観察可能な特徴であるが、

(ⅳ) は、聞き手の存在を問題にする場合である。(ⅰ) から (ⅲ) の観察においては聞き手の影響を排除するため、独話の例を見ることにする。

5.1 認識内容に対する責任

複雑で高度な認識内容について述べる場合、「ようだ」が用いられれば発言に責任を持っていると感じられるが、「らしい」の場合、そのような印象はない（早津1988、菊地2000aなど）。換言すれば、専門家が責任を持って発言するような場合は「ようだ」が選択されやすい。次例を見てみよう。

(54) 「谷川文体（谷川流の文体：引用者の補注）は、村上春樹の影響を受けているようだ」と書評家の大森望は言う。　　　　　　　　　　　　　　　　［朝日新聞2011/9/5］
(55) ??「谷川文体は、村上春樹の影響を受けているらしい」と書評家の大森望は言う。
(56) （歴史学者の発言）どうやら邪馬台国は九州にあったようだ。
(57) （素人の発言）どうやら邪馬台国は九州にあったらしい。
(58) ?人間の身体は、六〇兆個もの細胞からできているようだ。　　　　　　　　　　　　　　　　　　　　　　　［早津1988 例 (22)′］
(59) 人間の身体は、六〇兆個もの細胞からできているらしい。　　　　　　　　　　　　　　　　　　　　　　　　［早津1988 例 (22)］

これらの例文で述べられているのは、いずれも専門家でなければ責任を持てない高度な内容である。このような内容について述べるとき、責任を持って発言していることを示すためには、「ようだ」が選択されやすい。例 (54)(55) は、「書評家」の発言としては「ようだ」が適切で、「らしい」は不自然であることを示している。また、例 (56)(57) は、同じ「邪馬台国は九州にあった」と述べる場合であっても、専門家の発言であれば「ようだ」、素人の発言であれば「らしい」が適格となることを示している。例 (58)(59) は、素人の発話とすれば「ようだ」の使用はやや不自然で

ある。

　「ようだ」を用いると発話に対する責任が示されるのは、「カテゴリー帰属（志向的）認識」を表すことによると考えられる。次例に基づいてこのことを見てみよう。

（60）（新たな史跡が発見された）
　　　　どうやら邪馬台国は九州にあったようだ／らしい。

「カテゴリー帰属（志向的）認識」を表すならば、次の要件を満たしていることになる。

（61）1）「邪馬台国が九州にあった状況」がどのような特徴を持つのか、その全体（十分条件）を知っている。
　　　2）「邪馬台国が九州にあった状況」との「全体的類似性」を認識する。

　専門家でなければこの要件は満たせない。なぜなら、カテゴリー化の条件（24）の1）を満たせるのは専門家だからである。「鳥」のような日常的なカテゴリーであれば、その特徴を我々はよく知っている（例（32））。しかし、「邪馬台国が九州にあった」状況がどのようなものかは、専門家だからこそ知り得る。

　一方、「らしい」を用いるには、「邪馬台国が九州にあった」ことと「所与の現実（史跡の存在など）」との間に、何らかの因果関係がありさえすればよい。

　「ようだ」と「らしい」のこの相違を「史料A」から「史料D」がそろってはじめて「邪馬台国が九州にあった」と言えるような場合を想定して整理してみよう。次の図は、「邪馬台国が九州にあった」ならば「史料A」が存在するというように、各矢印の間に因果関係が成立していることを表し、かつ「史料A」から「史料D」までがそろえば、全体として「邪馬台国は九州にあった」ことが立証されること、すなわち「史料A」から「史料D」の存在が、「邪馬台国が九州にあった」ことを示すに十分であることを表しているとする。

(62) 邪馬台国は九州にあった　→　史料 A
　　　　　　　　　　　　　　　　史料 B
　　　　　　　　　　　　　　　　史料 C
　　　　　　　　　　　　　　　　史料 D

　「ようだ」を用いるには「史料 A」から「史料 D」がそろえば「邪馬台国が九州にあった」と言うに十分であることを知っている必要がある。当該カテゴリーがどのような特徴を持つかを知らなければ、「カテゴリー帰属（志向的）認識」はできない。これが、「ようだ」が専門家の発話にふさわしい理由であると考えられる。
　これに対し、「広義因果関係」をさかのぼって推論するには、複数の含意関係の一部、「邪馬台国が九州にあったならば史料 A がある」という関係が成立することを知っていればよい。このような部分的な関係（必要条件）について知るだけならば、専門家でなくとも可能である。これが「らしい」が専門家の発話にふさわしくない理由だと考えることができる。

5.2　伝聞表現との親和性

　しばしば指摘されるように、そして、本章第 1 節でも見たように、「らしい」は、人から伝え聞いた事柄に基づく認識表示に適する。次の例（63）（64）を比較した場合、例（63）は、実際に旅行をしてきた人の発話であり、例（64）は、人からの伝え聞きである印象を持たれやすい。

(63) あのあたりでは、小麦がよくとれる<u>ようだ</u>よ。
(64) あのあたりでは、小麦がよくとれる<u>らしい</u>よ。

　むろん、これは傾向にすぎない。次例の二重下線部が示すように、「ようだ」も伝聞に基づく認識を表すことはできる。

(65) <u>靖子の話によれば</u>、予想どおり彼らは映画館でのアリバイを確認しにきた<u>ようだ</u>。　　　　　［例（6）を再掲］
(66) <u>彼をよく知る人間の話によれば</u>、富樫は離婚後も別れた妻に執着していた<u>らしい</u>。　　　　［例（7）を再掲］

　以上のように、「ようだ」は伝聞に基づく認識を表せないわけではないが、伝聞表現に馴染まないと感じられると言える。これは

「ようだ」が、「カテゴリー帰属（志向的）認識」を表すからだと考えられる。次例を見てみよう。

(67)（A氏の話によれば）邪馬台国は九州にあったようだ。
(68)（A氏の話によれば）邪馬台国は九州にあったらしい。

「カテゴリー帰属（志向的）認識」を表すのであるから、「ようだ」の表す認識は次の過程を辿ることになる。

(69) 1)「邪馬台国が九州にあった状況」がどのような特徴を持つのか、その全体（十分条件）を知っている。
    2)「邪馬台国が九州にあった状況」と、現在の状況（「A氏がそう言っている状況」）との「全体的類似性」を認識する。

これは、A氏がそう言うことは「邪馬台国は九州にあった」こととほぼ同じ、つまり、「A氏がそう言えばそうなのだ」ということを意味する。ここに「A氏」が伝える内容に対する全幅の信頼がある。「ようだ」が伝聞に馴染まない印象があるのは、このように他人の言説に全面的な信頼を寄せる場合が少ないからだと考えられる。

一方、「らしい」が使われるときには、次のような「広義因果関係」が知識として成立していればよい。

(70)［邪馬台国が九州にあった→A氏がそのように言う］

このとき、「A氏がそう言う」ことと「九州にあった」こととの間には因果関係があればよく、「A氏がそう言う」ことは「邪馬台国が九州にあった」と言えるための条件の一部でもよい（(62)を参照）。したがって、「ようだ」とは異なり、「A氏がそのように言」えば、ほぼそうなのだという意味は持たない。

むろん「らしい」は常に伝聞に基づく認識を表すわけではない。次例では、二重下線部を手掛かりとする認識を表示しているが、いずれも、伝聞内容ではない。「らしい」についてこのような例は容易に見つけられる。しかし、その一方で、「らしい」が伝聞に基づく認識表示に適するのは、以上のような理由によると考えられる。

(71)富樫が手を伸ばしてきた。テーブルの上に置いた彼女の手に触れようとしているらしい。　　　　［『容疑者Xの献身』］

(72) 今の話の様子では、大畑は伸子を社長にしたことなど、まるで忘れてしまっているらしい。　　　　　［『女社長に乾杯！』］

(73) ガソリンメーターの針が、Eの方に大きく傾いているのだった。あと十リットルぐらいしか残っていないらしい。
　　　　　　　　　　　　　　　　　　　　　　　［『奇しくも同じ日に』］

(74) どうも方角を間違ったらしい。いっこうにそれらしい店が見つからなかった。　　　　　　　　　　　［『不安な録音機』］

5.3　描写性

「ようだ」は事態の描写、「らしい」は事実の推論を表すと指摘されることがある（中畠1990、田野村1991b、藤城1996など）。この事実は「ようだ」が「～ように見える」「～ような様子である」「～ような感じがする」など、現実を描写していることを示す表現と共起しやすいことから確かめられる。

(75) 雨が降ったように見える／??らしく見える。

(76) 美里も彼を父親として受けとめようと努力しているように見えた。　　　　　　　　　　　　　　　　［『容疑者Xの献身』］

(77) 様子がおかしい、と石神は直感していた。この刑事は戸惑っているように見える。　　　　　　　　　［『容疑者Xの献身』］

ただし、「ようだ」は事態の描写を専らとするわけではない。工藤真由美（2005）に指摘されているように、〈現実の描写〉よりも〈認識内容の提示*4〉の意味が前面化する場合がある。たとえば次例の「ようだ」は、「～ように見える」などに置き換えることができない。

(78) 「激突時にエンジンは回っていたようだ。一番前のブレード（羽根）が全部折れているのは、激突によってエンジンの中に異物がとびこんだ際に、ブレードが高速回転していたことを示すものだ」　　　　　　　　　［工藤真由美2005 例(29)］

(79) 「怪文書を投げ込んだのは……彼だった？」
　　「間違いありません。彼は慌ててやったんでしょうね。証拠を残しています。コピー機には使った紙の枚数と使用時間が記録されるんです。彼は前の晩、残業と称して、私を陥

れる怪文書を営業部のコピー機でせっせと作っていたようです」　　　　　　　　　　　　［工藤真由美2005 例（30）］

　これらの例文においては、「ブレードが全部折れていること」「コピー機に残された記録の存在」という対象の様子に基づいて、そこから得られた〈認識内容〉について述べるという「主体的側面が前面化している」（工藤真由美2005: 10）。
　〈現実の描写〉に関する「ようだ」と「らしい」の特徴を以下に整理する。

（80）「ようだ」「らしい」と〈現実の描写〉

	〈認識内容の提示〉	〈現実の描写〉
ようだ	○	○
らしい	○	△

○は「前面化しやすい」こと、△は「前面化しにくい」ことを表す。

　このふるまいの相違は、「カテゴリー帰属（志向的）認識」、「広義因果関係」の原因推論という「ようだ」「らしい」の意味と密接に関連している。
　「ようだ」は、次の意味を持つのであった。

（81）Qようだ：PとQとの間にカテゴリーの含有関係（PがQを含む関係）がある可能性を表す。　　［(26)を再掲］

　PからQが導かれたと述べれば「カテゴリー帰属（志向的）認識」となり、Qと言えるPの存在を示せば、「全体的類似性」の認識となる。本章2.2節で見たように両者は表裏一体であるが、この二面は次に示すように、〈認識内容の提示〉と〈現実の描写〉に対応する*5。

（82）〈認識内容の提示〉：「カテゴリー帰属（志向的）認識」
　　　〈現実の描写〉：「全体的類似性」の認識

　例文に即して見てみよう。次の例（83）（84）は（85）に示した「広義因果関係」をさかのぼる推論の例である。

（83）（関西方言の発話を聞いて）
　　　「関西のようだな。あいつ。」

(84)（関西方言の発話を聞いて：引用者の補注）
　　「関西<u>らしい</u>な。あいつ。」　　　　　　　　[『孤高の人』]
(85)[関西出身だ→関西方言を話す]
　「ようだ」を用いて「あいつ」が「関西出身者」カテゴリーの成員である可能性について述べれば、〈認識内容の提示〉を表すことになる。一方、「全体的類似性」の認識について述べれば、「関西方言を話す」という特徴が「関西出身」と言える特徴に類似することを表し、〈現実の描写〉を表すことになる。
　ただし、両者は表裏の関係にあるため、どちらの面を主として述べるとしても、残りの一方が完全に消えるわけではない。すなわち「関西出身者」という〈認識内容の提示〉の際には、それと表裏の関係にある「関西方言を話す」などの手掛かりの存在が少なからず示され、〈描写〉の側面が出る。逆に、「関西方言を話す」という〈現実〉を〈描写〉する面が前面化したとしても、その「関西出身者だ」という〈認識内容の提示〉の面は残ることになる。
　一方、「らしい」は、次のような意味を持つ。
(86) Q らしい：P の広義原因が Q であることを表す。
　　　　　　　　　　　　　　　　　　　　[(19) を再掲]
　例 (84) に即せば、「らしい」は、次のような意味を表す。
(87)〈認識内容の提示〉
　　関西方言を話す原因（広義）は、関西出身だということにある。
　仮に「らしい」が〈現実の描写〉を表すとすれば、次の意味を持つことになる。
(88)〈現実の描写〉
　　関西出身だということから生じる結果（関西方言を話す）が存在する。
　(87) のように〈認識内容の提示〉をすれば、たしかに「関西出身だ」という認識を表すと同時に、「そのように言える手掛かり（関西方言の発話）」の存在が示される。つまり、〈現実の描写〉の意味が含意される。
　しかし、(88) のように〈現実の描写〉について述べるとした場

合、「関西出身であること」(〈認識内容の提示〉) は必ずしも含意されない。「関西方言を話す」原因が他にある可能性もあるからである。

このように「らしい」の場合、〈現実の描写〉と〈認識内容の提示〉との間には意味のずれがあり、相即的ではない。「ようだ」の場合は、〈現実の描写〉と〈認識内容の提示〉が相即的であり、〈現実の描写「全体的類似性」の認識〉と〈認識内容の提示「カテゴリー帰属（志向的）認識」〉の両面を持つのは必然である。しかし、「らしい」が〈認識内容の提示〉という意味を持つ一方で〈現実の描写〉の意味を持たないことは、両者に意味のずれがある以上、不自然ではない。

5.4 聞き手への配慮

本節では、聞き手への配慮を必要とする文脈における「ようだ」と「らしい」の相違について、考察を進める。聞き手に配慮する場合、「その観察・判断する活動が聞手にも容易に共有できる場合は、〈密着〉型の視点をとってヨウダを使うのが自然である」(菊地 2000a: 55)。次例を見てみよう。

(89)　　驚きのあまり声をあげそうになった。全身の血が騒ぎ、次にその血が一斉にひいた。（その様子を見て：引用者の補注）「ぼくの言っている意味がようやくわかったようですね。　　　　　　　　　　　　　　　　　[『容疑者Xの献身』]

(90)　　??（例(89)と同じ文脈で）
　　　　ぼくの言っている意味がようやくわかったらしいですね。

これらの例文は、あくまでも聞き手が存在する場合の発話である。例(90)も「ぼくの言っている意味がようやくわかったらしい」と、独話として言うならば容認可能である。例(89)の文脈で「ようだ」が選択されやすいのは、「聞き手が理解したか」という、聞き手自身が関わる問題について述べているため、「その観察・判断する活動が聞手にも容易に共有できる」(菊地 2000a: 55)からだと言うことができる。

次例も、同様である。話者と聞き手はともに第三者（彼）を観察

しており、話者の認識活動は「聞手にも容易に共有できる」。
(91) 　　（二人で取り調べ中、取り調べを受けている「彼」の様
　　　　子を見て部下が上司に：引用者の補注）
　　　　「彼の話は終わった<u>ようです</u>。もういいですか」
　　　　　　　　　　　　　　　　　　　　　　　　［『容疑者Ｘの献身』］
(92) 　??（例（91）と同じ文脈で）
　　　　「彼の話は終わった<u>らしいです</u>。もういいですか」

　以上のように「聞手にも容易に共有できる」内容について述べる場合、「ようだ」が選択されると言うことができる。この理由は前節で見た「ようだ」の描写性にあると考えられる。「ようだ」を用いれば、そのように認識できる状態の存在を述べるに留め、話者が自らの認識内容を一方的に述べずに済む*6。しかし、「らしい」を用いると、話者が一方的に自らの認識内容について述べ立てることになり、不適切な発話となると考えられる。

　以上、本節では、「ようだ」と「らしい」の相違を示す四つの言語事実（5.1節から5.4節）について見てきたが、いずれも「ようだ」「らしい」が、それぞれ「カテゴリー帰属（志向的）認識」、「広義因果関係の原因推論」を表すと考えることの妥当性を支持する。

6. 「ようだ」「らしい」共通性の基盤

6.1　本体把握

　「ようだ」「らしい」の共通性に関する前章の議論を踏まえ、本章では相違について考察を進めてきた。共通性を土台に相違を考えるという考察手順は、類似度が極めて高い両形式の意味に接近する上で、有効であったと思われる。

　しかし、本来、共通性は、各形式の意味から抽出されるはずのものである。本章では、「ようだ」と「らしい」の意味をそれぞれ、「カテゴリー帰属（志向的）認識」と、「広義因果関係」をさかのぼる推論と記述している。この記述から両形式の共通性をどのように取り出すことができるのか。本節ではこの点について考える。

両者の共通性に関する大鹿（1995）の記述は示唆に富む。大鹿（1995）によれば、「ようだ、らしい」は「本体把握」を表す。本体という概念は、当然ながら本体ではないもの（付属するもの）の存在を前提としている。関係という視点を共有する当然の結果として、本研究の考察結果は大鹿（1995）と同じ方向性を持つ。
　「ようだ」「らしい」が「本体」ではないものから「本体」を認識したことを表すことについて、大鹿（1995）では、次のように述べられている。

> 「……らしい」という文は*7、帰結・結果の側から理由・原因へという方向を土台にして、しかしその二つの事態が論理的にたどれるといった距離のあるものではなく、全体と部分・側面・特徴、あるいは本体とその現れといった非常に密接な、あるいはその二つが表裏するような関係を前提にしていると考えられるのである。　　　　　　　　　　　［大鹿 1995: 543］

　本章における「ようだ」「らしい」の考察結果を踏まえれば、大鹿（1995）の指摘する「本体把握」という概念をより明確に捉えることができる。「ようだ」と「らしい」の間には、次の二点について、共通性が指摘できる。
　(93)(i)　本来あるべき認識の時間軸を過去へさかのぼるという共通性
　　　(ii) 図から地へさかのぼるという共通性
　以下、順に見ていく。

(i) 認識の時間軸を過去へさかのぼるという共通性
　カテゴリー帰属認識は、情報処理の世界で言う、パターン認識である。パターン認識（pattern recognition）とは、「私たちが何らかの形を見て「これは、アルファベットのAだ」とか、「これは怒っている顔だ」とかがわかる心のはたらきのことである。要するにバリエーションのあるパターンを、すでに知っているカテゴリーに分類すること」（市川 1997: 132）である。
　パターン認識が新しい情報を、「すでに知っている」情報の中に位置づける過程である点については、渡辺（1978）にも指摘があ

る。渡辺（1978）は、パターン認識（pattern recognition）に、「re」という形態素があることは意味深長であると述べ、レコグニションは、「「再認識」と訳してもあやまりではありますまい」（p.26）として次のように述べている。

> なぜ日常語で認めることが「再び」認めることとほとんど同じことを意味するかといえば、普通、何々を何々と見るというときの第二の「何々」は、たいがいの場合、すでに知っているものであるからに相違ありません。「これは机だ」というときには、机というものの概念をすでに知っておればこそそういえるのです。　　　　　　　　　　〔渡辺1978: 27、下線は引用者〕

このように、カテゴリー帰属認識は、「本来すでに知っているはず」の事柄を認識することだと言える。すなわち過去（に存在しているはず）の認識へ戻る方向性を持つ。

一方、「らしい」は「広義因果関係」をさかのぼる推論の帰結を表示する。原因は結果に先立って存在しているものであり、原因への遡及は「本来すでに知っているはず」の事柄を知る過程である。

したがって、「ようだ」も「らしい」も、「本来すでに知っているはず」の事柄についての認識を表示するのであり、この意味で、自然な認識の順序をさかのぼる推論を表すと言うことができる。

(ii) 図から地へさかのぼるという共通性

「カテゴリー帰属（志向的）認識」に、「前景化」「背景化」が関与することについて、Langacker（2008: 58）では次のように述べられている*8。

> これからカテゴリー化される構造は、すでにカテゴリー化された経験の中で認識されカテゴリー化に至る。既存の経験により構築された概念基盤こそがカテゴリー構造であり、その構造はある物をカテゴリー化する際にすでに背景として存在している。一方、これからカテゴリー化される対象は、観察され評価される構造として前景化されている。

実際、カテゴリーの含有関係は「容器と内容」に喩えて図示される。たとえば、「木」の類の中に、「桜」「松」「楠」という種類があ

ることは、次のように示される。

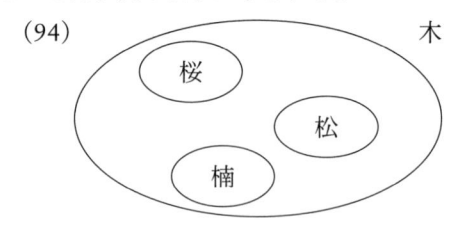

(94)　　　　　　　　　　　　　木
　　　　　　　┌──────────────┐
　　　　　　　│　╭─╮　　　　　　│
　　　　　　　│　│桜│　　　　　　│
　　　　　　　│　╰─╯　╭─╮　　│
　　　　　　　│　　　　│松│　　│
　　　　　　　│　╭─╮　╰─╯　　│
　　　　　　　│　│楠│　　　　　　│
　　　　　　　│　╰─╯　　　　　　│
　　　　　　　└──────────────┘

　このことを指して谷口（2003: 126）では、「「容器と内容」のような空間的内包関係なくしてカテゴリー関係について考えることは、非常に困難」と指摘され、両者は不可分な関係にあるのだと述べられている。

　一方、「らしい」の表す「広義因果関係」にも同様の地と図の非対称性が見て取れる。「広義因果関係」は、理由文を背景に持つが（B類の「～から」で結ばれる関係にあるが）、理由文の成立には地と図の心象が関わっている。（大堀1991, 1992）では「文法構造における従位接続は、認知構造における「図」／「地」の関係と対応する」（大堀1991: 98）と指摘され、次例に基づき以下のように記述されている。

　(95) I fell asleep while I was attending the lecture.
　　　「講義ニ出テイル最中ニ寝入ッテシマッタ」
　　　　　　　　　　　　　　　　　　　　　　［大堀1991 例（4）］

　(96) I fell asleep because the lecture was boring.
　　　「講義ガ退屈ダッタノデ寝入ッテシマッタ」
　　　　　　　　　　　　　　　　　　　　　　［大堀1991 例（5）］

　　「地」とは背景的な出来事であり、「図」とはそれを前提とした卓立的な出来事である。文法構造でいえば、主節が「図」にあたり、従属節が「地」にあたる。例えば、講義に出ている間に、退屈なので寝てしまったという場面を想像しよう。ここでは講義に出ている、あるいはそれが退屈であるというのが背景（＝背景（＝「地」）であり、そこで寝入ってしまうのが前景（＝「図」）」である。　　　　　　　　　　　　　［大堀1991: 98］

　もっとも「容器と内容」と地と図は同じではない。容器は、明確

な輪郭を持つが、地は持たない。しかしながら「容器」と地、「内容」と図の間には、空間的面積の差という観点から見た類似性が存在する。

以上のように、「ようだ、らしい」の表す認識過程には、時間的には自然な認識の順序をさかのぼる方向へ、空間的にはいわゆる図から地へ（内容から容器へ）という共通性が見てとれる。

このように見てくると、大鹿（1995）の言う「本体」とは、「広義因果関係」の「原因」のことであり、また、カテゴリーの含有関係における「含むもの」であると言うことができる。両者に共通するのは、古き認識は新しい認識を生み出す「本体」であり、大きな空間を占めるものがそれより小さなものにとって、「本体」であるとする見方である。

6.2　客観的な事実に基づく認識

「ようだ」「らしい」は、証拠に基づく認識を表す類に属し、証拠はしばしば、「客観的な事実」と記述されてきた。この特徴は、「ようだ」「らしい」の共通性を決定付ける本質とは言えないが、各形式のふるまいの中に確実に観察される事実である（第3章第2節）。「ようだ」「らしい」が「客観的な事実」に基づく認識を表すことは本研究が提示したそれぞれの意味に合意されている。

「ようだ」は、「カテゴリー帰属（志向的）認識」を表す。「カテゴリー帰属」を認識する場合、「これ」と指示できるような存在、すなわち帰属させられる何かの存在が前提となる。この何かが「客観的な事実」であると考えられる。

カテゴリー帰属認識は、情報処理の世界で言うパターン認識である。パターン認識においても「客観的事実」が前提となる。渡辺（1978）には次のように記述されている。

> 最も簡単にいえば、「これは何か」という問に対する答になるものは、パタンだともいえましょう。それはそういう問に対する答として、普通、類概念をもってくるからです。「猫です」とか、アルファベットのAです」とか、「短袖のボレロです」とかいう答は、まさにその個体の属するクラスを指定している

ことになります。　　　　　　　　　　　［渡辺1978: 12］

　パターン認識においては、「これは何か」という問いの存在が（実際にそのような問いが発せられるかどうかは別として）含意される。その場合の「これ」が「客観的事実」である。
　一方、「らしい」は、「広義因果関係」の原因を推論したことを表す。この推論も「客観的事実」の存在を前提とする。原因へさかのぼるには結果の存在が必要である。存在しない事態の原因は探れない。
　また「らしい」が表す推論は、アブダクションと同じ形式を持つ（第2章3.1節）。アブダクションはしばしばリトロダクション（retroduction）と呼ばれるように、「遡及推論」すなわち「結果から原因へ遡及する推論」を意味する。米盛（2007: 200）には、パースによる定式化が図示され、アブダクション（リトロダクション）において「客観的事実」が前提となることが次のように記述されている。

(97)　　　　　Bである、
　　　　　　AならばBである、
　　　　　──────────────
　　　　　　よって、Aは真らしい。

　「驚くべき事実Bが観察される（図中の「Bである」: 引用者の補注）」というのがその結果（図中の「AならばBである」のB: 引用者の補注）です。そこでその結果（驚くべき事実B）がなぜ起こったか、つまりその原因と考えられるものについて、いろいろ遡及的な推論が行われます。そして問題の事実Bの原因を、もっとも納得のいく仕方で合理的に説明しうると考えられる説明仮説Aに思いいたって、「Aが真であると考えるべき理由がある（図中の「Aは真らしい」: 引用者の補注）*9」として、仮説Aを暫定的に採択します。このように、ある結果から原因へと遡及推論を行い、その原因についてもっとも理にかなった説明仮説を提案するのが、アブダクション（リトロダクション）です。
　　　　　　　　　　　　　　　［米盛2007: 192、下線は引用者］

アブダクションは、まず事実の認識から出発する。事実が存在しなければ、その原因へ遡及していくこと自体あり得ない。
　以上のように、「ようだ、らしい」が「客観的事実」を認識の手掛かりとするという指摘は各々の意味に含まれ、その推論の重要な一部を構成している。

7. おわりに

　本章の考察の結果、「ようだ」は「カテゴリー帰属（志向的）認識」、「らしい」は「広義因果関係」の原因推論を表すと考えることができる。この記述は、観察対象と判断内容の距離が近ければ「ようだ」、遠ければ「らしい」という記述（菊地 2000a）の背後にある認識のしくみだと考えられる。「ようだ」の表す「カテゴリー帰属（志向的）認識」は、手掛かりと認識内容とを同一視しようとしてもしきれないという認識である。「近さ」と喩えるにふさわしい。一方、「らしい」の表す「広義因果関係」をさかのぼる推論は、原因と結果という二つの事態間の関係である。距離の遠さとして異質性を示すにふさわしい。
　本章における「ようだ」「らしい」の記述は、両形式の共通性に関してこれまで指摘されてきた、「客観的な事実」に基づく認識を表すという指摘（6.2節）、さらに、「本体把握」を表すという特徴とも整合性を持つ（6.1節）。
　ここで、推論の特徴という観点（「視点1」から「視点6」：第2章）から「ようだ」「らしい」の記述を振り返っておこう。とくに関連するのは「視点1」と「視点3」である。
　「視点1」は、演繹と帰納を区分し、帰納推論はさらに「特殊から一般」を導く推論とそれ以外とに二分されるという見方である（第2章3.1節）。「ようだ」と「らしい」の相違は、帰納推論の二種の捉え方に対応する。「ようだ」は、不完全ながら特殊から一般を導く過程を表すのであるから、狭義の帰納推論を表示すると考えられる。これに対し、「らしい」の表す推論はアブダクションである。アブダクションに伴う「仮説的飛躍（abductive leap）」（米盛

2007: 92)の例として、しばしばあげられるのは、物理法則の発見等、思考の大きな飛躍である。日常の「らしい」の使用にそのような大きな飛躍は見られないが、しかし原因を遡及していくという点は同じである。

　日常の推論に用いられる知識は含意関係だけではない。これが「視点3」である（第2章3.3節）。「ようだ」の表す「カテゴリー帰属（志向的）認識」の基盤には、類似性がある。一般化しきれなくとも一般化を「志向する」ことからすれば、一般と特殊の関係が使われているということもできる。一方、「らしい」の表す「広義因果関係」の原因推論は、隣接関係の一種であると言える。

---

*1　認識的モダリティの体系的記述の中でこれらの形式を考察した、寺村（1984）、仁田（1989）、森山（1989a）、益岡（1991）、日本語記述文法研究会編（2003）、三宅（2011）などの他に、「ようだ」や「らしい」の多義性を考察した森山（1995a）、三宅（2006）、「そうだ」と「らしい」の比較を行った中畠（1992）、「そうだ」と「ようだ」の比較を行った風間（1964）、田野村（1991a）、中畠（1991）、「だろう」と「らしい」の比較を行った奥田（1985）などがある。

*2　三宅（2006）のように、「ようだ」「らしい」は、「あくまで証拠の存在を認識しているのであって、証拠から、あるいは証拠に基づいて、命題を推し量ったり、推論していることを表すものではない」（三宅2006: 121–122）という見方もある。「ようだ」「らしい」が「～と予言する」「～と予告する」「～と予想する」などと共起できないことにあることがその主たる根拠であるが、これは「ようだ」の表す認識内容が既定性を持つ（第3章第6節）と考えても説明可能である。

*3　Warren（1999）によって、メタファーともメトニミーとも解釈可能な例と指摘された次例は、属性の全体が総合的に把握されていればメタファー、属性の一部が注目されていればメトニミーとされる。全体か部分かがメタファーとメトニミーとを分かつ基準となるという指摘は、ここでの議論と並行的である。

・Ann has her father's eyes. [eyes like those of her father]
　　　　　　　　　　　　　　　　　　　　　　　　　[Warren 1999: 130]

*4　工藤真由美（2005）では、〈発話時における話し手の推定〉とされている。

*5　「ようだ」が「カテゴリー帰属（志向的）認識」を表すということは、「AはBだ」と言い切れないことを表現する形式だということでもある。このように考えると「ようだ」の描写性の強さは、たとえば「これは鳥だ」という際に、

「これ」が何かを描写する側面と、「これ」を「鳥」カテゴリーに位置付けるという側面を持つことと並行的に考えることもできる。
*6　この用法が、次のような婉曲の用法につながるものと思われる。
　・(妻が夫に郵便物を手渡しながら)
　　あなた宛に速達がきているようですよ。　　　　　［早津1988 例 (15)］
*7　大鹿 (1995) では、「らしい」を中心に考察がなされている。ただし、「ようだ」についても「「らしい」によく似た文法的機能と意味を持つものに「ようだ」があるが、本稿では「だろう」との比較において、さしあたっては「らしい」とほぼ同じ性格のもの (本体把握を表すもの：引用者補注) と押さえている。」(pp.530–531) とされている。
*8　訳は、山梨正明監訳 (2011)『認知文法論序説』による。
*9　米盛 (2007) では、「Aは真らしい」という表現と「Aが真であると考えるべき理由がある」という表現とが区別せずに用いられている。しかし、本章5.3節で述べたようにこの二つは表現として等しいわけではなく、言語表現を問題とする上では両者を区別しておくことが重要である。

第5章
「ようだ」の多義的な意味の広がりと
カテゴリー帰属認識

1. はじめに

　「ようだ」は直喩と認識的モダリティという複数の意味を担い、多義的なふるまいを見せる。本章では、直喩を表す「ようだ」について考察を行い、その意味が認識的モダリティとしての「ようだ」の意味、すなわち「カテゴリー帰属（志向的）認識」（第4章）と共通する特徴を持つことについて見ていく。
　(1)　あの人は菊の花のようだ。　　　　　　　　　〔直喩〕
　(2)　あの花はどうやら菊の花のようだ。　〔認識的モダリティ〕
　直喩形式は「ようだ」だけではない。「似ている」「そっくりの」「同様の」「同然の」など多様であるが（中村明1977、佐藤1992〔＝1978〕）、本章で「ようだ」と比較の対象とするのは、このうち「似ている」である。

2. 非対称性・修辞性

次の二つの点から、考察範囲を限定する。
　(3)　(i) 「AはBのようだ」と比較するのは、「AはBに似ている」である。
　　　(ii) 「AはBのようだ」と「AはBに似ている」は、修辞性のない単なる類似性を表示する場合もあるが、これも典型的な直喩と区別せず、考察の対象に含める。
(i) から順に見ていこう。「似ている」は、「AはBに似ている」「AとB（と）は似ている」という構文で使われる。「ようだ」の比較対象とするのは前者である。後者は、どちらが類似性の基準としての重みを持つかを示すことはなく、A項とB項を入れかえてもあま

り大きな差異は生じない。

(4) この喫茶店とパリのカフェは似ている。
(5) パリのカフェとこの喫茶店は似ている。

しかし、「AはBのようだ」の場合、B項が類似性の基準の提示に重要な役割を果たし*1、A項とB項を入れかえると表現性に大きな差異が生じる。「AはBに似ている」も同様である。

(6) 　　この喫茶店はパリのカフェのようだ／に似ている。
(7) ??パリのカフェはこの喫茶店のようだ／に似ている。

以上の理由から、「AはBのようだ」との比較対象は、「AはBに似ている」に限定する。

次に（ii）についてである。「AはBのようだ」「AはBに似ている」は、いずれも直喩を表す。次例は直喩を表すと考えられる例である。

(8) コートも着ない私の袖は、ぐっしょり濡れてしまって、みじめなヒキ蛙のようだ。　　　　　　　　　　　　［『放浪記』］
(9) 久し振りに鏡を見てみた。古ぼけた床屋さんの鏡の中の私は、まるで山出しの女中のようだ。　　　　　　［『放浪記』］
(10) 人生は熱帯魚の水槽に似ている。最後まで残るのは小さくて平凡だが、逞しく美しいものばかりだ。　　［Webサイトより］
(11) 痰の群れは今朝の光にきらめくただのゆるい液体となって父のからだから退散しようとしていた。それはいかにも、たったいちどの役目を解かれて地に還ろうとする、悪魔の手先の退陣に似ていた。　　　　　　　　　　　［『忍ぶ川』］

いずれの例においても、あるものを表現するために別のものが用いられており、そこに比喩としての喩えを見ることができる。たとえば例（8）の場合であれば、「私」が「ヒキ蛙」を用いて、例（10）の場合であれば、「人生」が「熱帯魚の水槽」を用いて表現されている。

一方で、「ようだ」と「似ている」は、直喩としての修辞性の認められない、すなわち、意外性を伴わない単なる類似性を表す場合もある。山梨（1988）では「文字通りの比較の表現」（p.33）と呼ばれ、次のような例があげられている。

(12) コウモリは鳥に似ている。
〔山梨1988 第2章例（21）ib、下線は引用者〕
(13) 飛行機は鳥のようだ。
〔山梨1988 第2章例（21）iia、下線は引用者〕

　たしかに、「コウモリ」と「鳥」、「飛行機」と「鳥」との間に存在する類似性に、意外性は認められない。このような例を見ると「ようだ」と「似ている」は、共に直喩らしい直喩から「文字通りの比較の表現」まで、さまざまな類似性を表し得ると考えられる。しかし、直喩と「文字通りの比較の表現」との間を意外性の度合いによって区分することもまた難しい。「コウモリはマントを着た男のようだ」という表現には、意外性があると見てよいのか、「空飛ぶ飛行機は十字架に似ている」の場合はどうかと考えていくと、意外性の度合には段階が想定され、区分の規準は見出し難い。

　そこで、修辞性とは何かという問題に踏み込むことはせず、典型的な直喩の用法も「文字通りの比較の表現」も、すべてを考察の対象とすることにする。むろん、考察対象とする文脈は、AとBとの「同等・包含関係が否定されている場合」（森山1995a）に限られる。先の例（1）では、「あの人」と「菊の花」との間の「同等・包含関係が否定されている」。例（12）（13）のように意外性のない類似性を表す場合もこの点は同じである。一方、「同等・包含関係が不明の場合」には認識的モダリティとなる。先の例（2）は認識的モダリティを表しているが、このとき「あの花」が「菊の花」であるかどうかは、「不明」である（第4章第1節）。

　以下、AとBとの「同等・包含関係」が否定されている文脈下における「AはBのようだ」と「AはBに似ている」について、その修辞性を不問にし、考察していく*2。

3.「全体的類似性」の認識と個人の容貌

3.1　個人の容貌との類似性

　両形式の相違は、個人の容貌について述べる場合に顕著となる。「ようだ」は個人の容貌に焦点を当て、その類似性を表すことがで

きない。次例を見てみよう。

(14)　（生まれたばかりの赤ん坊を見て）
　　　＊この子はお父さんのようだね。
(15)　（生まれたばかりの赤ん坊を見て）
　　　この子はお父さんに似ているね。

以下の例文も、同様の事実を示している。

(16)　「登志子は、おれに似ている。誰がなんといってもおれにそっくりだ」たしかに登志子は文太郎によく似ていた。その子をはじめて見た人は誰も加藤に似ているといった。　　　　　　　　　　　　　　　　［『孤高の人』］
(17)　＊たしかに登志子は文太郎のようだった。その子をはじめて見た人は誰でも加藤のようだといった。
(18)　「お前のお母んのおしまはんは、耳たぶの大きな白い顔の人やった。額のひろいきれいな顔をしてはった。玉枝はんにそっくりやった」喜助は絶句した。＜玉枝はんがお母んに似ている。　　　［『雁の寺・越前竹人形』］
(19)　＊（例（18）と同じ文脈で）玉枝はんがお母んのようだ。

ただし、「ようだ」が表すことができないのはあくまでも、〈個人の〉〈容貌〉という二つの要素を伴う類似性であり、どちらかの要件を欠けば使える。このことは、次の（i）から（iii）の類似性を表示する際、「ようだ」は容認されることを意味する。

(20)(i)　〈類の〉〈容貌〉との類似性
　(ii)　〈個人の〉〈容貌の一部〉についての類似性
　(iii)〈個人や類の〉〈行動〉についての類似性

以下、順に見ていこう。

(i) 〈類の〉〈容貌〉との類似性

　次例における「ようだ」は〈類の〉〈容貌〉との類似性を表している。

(21)久し振りに鏡を見てみた。古ぼけた床屋さんの鏡の中の私は、まるで山出しの女中のようだ。　　　　［例（9）を再掲］

(22) 久し振りに鏡を見てみた。古ぼけた床屋さんの鏡の中の私は、山出しの女中に似ている*3。
(23) 藤左衛門の容貌は狒々に似ている。　　　［『国盗り物語』］
(24) 藤左衛門の容貌は狒々のようだ。

　いずれの文においても、容貌という観点から見た類似性が示されているが、例 (21)(22) では「山出しの女中」、例 (23)(24) では「狒々」といういずれも類との類似性である。この場合、「似ている」だけではなく「ようだ」も問題なく容認される。

(ii) 〈個人の〉〈容貌の一部〉についての類似性
　次に個人の容貌の一部についての類似性を表す場合を見てみよう。次の例文は〈個人の〉〈容貌の一部〉についての類似性を表しており、個人の容貌全体について述べる先の例 (17)(19) の場合と比較すれば、容認度はかなり高い。

(25) 　?あら、この子の眉、太くて長くて、亡くなったおじいさんの眉のようだわ。
(26) 　?智子の目は、丸くて千賀子おばさんのようだね。

　この例文において表されている類似点は、形だけではなく眉や目の雰囲気のようなものまでも含んだものであろうが、問題とされているのは、あくまでも容貌の一部の眉や目である。その類似性を表す場合ならば「ようだ」の容認度はかなり上がると言うことができる。

(iii) 〈個人や類の〉〈行動〉についての類似性
　「ようだ」も「似ている」も行動の特性についての類似性を表すことができる。それは、個人のものでも類のものでもよい。次の例 (27) は「かおる子」という個人の行動、例 (28) は「二十日鼠」という類の行動との類似性を表す例である。

(27) 小脇に抱えた資料と、手にかかえたファイルを見ながら歩く姿はかおる子の定番になっていた。……（A子：引用者の補注）小脇にかかえたファイルを取り出す。まるでかおる子のようだ。
　　　　　　　　　　　　　　　　　　　　　　［Web サイトより］

(28)ここの先生は、日に幾度も梯子段を上ったり降りたりしている。まるで二十日鼠のようだ。　　　　　　　　　［『放浪記』］

同じ文脈で、「似ている」も問題なく使える。

(29)小脇に抱えた資料と、手にかかえたファイルを見ながら歩く姿はかおる子の定番になっていた。……（A子は：引用者の補注）小脇にかかえたファイルを取り出す。かおる子に<u>似ている</u>。

(30)ここの先生は、日に幾度も梯子段を上ったり降りたりしており、二十日鼠に<u>似ている</u>。

以上、(i) から (iii) に見たように、「ようだ」は〈個人の〉〈容貌〉についての類似性を表せないが、この条件をはずれたところの類似性表示は許容すると考えられる。

3.2　カテゴリーの創造を可能とする類似性
3.2.1　個人の容貌の指示機能

では、〈個人の〉〈容貌〉は、その他（(20) の (i) から (iii)）の属性とどこが異なるのだろうか。両者は指示機能の有無という点で異なると考えられる。〈個人の〉〈容貌〉は、特定の個人を指示することを可能とし、他との差異化を決定付ける。つまり、容貌は通常、個人を認定するための必要十分条件となる。このことは、容貌によって、その人であると同定され、証明写真が社会的に個人を特定する機能を担っていることによって端的に示されている。

これに対し、(i) から (iii) の属性は、個人や類を指示する力を持たない。〈類の〉〈容貌〉((i)) はその典型性を決めるが、類を指示するための決定的な特徴ではない。したがって次のように言うことができる。

(31)山出し女中の<u>典型的な容貌／相貌</u>

「典型」によって指示されるのは、類全体ではなく、その中でとくに「らしさ」を備えたものである。

〈個人の〉〈容貌の一部〉((ii)) も容貌の全体とは異なり、十分な指示機能を持たない。たとえば、眉の形は恒常的な特徴ではある

が、形によって特定の眉を指示すること、つまり、Ａさんの眉か、Ｂさんの眉かを区別することは、困難である。

〈個人や類の〉〈行動〉（(iii)）についても同様である。行動は時々で変化するため、複数の要素からなる集合として捉え得る。そして、その集合の中に、たとえ個人の行動についてであっても典型性が存在する。つまり、〈行動〉は個人や類を特定する機能を持たない。例（32）は類の、例（33）は個人の行動の典型例が想定できることを示している。

(32) 二十日鼠の<u>典型的な行動</u>
(33) かおる子の<u>典型的な行動</u>

以上のように、〈個人の〉〈容貌〉は、特定の個人を指示可能であり、他との差異化を決定付ける属性であるという点が特異である。「ようだ」が表せないのは、この類似性である。次節では、このふるまいから「ようだ」の特徴を取り出していく。

3.2.2 「カテゴリー帰属（志向的）認識」

類似性は、類似点と相違点から構成される概念である。このうち、相違点については、次の二つの捉え方が可能である（第4章2.2節）。

(34) (i) 相違点を捨象しきれない類似性　　（「全体的類似性」）
　　 (ii) 相違点もあることを認める類似性　（「部分的類似性」）

〔第4章(23)を再掲〕

認識的モダリティとしての「ようだ」は、このうち「全体的類似性」を表すが（第4章）、直喩としての「ようだ」も、この特徴を保持していると考えられる。

〈個人の〉〈容貌〉についての類似性は、この二つの類似性のうち「部分的類似性」となる。容貌という点で「Ａさん」が「Ｂさん」に類似すると言う際、必然的に両者の相違にも意識が及ぶからである。容貌は、個人を特定するのであるから、この観点から見て、「Ａさん」と「Ｂさん」との間の相違点を捨象しようとすることは、二人を同一人物とみなそうという試みとなる。したがって、容貌という観点から見て二人の類似性を指摘するならば、それは「相違も

あることを認める」「部分的類似性」でなければならない。

「AはBのようだ」は〈個人の〉〈容貌〉の類似性を表せないのだから、「部分的類似性」を表すことはできず、「全体的類似性」を表すのだと考えられる。これに対し、「似ている」は、〈個人の〉〈容貌〉の類似性を表せる。したがって、「部分的類似性」を表すと考えられる。

(35) ようだ：「全体的類似性」を表す。

　　　似ている：「部分的類似性」を表す。

「ようだ」が〈個人の〉〈容貌の一部〉である眉の形についての類似性ならば表せるのは、形によって特定の個（眉）を判別するのは困難で、眉について、形という観点から同類であると述べることは可能だからである。〈個人の〉〈行動〉も特定の個人を指示する機能を持たず、この観点から見て全体的に類似すると述べ、その視点からAがBカテゴリーに帰属すると見ることは可能である。

「ようだ」と「似ている」の表す類似性の相違を(35)のように捉えれば、両形式ともに使える場合の両者の相違がうまく説明できる。次は詩の一節である。

(36) 君は……

　　　あの人に<u>似ている</u>　涼しげな横顔から
　　　時折寂しげな眼差しまで
　　　あの人に<u>似ている</u>　明るく振る舞う処も
　　　時折　のぞかせる　心の中まで　　　　［「あの人に似ている」］

この詩における「似ている」を「ようだ」に変えることは不可能ではない。しかし、「ようだ」に変えた場合には、ニュアンスの違いが生じる。すなわち、「似ている」を用いればかつての恋人である「あの人」と「君」とを同類と見ることに抵抗があることになる。これに対し、「ようだ」を用いた場合には「君」と「あの人」とを重ねあわせているというニュアンスが生じる。

以上のように、直喩の実現する文脈（「同等・包含関係が否定されている」文脈）における「ようだ」も、認識的モダリティとしての「ようだ」と同じく、相違点を捨象しきれない「全体的類似性」を表し、何らかの視点からカテゴリー帰属認識を表すと考えられる。

4.「全体的類似性」の認識を表すことを示す事実

「ようだ」と「似ている」の表す類似性の間に、「全体的類似性」「部分的類似性」という相違があると考えれば、さらに次の（i）から（iii）に示すふるまいの相違が説明可能となる。以下、丸括弧内の各節で検討していく。

(37)(i) 顕著な特徴を持つ有名人の容貌との類似性表示

(4.1 節)

(ii) 想像上のモノとの類似性表示　　　　　（4.2 節）

(iii) 類似度の表示　　　　　　　　　　　　（4.3 節）

4.1　顕著な特徴を持つ有名人の容貌との類似性

「ようだ」は、〈個人の〉〈容貌〉についての類似性を表すことはできない（前節）。しかし、次例に示すように、際立つ特徴を持つ有名人（個人）の相貌との類似性ならば表せる。

(38) まず、ルームメイトの紹介だが、……髪型や顔つきもベートーベンのようだ。　　　　　　　　　　　［Web サイトより］

(39) 家の主は立ち上がり、こっちにやってくる。その体はとても大きく人間とは思えない顔・体・声をしている。まさにフランケンシュタインのようだ……。　　　　　［Web サイトより］

このように、顕著な特徴を持つ有名人の容貌との類似性ならば表せるのは、有名人の容貌と、そうではない人の容貌との間には、その人を指示する力の違いがあるからである。「ベートーベン」や「フランケンシュタイン」の容貌は、当人を指示する力が弱い。容貌に目立つ特徴があり、かつ有名であることにより、「ベートーベン」や「フランケンシュタイン」その人ではなく、他の人を指示する異名としても用いられる。次の例を見てみよう。

(40) ゆきちゃんとは幼なじみである魚屋のKさん、それから「ベートーベン」と呼ばれている予備校の先生が来ていた。ベートーベンは別に音楽の先生なわけではない。英語を教えているそうだが、横ワケにした長髪と、四角いいかつい顔が、音楽の教科書に載っているベートーベンの肖像に

そっくりなのである。　　　　　　　　　　［Web サイトより］
(41) 小学生の自分の息子から<u>フランケンシュタイン</u>と呼ばれているショースケは、額の張った長い顔にいくらか血を昇らせて、夢見る乙女みたいに、ふわっと中空に目を泳がせた。
［Web サイトより］

この場合、「ベートーベン」や「フランケンシュタイン」は異名として用いられ、ある種の特異な容貌を持つ人を指している。このような顕著な特徴を持つ固有名詞は特定の個人の指示機能だけではなく、「ある容貌を持つ人」という類を表す機能を容易く持つことができ、一般の名前とは異なる。一般的な個人名であれば異名として用いられることはない。「登志子」がいくらその父親である「文太郎」に類似していたとしても、「登志子」の異名として「文太郎」を用いることは通常あり得ない。用いれば、指示機能が混乱を来すだろう。

以上のように、顕著な特徴を持つ有名人は〈ある種の容貌を持つ類〉を表せる。したがって、そのような有名人との類似性ならば、「ようだ」を用いて表すことができる。

4.2　想像上のモノとの類似性

「似ている」は想像上のモノとの類似性を表しにくい。次例は、「桃源郷」「天国」という想像上のモノとの類似性を表す例である。
(42) ここは桃源郷の<u>ようだ</u>／? <u>に似ている</u>。
(43) ここは天国の<u>ようだ</u>／? <u>に似ている</u>。

これらの例文の容認度判定はやや微妙かもしれない。ただし、出現数を検索エンジン Google により検索したところ（2004 年 2 月）、「桃源郷の<u>ようだ</u>（50 件）」「桃源郷に<u>似／にている</u>（1 件）」、「天国の<u>ようだ</u>（357 件）」「天国に<u>似／にている</u>（10 件）」という結果が得られており、出現数には差があると言える。

この事実も、「全体的類似性」「部分的類似性」という「ようだ」と「似ている」の意味の反映であると考えられる。想像上のモノは具体的な体験の裏付けを欠き、その属性が多面的に把握されにくい。「桃源郷」や「天国」を漠然とした心象として捉えることはできて

も、そこに何があるか、細かく具体的に描写するのは困難である。このことは、「学校」という具体物であれば、「校舎がある」「グラウンドがある」、「教室は……」、「廊下は……」「実験室は……」は、と多方面から描写可能であるのとは対照的である。属性に関する情報が限られていれば、類似点と相違点という複数の側面を明確に認識するのは困難である。「似ている」が「想像上のモノ」との類似性を表しにくいのは、このためだと考えられる。

「部分的類似性」について述べるためには、複数の側面からの把握が欠かせない。このことは、類似点がどこにあるのかを具体的に示せば、「似ている」も「桃源郷」や「天国」との類似性を表せることから確かめられる。次例では、類似点が二重下線部に文脈として明示されている。それにより、その他の点では異なるのだという「部分的類似性」の把握が保証され、「似ている」が容認されるのだと考えられる。

(44) 手這坂（てはいさか）とは、今から約200年前の江戸時代、紀行家"菅江真澄"が訪れて、桃の咲き誇る様が中国の「桃源郷」に似ていると絶賛し……。　　　［Webサイトより］

(45) いっかな治療の終わりが見えてこないどころか、見えそうな気配すら感じないが、……そんなところもこの歯医者は、天国に似ている。　　　［Webサイトより］

4.3　類似度の表示

「ようだ」は「かなり」など程度を表す副詞とは共起しにくいが、「似ている」にそのような特徴は認められない。次例を見てみよう。

(46) チリ人はかなり日本人に［??のようだ／に似ている］と言われています。

(47) ここのお湯はとても道後温泉［??のようだ／に似ている］。

これは、「似ている」が、「部分的類似性」を表すことによると考えられる。相違点の存在を認めているのであれば、類似点と相違点の比重のあり方により、類似性に程度性が生じる。「かなり」や「とても」はその度合いを表していると考えられる。これに対し「ようだ」は、類似点のみが焦点化され相違点は背景に押しやられ

ていることを表す。このように考えれば「ようだ」が程度性表示に馴染まないのは自然である。

これとは逆に、「ようだ」は「まるで」と共起可能だが、「似ている」は共起しにくい。先の例（10）（11）では「似ている」が用いられているが、もとの文に「まるで」を加えると（次の例（48）（49））、不自然になる。

(48) ??人生はまるで熱帯魚の水槽に似ている。最後まで残るのは小さくて平凡だが、逞しく美しいものばかりだ。

［例（10）に「まるで」を加えて再掲］

(49) ??痰の群れは今朝の光にきらめくただのゆるい液体となって父のからだから退散しようとしていた。それはまるでいかにも、たったいちどの役目を解かれて地に還ろうとする、悪魔の手先の退陣に似ていた。

［例（11）に「まるで」を加えて再掲］

「まるで」は、「全体的に」という意味を持つと考えられる。「丸で」という漢字表記や、否定的表現を伴って「まるで駄目だ」と言う場合、「全く、全然」（『広辞苑』第6版）という意味を持つことが、それを示唆している。「まるで」がこのような意味を持つならば、「ようだ」の表す「全体的類似性」と「まるで」の意味との間には整合性がある。しかし、類似点と共に相違点もあることを表す「似ている」には馴染まない。

以上のように、「ようだ」と「似ている」は、どちらも類似性を表すが、相違点の把握の仕方が異なり、それぞれ「全体的類似性」「部分的類似性」を表すと考えられる。「同等・包含関係」が否定されているという直喩が出現する文脈においても、「ようだ」は、「全体的類似性」という意味を持つ。この意味は、認識的モダリティとしての「ようだ」の意味（第4章）と一致し、「ようだ」の意味を「全体的類似性」と記述することの妥当性を支持する。

5.「部分的類似性」と認識的モダリティ

「ようだ」だけではなく「似ている」も、AとBとの間の「同

等・包含関係」が成立するかどうかが不明、という認識的モダリティと理解される文脈下で用いることは可能である。ただし、「部分的類似性」という「似ている」の意味は、この場合も保持されていると考えられる。本節ではこの点について見ていこう。次例では、「坂を登りつつある人の姿」が「桂正作」であるかどうか不明、という文脈下で「似ている」が使われている。

(50) 身に古ぼけたトンビを着て、手に古ぼけた手提(てさげ)カバンを持って、静かに坂を登りつつある、その姿がどうも桂正作に似ているので、「桂君じゃアないか」と声を掛けた。

[『非凡なる凡人』]

この文だけを見ていると、「似ている」は、「坂を登りつつある人の姿」が「桂正作」であることを認める態度、すなわち相違点を捨象しきれない「全体的類似性」を表しているとも考えられるが、しかし、相違点、すなわち、ある人の姿が「桂正作の姿」であると認められないという意識は強く残っていると考えられる。

このことは、「似ている」を「ようだ」に言い換えれば、「桂耕作」であることを認める態度が明示的になることから見て取れる。

また、二重下線部の副詞「どうも」を「どうやら」に変えると、「似ている」の場合、不自然であることからも確かめられる。

(51) ?身に古ぼけたトンビを着て、手に古ぼけた手提(てさげ)カバンを持って、静かに坂を登りつつある、その姿がどうやら桂正作に似ているので、「桂君じゃアないか」と声を掛けた。

(52) 身に古ぼけたトンビを着て、手に古ぼけた手提(てさげ)カバンを持って、静かに坂を登りつつある、その姿がどうやら桂正作のようなので、「桂君じゃアないか」と声を掛けた。

「どうも」は「当該の事態の成立を示唆する様相の現れが不確定であることを表す」杉村（2009: 166）のに対し、「どうやら」は「様相の現れが完全にではないがほぼある基準に近づいたことを表す」杉村（2009: 166）。つまり、「どうも」を「どうやら」に変えれば、ある程度の何らかの認識に至ったことが表される。「似てい

る」は「どうやら」と共起できず、不確定であることしか表せない。これは、「似ている」が相違点を認める態度を表すとすれば理解できる。

例(50)において、「似ている」が「桂正作だ」という認識への傾きを表すように思われるのは、「声を掛けた」という後続文脈の影響が大きいと考えられる。このような文脈を取り除けば、「似ている」は話者の認識を表すとは認め難い。次例の「似ている」が「桂正作だ」という認識を表示しているとは理解されないだろう。

(53) 手に古ぼけた手提(てさげ)カバンを持って、静かに坂を登りつつある、その姿が桂正作に似ている。

6. おわりに

森山(1995a)や三宅(2006)で指摘されているように、「ようだ」の意味には類似性という概念が深く関わっている。この場合の類似性は、相違点が捨象しきれないことを意味する「全体的類似性」であると考えられる。この「ようだ」の特徴は、同じく直喩形式であるとされる「似ている」との比較によって明示的になる。「ようだ」とは異なり、「似ている」は相違点の存在を認める「部分的類似性」を表す。

このように見てくると、直喩を表す「ようだ」は「似ている」と比して、メタファー(隠喩)に近い表現性を持つと考えられる。隠喩とは何か、という問いについて本研究では考察を行わない。しかし、尼ヶ崎(1990:205)が「「あいつは狼だ」という隠喩が成立するとき、「あいつ」は「狼のようなもの」として新たなカテゴリー化を受けるのである」と述べるように、そして、Glucksberg and Keyser(1990)の「類包含陳述論」に見られるように、「AはBだ」という隠喩に関し、しばしばA項とB項が新たなカテゴリーを形成するという指摘がなされる。A項とB項目は非対称的であり、これは、A項が何らかの視点からB項のカテゴリーに組み入れられ、B項として理解されることを意味する。本章における「ようだ」の記述と重なる。

これに対し、「似ている」の場合、類似点とともに相違点の存在も強く意識されている。隠喩に見られるような「新たなカテゴリーの形式」は示されない。この点、隠喩や「ようだ」とは異質であると言うことができる。

　「ようだ」は認識的モダリティと直喩の用法を持つ。この二つの用法に共通するのは、「カテゴリー帰属（志向的）認識」、すなわち「全体的類似性」の認識である。カテゴリー帰属認識は、情報処理の観点から見れば、パターン認識である。パターン認識には二種類あり、ひとつは、クラスタリング（clustering）であり、もうひとつが渡辺（1978）によって「本来の意味でのパターン認識」（p.26）と言われた、レコグニション（recognition）である。レコグニションは、すでにあるカテゴリー内に何かを位置付ける認識であるが、クラスタリングは、類の創造である。クラスタリングについて、渡辺（1978）には次のようなわかりやすい例があげられている。

　　鳥という動物の全然いない国（または星）から来た人を動物園のいろいろな鳥を入れた鳥籠の前につれて行ったとしましょう。我々が頼まなくても（中略）、その人はその人なりの鳥の分類を始めるでしょう。「あの白い足の長いやつ」とか、あの「クークー鳴き声をあげる小さいやつ」とか、いろいろな分類をするでしょう。（中略）こういうのはまさにクラスタリングです。
　　　　　　　　　　　　　　　　　　［渡辺1978: 23–24］

　認識的モダリティとしての「ようだ」は、レコグニション（recognition）を、直喩の文脈下における「ようだ」は、クラスタリング（clustering）を表すと言える。この二種のパターン認識の根底にあるのは、類似性である。認識的モダリティとしてはレコグニションの不完全さを表し、直喩の用法の場合にはAはBではないという前提の下に、クラスタリングの結果を表すと考えられる。

─────────────

*1　類似性発見のメカニズムについては、A項とB項の相互作用によるとするBlack（1962）の「相互作用説」など、隠喩についての議論の中でさまざまに展開されてきている。しかし、ここでは類似性発見のメカニズムの問題については触れず、B項が類似性の基準を提示する上で、とくに重要な役割を果たしていることを認めるに留める。
*2　ここで扱う例文はB項が名詞の場合に限られており、次に示すような動詞の場合などは扱われていない。名詞の場合と同様に扱えると考えられるものの、詳細な分析は今後の課題である。
　・（この海は：引用者の補注）まるで青い色が溶けているようじゃないの。
〔『放浪記』〕
*3　ただし、この場合例（21）とは異なり「まるで」は使えない。この点については4.3節で考察を行う。

第6章
隣接関係を用いたメトニミー的推論

1. はじめに

　いわゆる様態を表す「(し) そうだ」には、二つの用法がある。ひとつは「ある対象が、近くある動的事象が起こることを予想させるような様相を呈している」(寺村 1984: 239) ことを表す用法であり、もうひとつは「ある性質、内情が表面に現れている」(寺村 1984: 239) ことを表す用法である。前者を「直前」、後者を「性質・内情」と呼ぶことにする。

　(1) 明日は晴れそうだ。　　　　　　　　　　　〔直前〕
　(2) 花子はうれしそうだ。　　　　　　　　　　〔性質・内情〕

例 (1) は「晴れる」という動的事象が近く起こることを予想させるような「直前」の様相 (たとえば夕焼け) を、例 (2) は「うれしい」という「内情」が表面 (表情) に現れていることを表している。このように「(し) そうだ」は、大きく異なる用法を持つと言うことができる。そして、これらの用法を貫く意味の抽出が、意味記述の主要な課題とされてきた。

　二つの用法の背後には、「未確認」という意味があるとされることが多い (中畠 1991 など)。その他、「予想」(田野村 1991a)、「可能世界」について述べる (菊地 2000b) と記述されることもある。用語は異なるが、これらの意味するところは極めて近い。「予想」とは、「まだ確認されていないことがらについての考えを持つこと」(田野村 1991a: 4、下線は引用者) であり、「可能世界」とは、「確認・確定された現実とは区別して捉えられた世界」(菊地 2000b: 21、下線は引用者) のことである。「未確認」「予想」「可能世界」はいずれも「確認されていない」事柄のことを指していると見てよいだろう。

「（し）そうだ」に認められる未確認という意味には、次の二種が含まれると考えられる。

(3)　(i)　本来確認可能な事柄がまだ確認されていない。
　　　(ii)　本来確認不可能な事柄について、まだ確認されていないものとして述べる。

未来の出来事は（i）「本来確認可能」だが「まだ確認されていない」事態である。先の例（1）において「明日は晴れそうだ」と言う場合の「明日の天気」は、時が流れれば確認可能であるが「まだ確認されていない」。未来の出来事の他に、次のような例も「本来確認可能」な事態である。

(4)　（コートを購入する場面で）
　　　このコートは小さそうだ／小さいようだ。

「コートの大きさ」は着れば確認可能である。「（し）そうだ」を用いれば、「まだ確認されていない」こと、すなわち「試着前」の認識を述べていると理解される。

「（し）そうだ」はまた、(ii)の「本来確認不可能な事柄」について述べる場合にも使われる。次のように、他者の感情・感覚について述べる例がこの場合に相当する。

(5)　（満面の笑みを見て）花子さんはうれしそうだ。
(6)　（顔をゆがめているのを見て）痛そうだ。

「本来確認不可能な事柄」である他者の感情・感覚について述べる場合の「（し）そうだ」も「未確認」を表すと言われてきたことには、多少の説明が必要である。この点について田野村（1991a）には、次のように説明されている。「日本語では他人の内心や心情は直接には知ることができないものとして扱われる。したがって、見るからに嬉しそうな表情や態度が眼前に与えられているにしても、話し手（書き手）はシャー君（＝他者：引用者の補注）の本当の心情は未確認のことがらとして表現するしかない」（p.5、下線は引用者）。菊地（2000b: 19）にも同様の記述がある。「本来確認不可能な事柄」であっても「未確認」扱いする際に「（し）そうだ」が使われると理解される。

以上のように、「（し）そうだ」が「確認されていない（未確認）」

事柄について述べると言うとき、そこには、「本来確認可能な事柄」と、「本来確認不可能な事柄」を未確認扱いすることが含まれていると考えられる。

「未確認」を以上のように理解するならば、それはかなり広い概念である。(i) の「本来確認可能な事柄」の中に、今後確認される可能性のあるものすべてが含まれるのであれば、「(し) そうだ」を用いてあらゆる種類の未来の事態について述べることが可能なはずである。しかし、次例では、「(し) そうだ」が用いられると不自然である。

(7) ?あの子もそのうち、周りの大人の助言の意味がわかり<u>そうだ</u>。

(8) あの子もそのうち、周りの大人の助言の意味がわかる<u>だろう</u>。

また、(ii) の「本来確認不可能な事柄」(他者の感情・感覚) について述べる場合についても、常に「(し) そうだ」が使えるわけではない。次例のように、「(し) そうだ」を使うことができない場合がある。

(9) 遠くに住む友人が直木賞を受賞した。
　　　＊念願の賞を受賞したのだ。うれし<u>そうだ</u>。

(10) 遠くに住む友人が直木賞を受賞した。
　　　念願の賞を受賞したのだ。うれし<u>いだろう</u>。

このように見てくると、「(し) そうだ」の意味は、さらに限定される必要があることになる。実際、菊地 (2000b: 21) では「(し) そうだ」の意味がさらに限定され、未確認の事態について述べる際、〈現実〉が確認されていないことを「思い描かせるような性質をもっている」ことが必要であると述べられている。ケキゼ (2000: 13) にも類似した指摘があり、「そうだ」の使用には「ある物事の成立条件がそろっている」ことが必要であるとされている。

このように考えれば、(i)「本来確認可能な事柄」(今後確認される可能性がある事柄) について述べる場合の「(し) そうだ」について、説得力のある説明が可能である。先の例 (7) において「(し) そうだ」が不自然なのは、「助言の意味がわかる」ことを

第6章　隣接関係を用いたメトニミー的推論　145

「思い描かせるような」状況がないことによると考えることができるのである。

　ただし、(ii)「本来確認不可能な事柄」について述べる場合についての説明には、曖昧さが残る。例（9）において「（し）そうだ」が容認されないことからすれば、「念願の賞を受賞した」という事態は「うれしい」という感情を「思い描かせる」ような現実ではなく、それだけでは「成立条件」が整っていないことになる。これとは逆に、次例において「（し）そうだ」が容認されるのは、「満面の笑み」は「うれしい」という感情を「思い描かせる」ことができるからだということになる。

（11）（満面の笑みを見て）花子さんはうれしそうだ。

　このような理解も可能であるかもしれない。ただし、例（9）と（11）の「（し）そうだ」の容認度の差について説明するとき、「そうだ」は「ある性質、内情が表面に現れている」（寺村1984: 239）ことを表すという記述は明解である。この記述に拠るならば、「表情」は「表面に現れている」ため例（11）は容認され、「念願の賞を受賞した」ことは外見ではないため例（9）は非文となると言うことができる。

　以下、本研究は、認識内容と手掛かりとの関係（推論）という視点から、「（し）そうだ」の意味を検討していく。考察の結果、(ii)の「本来確認不可能な事柄」について述べる場合に関しては、寺村（1984）の指摘を踏襲することになる。そして、その記述との整合性を保ちつつ、(i) の「本来確認可能な事柄（今後確認される可能性がある事柄）」について述べる場合の「（し）そうだ」における、「思い描かせるような性質」を持っているとはどういうことかを検討することになる。

　以下、「（し）そうだ」を、「そうだ」と表記する。

2. 推論過程の特徴

　寺村（1984）が指摘した「そうだ」の二つの用法（例（1）（2））を足掛かりに分析をはじめる。多くの研究者によって指摘されてい

るように、「直前」と「性質・内情」のいずれと解釈されるかは、述べられている内容の性質に依存する。すなわち、例（12）のように、時間の中で展開する出来事について述べる場合は「直前」、例（13）のように、状態について述べる場合は「性質・内情」を表す。

　（12）明日は晴れ<u>そうだ</u>。　　　　　　　〔直前〕〔例（1）を再掲〕
　（13）花子はうれし<u>そうだ</u>。　　　　　〔性質・内情〕〔例（2）を再掲〕
　次の2.1節では時間の中で展開する動的な事態について、続く2.2節で状態について述べる場合について考察を進める。その際、認識の手掛かりと認識内容との関係がどのようなものかということが分析の視点となる。

2.1　動的な事態

　動的な事態について述べる場合、「そうだ」は「ある対象が、近くある動的事象が起こることを予想させるような様相を呈している」（寺村1984: 239）ことを表す。次の例を見てみよう。
　（14）空は黒雲におおわれていた。夕立が来<u>そうだった</u>。
　　　　　　　　　　　　　　　　　　　　　　　　　　〔『孤高の人』〕
　（15）この調子で、あと半月も（貯金を：引用者の補注）続ければ、なんとかラジオの頭金にはなり<u>そうだ</u>。　〔『処女懐胎』〕
例（14）の場合、「空が黒雲におおわれている」という現在の状態を根拠に、「夕立が来る」という未来の認識が示されている。例（15）も同様に「お金がたまってきた」という現在の状態を根拠に「半月たてばラジオの頭金になる」という未来についての認識が示されている。これらの認識を支えているのは、「今存在・生起している事態」と「未来の時点に存在・生起する事態」という関係である。
　この関係にはさらに限定を加える必要がある。「そうだ」が未来の事態を表すとき、「ようだ」とは異なり、今まさに起ころうとしていることを表すこともできるからである。たとえば次の例文では、「ボールが落ちる」という事態が「机の端まで転がってきた」という事態と連続して生起すると捉えられている。「そうだ」で述べられているのは単なる未来の出来事ではなく、未来の中でも現在と連

続して生起すると捉えられている出来事だと言える。
　　（16）　（ボールが机の端まで転がってきたのを見て）
　　　　　　落ちそうだ。
　　（17）　??（ボールが机の端まで転がってきたのを見て）
　　　　　　落ちるようだ。
この場合の根拠と帰結とを結ぶ関係（「知識」と呼ぶ）は、次のように記述することができる。
　　（18）「知識1」：「今、生起している事態」と「連続して生起する
　　　　　事態」
先の例（14）（15）のように、切迫感の感じにくい例もこの「知識」を用いた推論に含めることが可能である。「連続して生起する事態」は、今まさに起ころうとしている事態に限らない。「ボールが落ちる」「夕立が来る」「ラジオの頭金になる」は、それぞれ事態の展開の速度が異なり、開始してから実現するまでにかかる時間に長短の差がある。「連続して生起する事態」が展開の速い事態ならば切迫感が出るが、遅ければ出ない。しかし、時間が流れれば続けて生じるとみなされている事態について述べているということは、すべての例に共通すると考えることができる。

2.2　状態
2.2.1　状態の分類
次に状態について述べる場合を見ていく。状態は次の三種類に分けられる。
　　（19）本来確認不可能な状態（2.2.2節）
　　　　　本来確認可能な状態 ┬─ 知覚可能な状態（2.2.3節）
　　　　　　　　　　　　　　　└─ 高次認識（第4節）
具体例に即して見ておこう。次の例（20）から（23）の状態は、この三類に区分される。
　　（20）花子がうれしい／痛いコト
　　（21）このケーキがおいしいコト
　　（22）人がいるコト
　　（23）花子が泳げるコト

このうち例(20)に示した他者の感情・感覚については確言することができない(例：*花子さんはうれしいです)。確言／断言可能な状態を「本来確認可能」な状態と呼ぶことにすると、これらは、「本来確認不可能」な状態である。一方、例(21)(22)(23)は「本来確認可能」である。時空を離れるなどの理由によって確認できていないこともあるが、そのような条件がなければ、確認できる可能性はある。

　「本来確認可能」な状態は、さらに、「知覚可能」な状態と知覚だけでは認識することの不可能な「高次認識」とに分けられる。例(21)は「ケーキの属性」について述べているが、食べてみれば味覚によっておいしいかどうかを知ることが可能であるし、また、例(22)のようなモノの存在は、眼前にありさえすれば視覚で捉えることができる。これらはいずれも感覚による把捉が可能であり、「知覚可能」な事態である。

　これに対し、例(23)のような潜在的な能力はその潜在性ゆえに、聞いたり触ったり嗅いだり味わったりして知ることができないのはもちろん、視覚だけによって捉えることも不可能である。このことは、例(24)に示すように、「〜のが見える」という視覚を表す表現とは共起できないことからもわかる*1。(22)であれば例(25)に示すように、「〜のが見える」と共起できる。

　(24)　　*花子が泳げるのが見えた。
　(25)　　人がいるのが見えた。

「知覚可能」な状態と「高次認識」とはおそらく連続するであろうが、各々の典型として上記の例をあげることは可能であると思われる。

　このように、状態はまず、「本来確認不可能」な状態と「確認可能」な状態とに分けられ、このうち、「確認可能」な状態は、「知覚可能」なものと、判断を伴う「高次認識」とに分けられる。状態をこのように区分した上で、「そうだ」の表す認識の手掛かりと認識内容との関係(「知識」)を観察していく。

　以下、順に考察を進めるが、「高次認識」について述べる場合については、第2節(本節)で「知覚可能な状態」について考察を行

い、それを第3節で整理した後、第4節で見ることになる。

2.2.2 本来確認不可能な状態

　感情・感覚など確言／断言不可能（本来確認不可能）な状態について述べる場合、「そうだ」によって表される認識の手掛かりは、外観となる。次の例文では、「うれしい／痛い人」の様子が認識の手掛かり（根拠）となっている。

　(26)（笑っている／顔をしかめているのを見て）
　　　うれし／痛そうだ。

ここで言う外観とは、モノが外へ発する情報から得られる知覚のことである。この中には視覚だけではなく、次のように主として聴覚によって捉えられる情報も含まれる。

　(27) 目を瞑ったままで小陸はもう一度話し出した。今度は血りゅうで押し潰されたままの声で、前よりも苦し<u>そうだ</u>。

[『青春の蹉跌』]

　このように、他者の感情・感覚について認識する際、外観ならば「そうだ」で表される認識の手掛かりとなることができる。これに対し、外観と呼ぶことができないものは手掛かりとはなれない。次の例文における「直木賞を受賞した」は「外観」ではなく、そのために「そうだ」は容認されないのだと考えられる。

　(28)　　遠くに住む友人が直木賞を受賞した。
　　　　＊念願の賞を受賞したのだ。うれし<u>そうだ</u>。

[例 (9) を再掲]

　(29)　　遠くに住む友人が直木賞を受賞した。
　　　　　念願の賞を受賞したのだ。うれしい<u>だろう</u>。

　感情・感覚は、一般に内面と呼ばれ、内なるものと把握される。したがって、感情・感覚について述べる場合の「そうだ」の「知識」（「知識2」）は、次のように記述できる。

　(30)「知識2」:「（あるモノの）外観」と「（そのモノの）内面」

　ここで注意すべきは、この場合の外観と内面は単なる共存関係であるという点である。つまり、内面が外観の存在を決定付ける（内面が原因となる）必要はない。「そうだ」が「ある性質、内情が表

面に現れている」(寺村 1984: 239) ことを表すと記述される場合、内面が外観の原因でなければならないかのようにも受け取れる。たしかに、例 (26) のような場合、「うれしい／痛い」は原因で、「表情」はその結果である。しかし、「そうだ」は、次例のような場合にも使える*2。

(31)（茫然自失としている人を見て）
　　　閑間さん、顔をどこかで打たれましたね。皮が剥けて色が変わっております。痛いでしょう。痛そうです。　［『黒い雨』］

この場合、原因となっているのはどちらかと言えば外観のほうである。「皮が剥けている」ことが原因であり、そこから「痛い」という結果が生じている。

以上のことから、「そうだ」の「知識」として想定しておくべきは、内面が外観の原因となる関係ではなく、外観と内面との単なる共存関係、つまり「知識2」であり、「そうだ」は共存関係を構成する二つの事態のうち、知りやすいほうから知りにくいほう、すなわち外観から内面が推論されたことを表すと考えられる。

ただし、次例のように「そうだ」が外見に基づく認識を表していないように見える場合もある。

(32)　??「ここの鬼監督は選手を棒で殴るんだそうだ」
　　　　「そりゃ、痛そうだな」　　　　　［菊地2000b 例 (25)］

しかし、この例文は「チームと無縁の人同士の会話であれば不自然だが、問題のチームに入部予定の学生同士の会話なら、わが身にふりかかることとして思い描きやすくなるので、許容度が高まるであろう。」(菊地2000b: 22)。つまり、「そうだ」を用いることで「殴る」現場、殴られている人の外見を見るという経験を共有しているかのような効果が生まれるからだと考えられる。「入部予定の学生同士」は、共感を示すにふさわしい間柄であろう。「殴る」様子の細かな描写が加えられれば現場を思い浮かべることが容易になり、容認度はさらに上がると思われる。

2.2.3　知覚可能な状態

次に「本来確認可能」な状態のうち、「知覚可能」な事柄につい

て述べる場合について見ていこう。「本来確認可能」な状態は、「知覚可能」なものと「高次認識」とに分けられる（(19)参照）。

　まず、味覚や触覚について述べる場合である。

　(33)（ふわふわしている）やわらか<u>そうだ</u>。
　(34)（いいにおいがする）おいし<u>そうだ</u>。

例(33)は視覚に基づいて触覚が、例(34)は嗅覚に基づいて味覚が推論されている。この場合の「知識」は、「（あるモノについての）知覚」と「（そのモノについての）別の知覚」と考えることができよう。知覚に基づいて推論するのでなければ、「そうだ」を用いることはできない。

　(35) A：あの店のお菓子、よく売れているのよ。
　　　 B：＊そうか。それならおいし<u>そうだ</u>。
　　　　　 そうか。それならおいし<u>だろう</u>。

「視覚・嗅覚・聴覚」と、「味覚・触覚」との間には、ある程度、固定的な知りやすさの差異がある。「視覚・嗅覚・聴覚」は通常、モノに働きかけなくても受容されるが、「味覚・触覚」は、手に取る、口にするなどの働きかけがなければ知覚できない。言ってみれば、「視覚・嗅覚・聴覚」は、モノが外へ発している外在的な情報であるが、「味覚・触覚」は、モノに直接的に接しなければ得られない内在的な性質である。

　(36) 働きかけなくても受容される性質：視覚・嗅覚・聴覚
　　　 モノに直接的に接しなければ知ることのできない性質：味覚、触覚

したがって、例(33)(34)の「そうだ」の使用を支える「知識」は先の「知識2」、すなわち「（あるモノの）外観」と「（そのモノの）内面」に準ずる関係であると考えられる。すなわち、「味覚、触覚」は内なるもの、「視覚、嗅覚、聴覚」は外なるものと捉えられている。

　このように言う場合、次の例は反例と思われるかもしれない。

　(37) A：うちに来たら、一晩煮込んだカレーがあるわよ。
　　　 B：それはおいし<u>そうだ</u>。

この例文における味覚に関する認識は、外見に基づいて得られたも

のではない。しかし、この例も、先の例（32）と同じ理由で容認されるのだと考えられる。つまり、「そうだ」を用いれば話者Aと話者Bが一緒に「カレー」を見ているかのような表現効果が生まれる。

　以上のように、他者の感情・感覚について述べる場合も、「味覚・触覚」について述べる場合も、「そうだ」は「知識2」に基づく推論結果を表示していると考えられる。しかし、両者は完全に同一ではない。「味覚・触覚」は、他者の感情・感覚とは異なり、知覚可能である。したがって「うれしそうだ。」など他者の感情・感覚について述べる場合には生じない意味、すなわち、連続して認識可能であるという意味合いが生じる。

　この知覚の連続性という意味合いは、次例につながっていく。次例において、どちらが知りやすいか決定するのは、話者の視点の位置である。

　（38）（気配がする）
　　　　中に誰かい<u>そうだ</u>／<u>るのだろう</u>／<u>るようだ</u>。

部屋の外にいれば中が、中にいれば外が「知りにくい」。このとき、（36）に見られるある程度固定的な知りやすさの非対称性はもはやなく、知りやすいかどうかは、話者の視点が決定する。

　この場合「気配がする」ことは「部屋の外観」である、と言うことが不可能だというわけではないが、この例文から顕著に感じられるのは知覚の連続性、つまり話者の視線の移動によって続けて知覚可能であることであろう。「部屋の中」へ入ってみようとする場合の発話としては、「だろう」や「ようだ」よりも、「そうだ」のほうがふさわしい。

　次の例についても同様に、話者の視線の移動による知覚の連続性が感じられる。この例に内外の関係を読み取るのは、もはや困難である。

　（39）その時、私は左岸の上部に石灰岩の崖があるのに気がついた。何かあり<u>そうだ</u>。　　　　［田野村1991a 例（16）］

この、もはや「知識2」とは呼べない場合の「知識」を「知識3」と呼ぶことにすると、次のように記述できる。

(40)「知識3」:「今知覚されている状態」と「連続して知覚される状態」

以上の観察から、状態の中でも知覚可能な事柄について述べる場合における「そうだ」の「知識」には、「知識2」と「知識3」があり、両者は、知りやすさの固定度が下がるにつれて、「知識2」から「知識3」へ移行していくと言うことができる。

3. 隣接関係とメトニミー的推論

　前節の冒頭で、状態を三種に分類したが（(19)）、このうち、「高次認識」についてはまだ考察を行っていない。これについては第4節で見ることにし、本節ではひとまず、「知識1」から「知識3」を整理し、「そうだ」の意味について考える。

　これまでに見た「そうだ」の「知識」を用例とあわせて次に列挙する。前節までの考察では、記述の簡略化のために、認識内容について述べることに焦点を置いた「そうだ」の例だけを取り上げてきたが、これまでの議論は例（b）（d）（f）のような、現実の描写に焦点の当てられている場合の「そうだ」にも当てはまると考えられる。

(41)「知識1」:「今生起している事態」と「連続して生起する事態」
　　　(a) 曇っている。雨が降りそうだ。
　　　(b) 暑いなあ。お日様まで溶け出しそうだ。
　「知識2」:「（あるモノの）外観」と「（そのモノの）内面」
　　　(c) 笑っている。うれしそうだ。
　　　(d) この人形、なんだか悲しそう。
　「知識3」:「今知覚されている状態」と「連続して知覚される状態」
　　　(e) 部屋の外で物音がした。誰かいそうだ。
　　　(f) 気持ち悪い家。お化けでも住んでいそうだ。

これらの「知識」には、「隣接関係」という共通性が見出せる。「隣接関係」とは、レトリックをめぐる議論の中で主要な役割を果

たしてきた概念である（第2章3.3節）。Lakoff（1980）などの一連の認知言語学の成果や、さらにさかのぼって佐藤（1992〔= 1978〕）の主張が示すように、レトリックは単なる詭弁や説得、いわゆる美文作成の技術ではなく、われわれの認識の原理である。レトリックの種類には、メタファーとメトニミーの二種、そしてしばしば、シネクドキーを含めて三種の存在が認められてきた。

そしてこのうちメトニミーを成立させる原理が「隣接関係」である。メトニミーについては、すでに第2章3.3節でも見たが、「おおざっぱに単純化して言うなら（中略）ふたつのものごとの<u>隣接性</u>に基づく比喩である。（中略）いつも赤いシャプロンをかぶっている女の子を「赤頭巾」というあだ名で呼ぶのは、換喩（メトニミー：引用者の補注）型の名づけである」（佐藤1992〔= 1978〕：140、下線は引用者）。

「隣接関係」をめぐっては、佐藤（1992〔= 1978〕）の他、瀬戸（1997）、野内（2000）において、概念の明確化の試みがなされている。これらの研究に共通しているのは、「隣接関係」が現実の事態と事態とが構成する関係だという点にあり、その意味するところは、次の二点にまとめられるのではないかと思われる。

(42) 特徴1：現実のモノや事態間の関係であって、集合の含有関係ではない。
　　　特徴2：現実のモノや事態間に関係性を見出すとは、それらが全体としてひとつのまとまりを成していると捉えられていることを意味する。

「隣接関係」が現実の事態間の関係を問題とすることを述べたのが「特徴1」であり、その事態間に関連性があるとはどういうことかを示したのが「特徴2」である。以下、「知識1」から「知識3」がこれらの特徴を持つと言えるのかどうか、検討していく。

3.1　隣接関係と全体・部分

本節では「知識1」から「知識3」が「特徴1」を持つことについて見ていこう。「知識1」は事態の連続性についての知識である。「今、生起している事態」は「連続して生起する事態」の一種では

あり得ないし、その逆でもない。「知識2」は外面と内面、「知識3」は知覚の連続性である。いずれも、一方が他方を集合として含有するものではない。

　この「特徴1」は、「ようだ」と「そうだ」の相違を捉える上で重要である。「ようだ」はカテゴリーの含有関係に基づく認識を表すが（第4章）、カテゴリーの含有関係は、メトニミーの基盤となる隣接関係ではなく、シネクドキーの基盤となる一般と特殊の関係である。第4章で考察を行った「ようだ」は、このカテゴリーの含有関係に基づき、「カテゴリー帰属（志向的）認識」を表す。「志向的」であることによって、「ようだ」が表す認識の基盤となる関係は、類似関係（メタファーを支える関係）であるとも言えるが、いずれにせよ、隣接関係ではない。

　含有関係と隣接関係は、どちらも全体と部分と呼べる側面を持ち、混同されやすい。佐藤（1992〔＝1978〕）、瀬戸（1997）、野内（2000）などで指摘されているように、「全体と部分」と捉え得る関係には、シネクドキーの基盤となる一般と特殊の関係と、メトニミーの基盤となる隣接関係の二種類がある。佐藤（1992〔＝1978〕：185）のあげた、「人間」を例に見てみよう。

　(43)「人間」と「日本人、中国人、アメリカ人……」
　(44)「人間」と「頭、首、肩、両腕、両手、胸、腹……」
　「日本人、中国人、アメリカ人……」も、「頭、首、肩、両腕……」もいずれも人間の一部であるには相違ないが*3、(43)と(44)の「意味あいは、まるでちがう」佐藤（1992〔＝1978〕：186）。(43)の場合は「人間」という類の中に「日本人」「中国人」などの種が含まれている。「日本人」は「日本国籍の人間」のことであるから、次に示すような含有関係であると言える。

　(45)「人間」と「日本国籍の人間、中国国籍の人間、アメリカ国籍の人間……」

この関係は隣接関係ではない。隣接関係は、現実の事態間の関係であって、含有関係ではない。類は現実に存在するものではなく、構成された抽象概念である。

　一方、(44)の関係は、ある特定の個としての「人間」を分解し

ていくと「頭や首など」に分けられるという関係、つまり特定の個において一方が他方の一部となるという関係である。これは集合の含有関係ではなく、隣接関係である。

これら二種類の「全体と部分」の関係のうち、「そうだ」の「知識」となるのは隣接関係であり、集合の含有関係は除外される。次例を見てみよう。

(46) ??△地方のワインは皆おいしいから、今度のパーティーで出される（△地方の）ワインもおいし<u>そうだ</u>。

(47) △地方のワインは皆おいしいから、今度のパーティーで出される（△地方の）ワインもおいしい<u>だろう</u>。

(48) （物質Aのサンプルが燃えたのを見て）
??Aという物質は燃え<u>そうだ</u>。

(49) （物質Aのサンプルが燃えたのを見て）
Aという物質は燃える<u>ようだ</u>。

例（46）（47）は、「（すべての）△地方のワイン」から「（特定の）△地方のワイン」の属性を推論しており、例（48）（49）はこれとは逆に、「（特定の）物質A」から「（すべての）物質A」の属性を推論している。全体から部分を推論するか、部分から全体を推論するかという方向は異なるが、いずれも集合の含有関係が「知識」となることを要求する。この場合、「そうだ」は容認されない。

次例において「そうだ」が容認されないのも、集合の含有関係に基づく推論だからだと考えられる。

(50)（コートを試着してみて）＊このコートは小さ<u>そうだ</u>。

(51)（コートを試着してみて）このコートは小さい<u>ようだ</u>。

「コート」が「小さい」ということは、その「コート」がある種の「着用感」を持っていることであり、試着をしてみて得られた「ある特定の着用感」との関係は、次のような集合の含有関係となる。

(52)「小さい＝<u>着用感</u>」と「ある特定の<u>着用感</u>」

このような関係に基づいてカテゴリーの帰属を認識する場合には、「ようだ」が使われる（第4章）＊4。

以上のように含有関係が「そうだ」の知識となれないのに対し、

第6章　隣接関係を用いたメトニミー的推論　**157**

特定のモノの分解による「隣接関係」としての「全体と部分」は、「そうだ」の「知識」となり得る。次の例（53）から（55）ではそれぞれ「ある特定の」本や映画、連続ドラマを、冒頭部、中間部、終結部等々から成る複雑な構成物と見たとき、その部分との関係、すなわち、隣接関係が「知識」として用いられている。

(53) （本屋で本をパラパラめくりながら本を選んでいて）
　　　これがおもしろそうだ。これにしよう。
(54) （テレビ映画のはじめの部分を見て）
　　　この映画、おもしろそうだね。
(55) （朝の連続テレビ小説の初回を見て）大阪放送局らしい笑いと涙とがもりだくさん。朝から元気がもらえそうだ。

［朝日新聞 2011/10/3］

　以上の事実から、「全体と部分」と呼べる関係のうち、隣接関係は「そうだ」の「知識」となるが、含有関係はならないと言うことができる。つまり、「そうだ」の「知識」として次の「知識4」が想定できる。

(56)「知識4」：モノを分解した場合の隣接関係としての「全体と部分」

　以上のように、「知識1」から「知識3」、さらに本節で新たに提示した「知識4」は、集合の含有関係ではないという意味で、隣接関係と呼ぶ要件（(42)の「特徴1」）を満たしている。

3.2　ひとまとまり性

　次に問題となるのは、「特徴2」である。二つの事物が隣接関係をなしているとは、全体としてひとまとまりを成すと捉えられていることを意味する。この点について、野内（2000: 51）には「（隣接関係に基づくメトニミーにおいては：引用者の補注）本来まったく別の、独立した二つのものが連結させられるわけだが、そのためにはその両者を包み込む「全体」（まとまり）が存在しなければならない」と記述されている。では、前節までの考察において提示した「知識1」から「知識4」における二つの事態間に、ひとまとま

り性は見出し得るのだろうか。

　四つの「知識」のうち、「知識1」と「知識3」の二つについては、「連続認識」という共通性がある。「知識1」の場合は単純に時間の経過による連続であるが、「知識3」の場合は、空間の隣接を基盤とする移動による連続認識、すなわち認識の時間軸上の連続を意味する。連続性を成すとみなされるには、二つの事態がひとまとまりを成すと認識される必要がある。これはあまりにも自明のことであるかもしれない。たとえば、

(57)黒い雲が広がってきた。雨が降りそうだ。

と言う場合、「黒い雲が広がってきた」と「雨が降る」という事態が連続として認識されるということは、現実の中で生起している数多の事態の中からこれら二つが選択され、その間に関連性(まとまり)が見出されているということである。たとえば「猫が鳴いた」ことと「雨が降る」ことが偶然連続することはあっても、その両者の間に関連を見出し、ひとまとまり性が見出されることはなく、この連続性は「知識」とはならない。

　四つの「知識」のうち残る二つについても、「ひとまとまり性」が見出せる。「知識2」は「内外」の関係である。何かについて「内」であると言う以上は、「外」の存在が想定されている。内がなければ外は存在せず、その逆も真である。つまり、内と外とは一組のまとまりである。

　「知識4」とした「全体と部分」の関係も、同様である。部分なしに全体は存在せず、全体なしに部分は存在しない。

　以上のように、「知識1」「知識2」「知識3」、そして前節で見た「知識4」は、(42)の「特徴1」と「特徴2」を満たし隣接関係とみなせる。したがって「そうだ」の表す認識に用いられる知識は、次のように一般化が可能である。

(58)「そうだ」の知識：事態の隣接関係

　「隣接関係」が、「知識1」から「知識4」のいずれの形で実現するかは、「そうだ」を用いて述べる認識内容に依存する。「展開する出来事」について述べる場合には、隣接関係は時間軸上のものとなり、時間軸上で関係が構成される。これが「知識1」である。

「状態」の中でも感情・感覚は一般に「内面」「内心」などと呼ばれ、内的なものと捉えられる。内と隣接するのは外である。これが「知識2」である。そして、話者の視点の位置によって認識のしやすさ、しにくさが決まる状態については、もはや内とは捉えられず、知覚の連続性を構成する。これが「知識3」である。

「知識4」は、モノを複雑な構成物と見る場合である。複雑な構成物と見ることで、全体と部分の関係が成立する。これは、第4節で見る「知識5」に連続していく。

3.3 「そうだ」と隣接関係

「そうだ」の「知識」を「隣接関係」と捉える前節の考察をふまえ、その意味を記述すると、次の（59）のようになる*5。

(59) Qそうだ：QがPと隣接関係にあることを表す。

Qは、非現実世界についての認識内容であり、「そうだ」はそれと隣接するPが存在することを表す。隣接関係にある二つの事態のうち、知りにくいほうがQとなる。

(59)の意味を持つことにより、「そうだ」は次の二つの用法を持つことになると考えられる。

(60) 今、存在・生起している事態から、隣接する認識が導かれたことを表す。　　　　　　　　　　　〈認識内容の提示〉

(61) 述べられている内容と隣接する事態が、存在・生起していることを表す。　　　　　　　　　　　　　　〈現実の描写〉

つまり、「そうだ」は認識内容がどのようなものかについて述べることに焦点を置く用法と、描写の側面の強い用法との間を揺れ動くと考えられる（大場1999、仁田2000）。

「そうだ」が〈現実の描写〉を表現することが可能であることは、次例に見るように、「〜見える」と共起可能であることからわかる。

(62) 元気そう、とは言い難いが、心配した程には具合は悪くなさそうに見える。　　　　　　　　　　　［『無明の闇』］

この例文の場合、外見に基づいて「具合が悪い」という認識に至ったこと（〈認識内容の提示〉）よりも、「具合が悪い」と言える外見の存在について述べること（〈現実の描写〉）が主となっていると考

えられる。
　〈現実の描写〉は、次のような比喩的用法につながっていく。
　(63) あー。お腹が減った。死にそうだ。
　(64) ずいぶん、暑くなりました。炎天の下を歩くと靴がアスファルトにのめりこみそうです。　　　　　　[『点と線』]
　(65) その体はまるで紙のようにうすく子供のように小さく見えた。掌で握りしめることさえできそうだ。[『沈黙』、一部改*6]
例(63)における「死ぬ」は、認識的意味で明らかな非現実である。しかし、この場合、話者は「(自分が)死ぬ」と認識していると述べているのではなく、「死ぬ」前の状況(極端にお腹が減った状態)が存在すると述べている。例(64)(65)も同様である。

4. 高次認識

　状態の三分類((19))のうち、第2節では「知覚可能なもの」について考察を行い、第3節で仮説を提示した。本節では残る「高次認識」について見ていこう。

4.1　高次認識と全体・部分

　「高次認識」とは、能力など単純な知覚では捉えられない認識を指す。「高次認識」が構成する「隣接関係」には、二種類あると考えられる。ひとつは「高次認識」を認識しにくい内なるものと捉えるとき、モノの外観との間に構成される関係である。これは第3節で見た「知識2」である。
　(66)「知識2」:「(あるモノの)外観」と「(そのモノの)内面」
次例はこの場合に相当する。
　(67) ほう。(この銃は:引用者の補足)九九式だな。うむ、ちゃんと緊填してあるな。ふむ。こりゃ使えそうだ。　[『野火』]
この例文では、「銃の外観」から「銃の能力」が判断されている。この場合の「知識」は、「「(モノの)外観」と「(そのモノの)性能」」の関係である。味覚などと同様に、「銃の能力(性能)」という「高次認識」が、知りにくいもの、内なるものと捉えられること

により、外観との関係が構成されている。

　もうひとつは、「高次認識」という総合的な判断を、まさに総合的なものと捉えてその内に分け入っていく場合に構成される関係、つまり、総合的なもの全体と、その部分との関係である。

　(68)「知識5」:「高次認識」を分析した場合の隣接関係としての
　　　　　「全体と部分」

次例はこの場合である。

　(69)(ためし撃ちをしてみて)ふむ。こりゃ使えそうだ。

　銃について「使える」と言うことは、「今回も、次回も……常にうまく／具合よく撃てる」ことだと考えられる。今回のためし撃ちでうまく撃てたことは、その能力の一種ではなく一部分である。むろん、一部とみなすかどうかは話者の捉え方次第である。ためし撃ちをすれば「使える」と判断するに十分であると考える話者にとっては、例(69)は非文となる。

　次の例文も、「知識5」に基づく認識を表していると考えられる。これは、ブタが「かしこい」かを、「飼主の指示に従えるか」「決まった場所でトイレができるか」など複数の実験によって確かめてみようという状況下での発話である。

　(70)(ブタがひとつ目の課題をうまくこなしたのを見て：引用者
　　　　の補注)どうやらブタはかしこそうです。

　　　　　　　　　　　　　　　［2001/2/18放送のテレビ番組より］

この場合の「かしこい」という属性を分析して示せば、「ひとつめの課題も二つめの課題もこなす……」ことであろう。したがって、「ひとつめの課題をこなす」ことは、「かしこい」という属性の一部分であって「かしこい」という属性の一種ではない。つまり、「そうだ」の「知識」となっているこの関係は、「隣接関係」としての「全体と部分」である。

　次例も、「隣接関係」としての「全体と部分」に基づく認識を表していると考えられる。例(71)の場合であれば、「どんな言葉にも笑っていられる」ことが、「頭がよい」という特性を構成する一部分と捉えられており、例(72)の場合であれば、「タイミングをうまく捉えた行動」をすることが、「人を利用するのがうまい」と

いう特性を構成する一部分と捉えられている。
　(71)何より、彼女は頭がよさ<u>そうだった</u>。内藤のどんな言葉にも笑っていられるくらいの賢さがあった。　　[『一瞬の夏』]
　(72)機を見るに敏だね。きみは人を利用するのがうま<u>そうだ</u>。

[『処女懐胎』]

4.2　全体から部分へ向かう推論

「知識5」に基づく推論には、「部分」から「全体」を推論する場合だけではなく、「全体」から「部分」を推論する場合もある。前節で見た「知識5」に基づく推論の例はいずれも「部分」から「全体」を認識する場合であった。

「全体」から「部分」を認識する例を見てみよう。次例は、夜遅く、大家族で暮らす夫婦が帰宅する途中の会話である。家族皆の日常の行動パターンを根拠に、「帰宅時に家族が寝ているか」を判断している。

　(73) A：遅くなっちゃったね。
　　　　B：この時間だと、みんなもう寝てい<u>そうだね</u>。

この場合、次のような「全体と部分」との関係に基づき、「全体」から「部分」を推論していると考えられる。

　(74)通常の一日の行動パターン（全体）
　　　　夕方6時には家に帰る。（部分）
　　　　7時に夕食を食べる。（部分）
　　　　9時に風呂に入る。（部分）
　　　　10時に寝る。……（部分）

次例も同じく、「全体」から「部分」を推論する場合である。性格を根拠に、行動の実現を推論している。

　(75)あの人、今頃この失敗を聞いて大笑いしてい<u>そうだ</u>。

この場合、次のような関係に基づき、「全体」から「部分」について認識したことを表していると考えられる。

　(76)朗らかな性格（全体）
　　　　よく笑う（部分）
　　　　楽しい話が好き（部分）

よく話す……（部分）

以上のように、「全体と部分」の関係（「知識5」）に基づく認識の場合、「全体」と「部分」のどちらが知りやすいかは固定的ではなく、「部分」から「全体」を認識する場合だけではなく、「全体」から「部分」を認識する場合もあると考えられる。

4.3　能力についての認識と三種類の解釈

能力についての認識は、「高次認識」である。「Aさんはドイツ語が話せる」「Bさんは尺八が吹ける」というような能力の存在は、単純な五感では捉えられない。能力についての認識をどのように表示するかは、前節までの考察で見た「高次認識」に関する「そうだ」の特徴の全体を振り返る恰好の素材となる。

「そうだ」が能力についての認識を表す場合、「知識」の種類に応じて次の三通りの意味を持つ可能性がある。

(77)「知識2」：外見に基づいて認識したことを表す。
　　　「知識5」：全体から部分を認識したことを表す。
　　　　　　　　部分から全体を認識したことを表す。

次例を見てみよう。

(78)（太郎君は）仕事ができそうだ。

ひとつめの解釈は、能力を内なるものと捉え、「知識2」に基づいて「太郎君」の印象、行動などの外見からその能力を判断する場合である。

他に、能力を複雑な構造体と捉え、次に示す全体と部分の関係（「知識5」）に基づく認識を表すという解釈も可能である。

(79)仕事ができる能力（全体）
　　　　Xという仕事ができる（部分）
　　　　Yという仕事ができる（部分）
　　　　Zという仕事ができる（部分）……

この関係に基づき、「全体」から「部分」を認識したことを表せば、「太郎君」の能力に対する日頃の評価から、「太郎君は（このXという）仕事ができそうだ」と認識することになる。

これとは逆に、「部分」から「全体」を認識したことを表すこと

もできる。「太郎君」が「X、Y、Zの仕事」をこなしたことに基づいて、能力全体を推論するような場合である。

5.「そうだ」の知識

「そうだ」の表す認識を支える隣接関係は、認識内容の相違により、多様な「知識」として実現する。事態生起の連続性(「知識1」)、「内外」の関係(「知識2」)、知覚の連続性(「知識3」)、「全体と部分」(「知識4」「知識5」)である。整理すると以下のようになる。

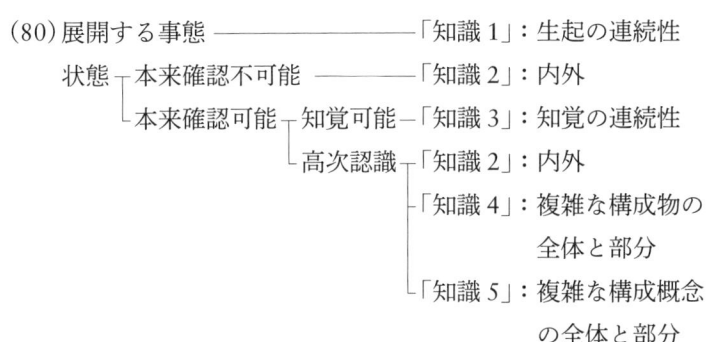

(80) 展開する事態 ──────────「知識1」：生起の連続性
　　　状態┬本来確認不可能 ────────「知識2」：内外
　　　　　└本来確認可能┬知覚可能─「知識3」：知覚の連続性
　　　　　　　　　　　　└高次認識┬「知識2」：内外
　　　　　　　　　　　　　　　　 ├「知識4」：複雑な構成物の
　　　　　　　　　　　　　　　　 │　　　　　　全体と部分
　　　　　　　　　　　　　　　　 └「知識5」：複雑な構成概念
　　　　　　　　　　　　　　　　 　　　　　　　の全体と部分

「そうだ」の「知識」がこのいずれかにきれいに分類可能であるとは限らない。しかし、述べられている内容が時間の中で展開する事態であれば時間軸上の隣接関係、内的なものであれば外との関係、知覚可能なものであれば知覚の連続性、そして、「高次認識」の場合は、それを内的なものと捉えれば外との関係、複雑な構造体と捉えれば部分との関係が顕著に浮かび上がってくる。

隣接関係のうち、「知識1」「知識2」「知識4」は、認識のしやすさに関して通常次のような非対称性を示し、これが「そうだ」の表す推論の一般的な方向性を決定する。

(81)「知識1」：時間の連続は、過去から未来へ
　　　「知識2」：内外の隣接は、外から内へ
　　　「知識4」：複雑な構成物の部分から全体へ

しかし、「知識3」については、2.2.3節、「知識5」については第4節で見たように、これら二つの「知識」は原理的に双方向的で

ある。「知識3」は視点の位置によって推論の方向が決まり、「知識5」でも、全体と部分のうち、どちらを先に知り得たかによって方向が決まる。

次節以降、「そうだ」についてさらに考察を進めるが、そこで問題となるのは以下の二点である。

(82) (i)「そうだ」について指摘されてきた未確認という意味と、本章で提示した意味との関連について　　　（第6節）
(ii)「そうだ」を証拠性（「ようだ、らしい」）の類に含めることの妥当性について　　　（第7節）

6. 未確認のニュアンスの出現

「そうだ」の意味について考察がなされる際、しばしば未確認という概念の関与が指摘される（本章第1節）。未確認という語は、定義をしなければ未来の事態のすべてを含み、「そうだ」は、あらゆる未来について無条件に述べられることになる。また、他者の感情のように本来確言できない内容について、未だ確認されていないものとして述べるということが何を意味するのか、詳細な検討が必要である。

それでも「そうだ」には、未確認と呼びたくなるような意味がたしかに認められる。この特徴は「ようだ」と比較すると際立つ。

(83) このケーキはおいしそうだ／おいしいようだ。

「そうだ」を用いれば「食べる前（未確認）」、「ようだ」を用いれば「食べた後（確認後）」と解釈される。未確認という概念は、この場合の「そうだ」の特徴を的確に捉えている。

「そうだ」は、隣接関係の種類に応じて、次の二つの意味で未確認と呼べるような意味を持つと考えられる。

(84) (i) 隣接関係が時空内の関係の場合：時間の経過・空間の移動により、現実のものとして確認可能である（が、まだ確認されていない）。
(ii) その他の隣接関係の場合：隣接する事態の存在を根拠にして認識しただけであるため、他の手掛かりを得れ

ば、さらに確かな認識に至ることが可能である（が、まだ確かな認識に至っていない）。

　時空を接して隣接する（i）の隣接関係に基づく認識の場合、時間の経過、空間の移動によって「現実のものとして確認可能」という意味を帯びる。「知識1」と「知識3」に基づく認識を表す場合である。それ以外の隣接関係に基づく（ii）の場合には、隣接する存在だけでは、確かな認識には不十分であり、「さらに確かな認識に至ることが可能」という意味で、未確認と呼べるような意味が生じると考えられる。「知識2」「知識4」「知識5」に基づく認識を表す場合である。

(i) の場合
　まず、「知識1」と「知識3」に基づく場合から見ていこう。「知識1」を用いた場合、「そうだ」は未来の事態について述べることになる。むろん、未来の事態はまだ実現していないという意味で、すべて未確認である。つまり、次のように「ようだ」を用いて言う場合も「明日は晴れる」ことは、未だ現実となっていないという意味で未確認だという点は同じである。

(85) 明日は晴れそうだ／るようだ。

　しかし、「そうだ」を用いれば、時間を経れば現実のものとして確認可能であるという意味が強く出る。連続性（時間軸上の隣接関係）を表すからである。次例の場合であれば、「夕立が来る」「ボールが落ちる」という未来の事態は、直前の事態（現実世界）とひとまとまりを成しており、時間が経てば確認される可能性（連続していること）が強く意識される。

(86) 　　空は黒雲におおわれていた。夕立が来そうだった。
　　　　　　　　　　　　　　　　　　　　　　[『孤高の人』]
(87) 　　空は黒雲におおわれていた。夕立が来るようだった。
(88) 　　（ボールが机の端まで転がってきたのを見て）
　　　　落ちそうだ。
(89) 　　（ボールが机の端まで転がってきたのを見て）
　　　　??落ちるようだ。

「知識3」は空間的な隣接関係である。この場合、次例に見るように、移動すれば現実のものとして確認可能であるという意味が強く出る。

　(90) その時、私は左岸の上部に石灰岩の崖があるのに気がついた。何かあり<u>そうだ</u>。（以下略）
　　　　［田野村1991a 例（16）、もとの例文は『不思議の国のメラネシア』］
　(91)（部屋の外で物音がした）誰かい<u>そうだ</u>／<u>るようだ</u>。
　(92)（山歩きをしていて）川があり<u>そうだ</u>／ある<u>ようだ</u>。

離れた空間に関する認識を表す以上、「ようだ」を用いた場合にも当然、移動すれば確認可能だという意味がないわけではない。しかし、「そうだ」は、ひとまとまりの空間内にある事柄についての認識であることを明示し、移動すれば確認可能という意味が強く出る。

(ii) の場合

「知識2」「知識4」「知識5」を用いて認識されるのは単純な知覚では把握できない内容である。隣接する事態の存在から推論するだけでは十分な認識に至っていないことになり、他の手掛かりを得ればさらに確かな認識に至ることが可能であることが示される。

「本来確認不可能」な他者の感情・感覚について述べる場合には「知識2」が使われる。次例に示すように、単に外見に基づいて述べているにすぎないことが示され、それがさらに確かな認識に至る可能性という意味合いを生じさせる。「ようだ」と比較するとその特徴は明確になる。

　(93)（太郎の表情を見て）うれし<u>そうだ</u>／うれしい<u>ようだ</u>。

「ようだ」と「そうだ」を比べると、「ソウダのほうは、視覚的、直感的に見たままをいうのに対し、ヨウダのほうは、視覚、聴覚、その他の感覚により得た情報、あるいは周囲の状況も考慮に入れて推量した結果をいう」（寺村1984: 243）。「そうだ」は、「内面」を知るための手掛かりが「外観」であることを示す。それは手掛かりが「外」に限定されていることを意味し、そこからそれ以外の情報を得られれば認識の確からしさの度合いを高めることが可能（未確認）という意味が生じると考えられる。

次例も同様である。「そうだ」を用いれば、外から見ているにすぎないという意味が生じ、「食べれば」より確かな認識に至るという意味が出てくる。

(94) おいし<u>そうだ</u>。（食べる前）
(95) おいし<u>ようだ</u>。（食べた後）

「知識4」「知識5」の場合は、全体を見れば確認可能だという意味が生じる。

(96)（テレビ映画のはじめの部分を見て）
　　この映画、おもしろ<u>そうだ</u>ね。
(97)（ためし撃ちをしてみて）ふむ。こりゃ使え<u>そうだ</u>。

「知識4」が関与する例（96）の場合、映画全体を見ればより確かな認識に至る可能性（未確認）が示される。「知識5」の関わる例（97）の場合も同様に、「使える」という能力の顕現の一部分を見ているにすぎないことが示され、繰り返し使ってみれば、性能についてより確かな認識に至る可能性があることが示される。

以上のように、時空間における隣接関係を表す「知識1」「知識3」の場合には、「時間の経過・空間の移動により、現実のものとして確認可能」であることが表され、その他の隣接関係に基づく認識の場合には、「隣接する手掛かり以外の情報を得ればさらに確かな認識に至ることが可能」であることが表されると考えられる。未確認は、この二つの意味で「そうだ」の特徴として認められる。

7. 証拠に基づく認識と「そうだ」

認識的モダリティの体系の中には一般に証拠性の類が認められている（第1章4.1節）。「そうだ」はその中に含まれるとされることがある。日本語記述文法研究会編（2003: 163）では、証拠に基づく認識（証拠性）が、「話し手が観察したことや証拠に基づく推定を表す形式類」と、「伝聞を表す形式類」に分けられている。そしてこのうち、「話し手の観察や推定を表す形式類には、次のようなものがある」として、次例が示されている。

(98) 昨夜雨が降った｛ようだ／みたいだ／らしい｝。

(99) このケーキはおいし<u>そうだ</u>。

　「そうだ」を証拠性の類に位置付けることの妥当性の如何は、当然のことながら証拠という類の定義に依存する。本節では、第3章で見た「ようだ、らしい」に共通する意味を証拠性と呼び、その意味特徴が「そうだ」にも見られるかという観点から考察を行う。

　第3章で見たように、日常語としての証拠は、およそ次のような特徴を持ち、(101)に示すように、「ようだ、らしい」にもこの四つの特徴は認められる。

(100)　　ある事態が事実であることを示すために、提示される<u>関連する事実（因果関係の結果）</u>ⅰ）。<u>その事実</u>ⅱ）を提示すれば、<u>論理は不要</u>ⅲ）で、<u>問題とする事態の存在が自動的に確定する</u>ⅳ）。　　［第3章(85)を再掲］

(101)(ⅰ)　原因に対する結果であること　　（第3章4.1節）
　　　(ⅱ)　提示できる客観的な事実であること　（第4章6.2節）
　　　(ⅲ)　証拠によって何かが示されても論理には飛躍があること　　　　　　　　　　　　　　　　（第3章4.2節）
　　　(ⅳ)　証拠を示せば問題とする事態の存在が自動的に確定すること　　　　　　　　　　　　　　（第3章4.3節）
　　　　　　　　　　　　　　　　　　　　　　　［第3章(86)を再掲］

　「そうだ」がこれらの特徴を持つかどうか、検討していこう。(ⅰ)の特徴は、「そうだ」に該当しない。「そうだ」は隣接関係に基づくメトニミー的推論を表す。この点「広義因果関係」の原因推論を表す「ようだ、らしい」とは異なる。たしかに、隣接関係の中には、因果関係とみなせるものが多くある。次例はその場合である。

(102)（表情を見て）田中君、うれし<u>そうだ</u>ね。

このとき、「うれしい」ことが原因で、ある種の表情が生じているのであり、ある種の表情はうれしいという感情の結果だと言える。しかし、

(103)（蚊に刺された跡を見て）痒<u>そう</u>。

と言うような場合「蚊に刺されて腫れている」ことが、痒さの結果（証拠）であるとは考えにくい。この意味で「そうだ」は証拠に基づく認識を表すと言われるのに、必ずしもふさわしくない。

(ii) は、証拠性という類を認めるとき、しばしば取り上げられてきた特徴である。証拠は、「客観的な事実」（寺村1984: 249）や、「徴候（視覚や聴覚などで捉えられる明確に外界に存在するものだけではなく、内的感覚や気配といったもの）」（仁田1989: 44）、「状況」（森山1989a: 70）、「現実世界での観察や情報」（益岡1991: 118）と捉えられてきた。この特徴は「ようだ、らしい」の意味の中に含まれる重要な一要素でもあった（第4章6.2節）。
　この特徴は「そうだ」にも認められる。「そうだ」は、隣接関係を用いた認識を表す。隣接関係は、現実の事物と事物との間に認められる関係であり、手掛かりは当然、現実世界の中にあり、提示可能である。この意味で「ようだ、らしい、そうだ」は一群を成していると言える。
　(iii) の特徴は「ようだ」「らしい」だけではなく「そうだ」にも認められる。「そうだ」は、隣接関係に基づくメトニミー的推論の結果を表示するのであり、これは、論理的に妥当な演繹推論ではなく、帰納推論である。論理的妥当性に欠けるという点で、「ようだ」「らしい」の表す含意関係をさかのぼる推論と同じである。この共通性に着目し、「ようだ、らしい、そうだ」を一群と見ることも可能である。
　(iv) の特徴は、「そうだ」に認められると限らない。次例を見てみよう。
（104）（お皿とソース瓶がぶつかりそうなのを見て）
　　　　気をつけて。ソース瓶が倒れ<u>そう</u>！
（105）（大胆な行動を見て）大物になり<u>そうだ</u>。
例（104）の場合であれば、「問題とする事態（瓶が倒れること）が自動的に確定する」と思われるが、例（105）のように述べる場合、「問題とする事態（大物になる）ことが自動的に確定する」と捉えられているとは考えにくい。
　「ようだ、らしい、そうだ」を証拠性と呼んで一群と見るかは、当然のことながら証拠性の概念規定による。「ようだ、らしい」と「そうだ」はとくに (ii) (iii) の意味で共通性を持つが、(i) (iv) の点から見れば、曖昧さが残る。日本語の他の形式、たとえば伝聞

第6章　隣接関係を用いたメトニミー的推論　171

の「そうだ」等々との整合性を考えつつ、他言語との比較を含めて証拠性という概念を規定していく必要がある。

8. おわりに

「そうだ」は、隣接関係に基づく推論を表す。未確認と呼べるような意味合いも、ここから生じると考えられる。

本章の考察においては、第2章で提示した認識的モダリティ分析の六つの視点のうち、「視点3」が重要な役割を果たしている。「視点3」は、推論に使われる知識には含意関係だけではなく、隣接関係、類似関係などもあるという見方である。「そうだ」は、隣接関係を推論に用いる形式である。

それが「蓋然性」を表す理由でもある。「そうだ」が「蓋然性」を表すことは、次例に見るように、「そうだ」を用いた発話は言質を取られないことから確かめられる。

　(106)「いやねえ、しっかりしてよ。社長さんを引きずりおろす計画があるって言ってたじゃないの」「一あ、そうでしたね」となぜか柳は曖昧にヘラヘラと笑って、「そ、それがその……ありそうだという程度の話でして……」

[『女社長に乾杯』]

この場合、「そうだ」を用いることで発言に対する責任を逃れている。

隣接関係に基づく認識を表示する形式が存在することは、それほど不自然なことでもない。野内（2003）の指摘によれば、メトニミーの関係は認識レベルでは含意関係と捉えられている。

　私たちの理解では換喩（メトニミー：引用者の補注）はまさしく「条件文」（含意）*7にほかならない。ただし、この条件文は蓋然的である。「お銚子」は「日本酒」を表すこともあるが、お銚子そのものを指すこともある。してみれば「換喩（メトニミー：引用者の補注）」ははなはだ心許ない「条件文」ということができよう。本来「関係がない」2つの事物の間にそのような「有縁的」関係を設定したのは人間（当事者）の思惑にし

かすぎないのだから、当然といえば当然なのだが。

[野内 2003: 113–114]

「そうだ」は、隣接関係に基づく推論を体現する形式であると言うことができる。

本章第3節では、全体と部分の関係には二種類あり、「そうだ」は、隣接関係としての全体と部分に基づく認識を表すことを見た。この事実は、メトニミーから独立した比喩として、シネクドキーの存在を認める、佐藤（1992〔= 1978〕）、瀬戸（1997）、野内（2000）らの主張を支持する事実となる。

シネクドキーとは、「外延的に全体をあらわす類概念をもって種を表現し、あるいは、外延的に部分をあらわす種概念によって類全体を表現することばのあやである。」（佐藤1992〔= 1978〕: 194、下線は引用者）。例としては、「桜という一種の花だけをさして花見に行く」（同書: 192）場合などがあげられる。

シネクドキーは従来、メトニミーの一種とされたりするなど、その独立の価値が認められていないという意味で不安定な比喩であった。それは、「昔から提喩（シネクドキー：引用者の補注）の説明にいつも引き合いに出されていた《全体》と《部分》ということばの正体を、レトリックの理論家たちはほとんど例外なく、混乱したままうのみにしていた。」（佐藤1992〔= 1978〕: 184）ことによる。佐藤（同上）は「全体と部分」と捉え得る関係に、「隣接関係」と集合の含有関係とがあることを指摘した。その上で前者を、内外の関係などとあわせてメトニミーに用いられる関係（隣接関係）とし、後者の関係に基づく比喩を独立の比喩（シネクドキー）として認めるべきだと主張した。

この主張はレトリックの種類の認定に関わるものであるが、「そうだ」が全体と部分と呼べる関係のうち、「隣接関係」と呼べる場合のみを「知識」として用いるという本章の主張は、シネクドキーの独自性を認めるこれらの主張の妥当性を裏付ける。

＊1 「花子は泳げると見える。」という表現は可能であるが、この場合、「見える」という動詞が単純な知覚ではなく、判断を表すものへと変容している。
＊2 「ようだ」を用いるには、内面が外観の存在を決定付けている必要がある。したがって、例（31）の「そうだ」は「ようだ」に置き換えられない。
＊3 （43）（44）は一例にすぎない。「人間」と「男、女」「内臓、血管、筋肉……」、などさまざまな関係があり得る。
＊4 ただし、例（47）の文脈において「ようだ」は使われない。カテゴリーの含有関係に基づいてはいるものの、一般から特殊を導く推論であって、特殊を一般に位置付ける方向、すなわちカテゴリー帰属を認識する方向性を持たないからである（第4章）。
＊5 大場（1999）の、「話し手にとって非現実の事態に接続して、その事態が現実と近接していることを述べる」（p.89）という記述は、ここでの記述と重なる。しかし、大場（1999）の関心は、「そうだ」の意味が「真偽判断」と「様態」のどちらか一方に還元可能か否かという点に置かれており、「近接している」とはどういうことか、近接関係はどのような形で具現するのかということに関する考察はなされていない。
＊6 もとの例文では、「そうだった」が使われている。
＊7 ここで「条件文（含意）」と記されている関係を認知領域（Sweetser 1990）という観点から見れば、認識領域の含意関係（認識の根拠と帰結との関係）であると考えられる。

第 7 章
日常言語の推論における暗黙の前提

1. はじめに

「はずだ」には、認識的モダリティの用法（例 (1)）の他、「納得」の用法（例 (2)）がある。
 (1) 山田さんの協力が得られるから、今度の計画はうまくいくはずだ。〔認識的モダリティ〕
 (2) どうりで暑いはずだ。クーラーが切れている。〔納得〕
「納得」の用法では、なぜその事態が起こっているのか、その理由を発見し納得したことが表されている。この場合述べられている内容（例 (2) の場合は「暑いこと」）は、話者にとっての現実であり、非現実世界について述べる認識的モダリティとは異なる。この用法は、考察対象には含まれていない（第 1 章 2.1 節）。
「はずだ」はこの他にも、次例のように認識的モダリティとは考えにくい用法を持つ。例 (3) は「記憶」、例 (4) は「予定」と呼ばれてきた用法である。
 (3) 糊？　確か机の上に置いたはず。見てきてあげる。　〔記憶〕
 (4) （友人の乗っている電車がなかなか着かないと思って時刻表を見ると 11 時着と書いてあって）電車は 11 時に着くはずだ。〔予定〕〔中村亙 2003 例 (18a)〕
これらの例で述べられている内容は「確言的」（松田 1994）であり、非現実世界について述べているのか曖昧である。このような例も本研究の考察対象からは除外する。
　ただし、「記憶」と呼べるような用法であっても、忘却によって曖昧になった記憶が関連する情報から再構築された場合、また、「予定」と呼べるような用法であっても、根拠の積み上げによって、予定のように定まったものとして捉えられた未来は、認識的モダリ

ティとして考察対象に含まれる。次の例（5）は、曖昧な記憶を周辺情報から再構築した場合、例（6）は、根拠の積み上げによって予定的に捉えられた未来である。

(5) 作業を終えて片付けをする時間が十分になかったから、糊は机の上に置いた<u>はずだ</u>。

(6) （友人が9時発の電車に乗ることと、所要時間が2時間であることを知っていて）電車は11時に着く<u>はずだ</u>。

[中村亘2003 例（18b）]

以上のように考察対象を限定し、以下、考察を進める。

2. 演繹推論

「はずだ」が推論の帰結を表すことは、先行研究の共通理解と言ってよい*1。この場合の推論は、十分な含意関係に基づく演繹推論のことを言う。このことは、次例を見れば明らかである。

(7) 1500円で1万円札を出したから、つりは8500円のハズダ。

[山田1982:98 例（8）*2]

(8) 仕事を終えて店を出たのが六時過ぎだ。そこから浜町駅まで歩いて約十分。地下鉄に乗って箱崎駅までは約二十分。駅からはバスかタクシーを使い、現場の旧江戸川近くまで行ったとすれば、七時には現場に到着していた<u>はずだ</u>。

[『容疑者Xの献身』]

例（7）（8）に示されている推論には、それぞれ次に示すような十分な根拠がある。

(9)　　根拠P：1万円から1500円を引けば8500円である
　　　　　　　今、1500円の物を買った。1万円払った
　　　　　　　―――――――――――――――――――
　　　　帰結Q：おつりは8500円だ

(10)　　根拠P：店から現場までかかる時間は約1時間である
　　　　　　　6時すぎに店を出た
　　　　　　　―――――――――――――――――――
　　　　帰結Q：7時には現場に到着する

これに対し、「かもしれない」など他の認識的モダリティ形式は十分な根拠に基づく推論は表せず、たとえば例（7）の「はずだ」を

「かもしれない」「にちがいない」などに置き換えることはできない。
- (11) ＊1500円で1万円札を出したから、つりは8500円か<u>も</u><u>しれない</u>／<u>にちがいない</u>。

　本研究は、「はずだ」が十分な含意関係に基づく演繹推論の帰結を表すという先行研究の記述を踏襲する。したがって、「はずだ」の表す推論に用いられる「知識」は、「PならばおよそQ」ではなく「Pならば必ずQ」となる。このような十分な含意関係を、とくに「法則：P→Q」と呼ぶことにする。
- (12)「法則：P→Q」：ただひとつの帰結を導くことができるような十分な一般性を持った「知識」

3. 日常言語の推論と「前提E」

　「はずだ」の表す推論の特徴は、演繹推論の帰結を表すことだけではない。その推論には「前提E」と呼ぶある種の前提が関与すると考えられる。結論を先に述べるならば、「はずだ」の意味は次のように記述される。
- (13) Qはずだ：QがPと十分な含意関係（「法則：P→Q」で結ばれる関係）にあることを表す。同時に「前提E」の存在を明示する。

この推論過程は次のように図示できる。
- (14)　　根拠P：法則：P→Q
　　　　　　　　　　　P
　　　　　　「前提E」
　　　　―――――――――――
　　　　帰結Q：　　　　Q

本節では、まず「前提E」という概念そのものについて定義を行い、その後「はずだ」の表す推論に「前提E」が関わると考えられる理由について考察を進める。

3.1 「前提E」

「前提E」とは、次のような前提のことを言う（「視点4」第2章）。
- (15)「前提E」：例外的な事態については考慮しないという前提

次の推論を例に、「前提E」について見ていこう。

(16) 名古屋で8時に東京行の新幹線に乗ったなら、10時に東京駅に着くはずだ。

この推論においては、「名古屋で8時に東京行の新幹線に乗った」という根拠から「10時に東京駅に着く」という帰結が導かれている。この時、推論の根拠として明示されているのは「名古屋で8時に東京行の新幹線に乗った」という事態だけであるが、この根拠だけでは「10時に東京駅に着く」という帰結を得ることはできない。明示はされていないが、「名古屋から東京まで新幹線で2時間かかる」という知識も必要とされる。この根拠を明示すると、例(16)の推論には、次に示すような根拠と帰結が関与していると考えられる。

(17) 　　根拠P：名古屋から東京まで新幹線で2時間かかる
　　　　　　　名古屋で8時に東京行の新幹線に乗った
　　　　帰結Q：10時に東京駅に着く

しかしながら帰結を導くには、ここに示した根拠でもまだ不十分である。たとえば「途中で事故が起きた」ならば、「10時に東京駅へ着く」という帰結を得ることはできない。「地震が発生する」「東京駅で事故が起きて新幹線が途中で立ち往生する」などのさらに異常な事態が生じた場合にも、「10時に東京駅に着く」という帰結を得ることはできない。(17)に示した根拠から帰結を導くことを阻むような特別な事態は列挙しきれないほど想定可能だが、(17)の推論が成立するためには、このような特別な事態はすべて生じないという前提が必要である。「前提E」とは、このような前提のことを指す。

推論に「前提E」が関与することを明示して例(16)の推論を示すと次のようになる。

(18) 　　根拠 P：名古屋から東京まで新幹線で2時間かかる
　　　　　　　名古屋で8時に東京行の新幹線に乗った
　　　　　　　途中で事故が起きない（「前提E」）
　　　　　　　地震が発生しない（「前提E」）
　　　　　　　……………………………………………
　　　　　帰結 Q：10時に東京駅に着く

「前提E」という概念は、坂原（1985, 1993）に負うところが大きい。「前提E」という用語も坂原（1985）にならった。ただし、坂原（同上）と本研究の「前提E」との間には若干の相違がある。坂原（同上）の言う「前提E」は、文脈として明示されていない前提すべてを含む。しかし、「はずだ」の表す推論を特徴付ける「前提E」は、明示されていない前提の中でも、とくに例外的な事態については考慮しないという前提のみを指す。例（16）の推論における「前提E」を坂原（同上）の基準に基づいて表すと次のようになるが、二重下線の部分は、本研究で言うところの「前提E」には含めない。

(19) 　　根拠 P：名古屋で8時の新幹線に乗った
　　　　　前提 E：名古屋から東京まで新幹線で2時間かかる
　　　　　前提 E：途中で事故が起きない
　　　　　前提 E：……………………………………………
　　　　　帰結 Q：10時に東京駅に着く

　十分な含意関係に基づいて推論を行っていると思っても、日常の推論において、不完全さは回避できないものである。しかし、推論に「前提E」が関与することは、通常は意識されない。このことは、(17) に示した根拠と帰結があれば例（16）の推論の成立には十分であると感じられ、指摘されなければ「前提E」の存在には気付かないという事実に裏付けられる。特別な事態の存在を常に意識することは、推論を行う上で非効率的なのであろう。

3.2　論理的推論と現実との乖離

3.2.1　例外的な事態

　本節では「はずだ」の表す推論に「前提E」が関与すると考えら

れる理由について見ていく。すでに見たように、「はずだ」は、ただひとつの帰結が導かれるような十分条件としての根拠がある場合に使うことができる。

　(20) 1500円で1万札円を出したから、つりは8500円のハズダ。
〔例(7)を再掲〕

この推論における「法則：P→Q」は、次の(21)のように示すことができる。

　(21)「法則：1500円で1万円札を払えば、つりは8500円だ」

この「法則」は、例外的事態（「前提E」）が想定しにくい点が特徴的である。このことは、(22)として再掲する例(1)や、例(23)のような推論を支える「法則」と比較すれば明らかである。

　(22) 山田さんの協力が得られるから、今度の計画はうまくいく<u>はずだ</u>。　　　　　　　　　　〔例(1)を再掲〕
　(23)「そりゃあ、アナウンサーっていうのは、普通じゃ受からないものかもしれない。だけど、私は外見もかなりいけるし、大学も聞こえのいい女子大学だ。アナウンサーはたしかに無理かもしれないけれど、一流企業のOLならきっと大丈夫な<u>はず</u>」　　　　　　　　〔『下流の宴』〕

例(22)(23)は、次のような「法則（だと話者が捉える含意関係）」に基づく認識を表していると考えられる。

　(24)「法則：山田さんの協力が得られれば、今度の計画はうまくいく」
　(25)「法則：外見もいいし、出身大学もよければ、一流企業のOLになれる」

(24)の場合は「妨害が入る」等々、(25)の場合は「運が悪い」「人柄が悪い」等々「法則」に反する例外的な事態が、容易に想定できる。

　このように例外が容易に想定される「法則」を用いた推論の結果を「はずだ」を用いて表示する場合、特別な文脈は必要ない。しかし、例外が想定しにくい(21)「法則：1500円で1万円札を払えば、つりは8500円だ」を用いた推論を表す場合、推論の帰結に反する事態があるという文脈が必要とされる。次例を見てみよう。

(26)客： おつりは、8600円でしょう。100円足りないわ。
　　店員：あれ？ 1500円で1万円いただきましたから、おつりは8500円の<u>はず</u>です。

この文脈では、推論の帰結に反する事態（客の発話）があり、「はずだ」が容認されている。しかし、このような文脈や状況がなければ「はずだ」ではなく、確言形が使われる

(27)　（店員の独話）
　　　＊えっと……。客は1500円のものを買って1万円払ったのだから、つりは8500円の<u>はずだ</u>。
(28)　（店員の独話）
　　　えっと……。客は1500円のものを買って1万円払ったのだから、つりは8500円だ。

以上のように例外的な事態が意識しにくい「法則」に基づく推論の場合、推論の帰結に反する事態が文脈として必要とされる。これは「はずだ」が「前提E」の存在を表すからだと考えられる。「おつりは、8500円でしょう」という客の発話が例外的な事態となり、「店員」は「客」のその発話を例外として、自らの推論の妥当性について述べていることが表される。「前提E」が意識化される文脈である。

　このように例外的事態が想定しにくい「法則」に基づく推論の場合、推論の帰結の正当性が主張として強く感じられる。ただし、正当性の主張が強く出るかどうかは、「法則」に例外をどの程度認め得ると話者が捉えているかによる。(21)のように一般に例外が認めにくいと考えられる「法則」であっても、話者が例外もあり得るのだと捉えるならば強い主張は出ない。次例を見てみよう。

(29)あれ？ 客は1500円のものを買って1万円払ったのだから、つりは8500円の<u>はずなのに</u>。レジスターに8600円と表示が出ている。

　この場合、推論の帰結もそれに反する現実の事態も、共に正しいと認めることになり、正当性の強い主張は感じられない。このように、推論の帰結もそれに反する例外的事態も、共に正しいと認識される場合には、接続助詞「〜のに」などを伴うことが多い。次に示

すのはその実例である。
- (30)「しばらく家を留守にしていて、今、帰ったところなんですけど、部屋にあかりがついているんですよね、誰もいないはずなのに……」　　　　　　　　　　　　　　　　『危険な童話』
- (31)「憲一がまだ出張から帰りませんのよ。一昨日帰るはずなんですが」　　　　　　　　　　　　　　　　　　　　　　『ゼロの焦点』
- (32)「死体の服を脱がすなんていうのはリスクが大きすぎる。犯人としては一刻も早く逃げたいはずなのにさ」
　　　　　　　　　　　　　　　　　　　　　　　　　　　『容疑者Xの献身』
- (33)頻繁に会っているのなら、湯川とこの刑事は情報交換をしているはずだ。それなのに、なぜ自分にこんなことを訊くのだろう　　　　　　　　　　　　　　　　　　　『容疑者Xの献身』

以上のように、推論の妥当性を主張する度合いが強い例（26）のような場合も、例（29）から（33）のように弱い場合もあるが、いずれも、例外的事態を除けば妥当な結論であることを表している。

3.2.2　仮定的推論

「はずだ」の表す推論に「前提E」が関わることは、「はずだ」の表す推論が「例外を除けば」という意味で仮定的であることからも見てとれる。本節ではこの点について見ていこう。

「前提E」として例外とみなされている事態は、例外として見過ごすことができない重みを持てば、認識の手掛かりと認識内容とを結ぶ「知識」の中に組み込まれる。先の例（16）の推論に用いられている法則（「名古屋から東京まで新幹線で2時間かかる」）にとって、たとえば事故が多発し2時間半かかったり、3時間かかったりということが頻繁に起きるようになった場合、それはもはや例外的な事態ではない。「名古屋から東京まで新幹線で2時間ぐらいかかる」という「知識：PならばおよそQ」が成立する。次章で考察を行う「かもしれない」はこのような「知識」を用いた推論を表す。

このように、「前提E」が、推論の「知識」に組み込まれるとき、知識そのものが蓋然的になるだけではない。それ以上の変化が生じる。すなわち、「例外を除けば」という仮定条件を含む推論から含

まない推論への変化である。次例を見てみよう。前節でも見たように、「はずだ」は、推論の帰結とそれに反する事態との両方を正しいと認めていることを表せる。

(34) A：この部屋暑くないね。
　　 B：そうだね。これだけ人がいれば暑いはずなのにね。
(35) A：この部屋暑くないね。
　　 B：そうだね。これだけ人がいるから暑いはずなのにね。

「暑い」と「暑くない」の両方を正しいと認めることができるのは、一方が仮定的だからである。すなわち「はずだ」で表される推論の帰結は、「例外を除けば」という意味で仮定的だからだということになる。このとき注目すべきは、例（34）のように認識の手掛かりを条件節で示しても、例（35）のように理由節で示しても仮定的であることは変わらず、いずれも推論の帰結と現実とを共に正しいと認識していることを表せるということである。

条件節で根拠を仮定すれば当然、推論の帰結も仮定的となり、反する現実もどちらも正しいと認識できるわけだが、「はずだ」を用いた場合、理由節で手掛かりを表示しても、推論の帰結とそれに反する事態を共に正しいと認識していることを示せる。これは、「はずだ」の意味そのものに、「例外を除けば」という仮定が含まれているからだと考えられる*3。

これに対し、「かもしれない」の場合、理由節を用いれば、推論の帰結とそれに反する事態との両方を正しいと認識していることは表せない。むろん、認識の手掛かりが条件節で表された場合はその限りではない。次の例を見てみよう。

(36) A：この部屋暑くないね。
　　 B：そうだね。これだけ人がいれば暑いかもしれないのにね。
(37) A：この部屋暑くないね。
　　 B：*そうだね。これだけ人がいるから暑いかもしれないのにね。

このように、「かもしれない」が推論の帰結もそれに反する事態も共に正しいと認識していることを表せるのは、条件節で仮定的な

認識であることを表示した場合に限られる。したがって、「かもしれない」の意味には、推論が仮定的なものであることは含まれていないと考えられる。

以上のように、「前提E」で例外とされていた事態が例外と呼べない重みを持ってきたとき、「法則：P→Q」の中に組み込まれ、「PならばおよそQ」という知識が成立する。その場合、「例外を除けば」という仮定的な推論からそうではない推論へという質的な変化を伴うことになる。

「はずだ」の表す推論は「例外を除けば」という意味で仮定的なものである。これは日常の推論における論理的妥当性の限界が意識化されるからである。論理的に妥当な推論を表そうとするからこそその限界が意識され、仮定の下にしか妥当性が主張できなくなる。「はずだ」はそれを表す形式だと言える。

ただし、演繹推論の帰結を表すからといって、常に帰結が仮定的なものとなるわけではない。つまり、演繹推論の結果を表示するということは、「前提E」の意識化を必ずしも含意しない。演繹推論の帰結を表示することは「前提E」の意識化に必要な条件を満たすが、十分条件ではないと考えられる。

このことは推論の帰結を表す確言形と比較すると捉えやすい。次例に見るように、確言形が推論の帰結の表示に使われる場合、そこに仮定的な意味合いは生じない。

(38) A：この部屋暑くないね。
　　 B：そうだね。これだけ人がいれば暑いのにね。
(39) A：この部屋暑くないね。
　　 B：*そうだね。これだけ人がいるから暑いのにね。

これらの例では、「人がいるならば暑い」という十分な含意関係に基づいた結果が示されている。しかし、例 (39) に見るように、手掛かりを仮定せず、理由節で表示すれば、推論の結果とそれに反する事態を共に正しいと認めていることは表せない。つまり、演繹推論の結果というだけでは「前提E」は合意されず、「はずだ」の意味を単に演繹推論の帰結を表すとするだけでは不十分であると考えられる。

3.3 蓋然性を表す理由

「はずだ」は、他の認識的モダリティ形式と同様に、「蓋然性」（異なる推論の帰結が存在する可能性が否定されていないこと）を表す。このことは、「はずだ」が約束行為を示せないことによって確認できる。次例を見てみよう。

(40) 「わかったよ。大丈夫行けるはずだ」
　　　「またあ……」
　　　信江はすねるように言った。
　　　「はずだなんて言い方をして……」　　［『奇しくも同じ日に』］
(41) *「わかったよ。大丈夫行ける」
　　　「またあ……」
　　　信江はすねるように言った。
　　　「行けるなんて言い方をして……」

「はずだなんて言い方をして……」という表現に、約束行為が遂行されていない不満が表されている。

「はずだ」が「蓋然性」を表す理由は、「前提 E」の意識化によると考えられる。演繹推論の帰結を表すだけでは「蓋然性」という意味は持ち得ない。次の例 (42) における B の発話中の「(ある新製品が) 売れます」は、「いい製品である」「いい製品であれば売れる」ということを根拠とした推論の帰結であると考えられる。

(42) A： この新製品売れるでしょうか？
　　 B： いい製品なのだから、売れます。

この場合の確言形は推論の帰結であっても「蓋然性」を表さず、実際に売れなければ言い逃れの余地はないが、「はずだ」を用いれば、「売れるはずだと言っただけで売れるとは言わなかった」という言い逃れの余地がある。

(43) A： この新製品売れるでしょうか。
　　 B： いい製品なのだから、売れるはずです。

「はずだ」の意味を単に演繹推論の帰結を表すと記述するだけでは、「蓋然性」を表す理由が説明できない。しかし、「前提 E」の存在が意識されていることを表すと考えれば、そこに「蓋然性」の生じる理由を見ることができる。「前提 E」は、例外的事態が生じれ

ば根拠から十分な帰結を導くことができない可能性を意味し、そのために「蓋然性」をが表されると考えられる。

4. おわりに

日常の推論には、例外的なことについては考えないという「前提E」が関与する。日常の推論では、十分に一般化されていると考えられる法則を用いても、例外的な事態の生じる可能性を否定することはできない。つまり、「1500円のものを買って1万円払えばおつりは8500円である」という場合であっても、「今日は特別割引の日だ」などの例外がある可能性を完全には否定できない。「はずだ」は、一般法則化した「知識」（「法則：P→Q」）を推論の根拠として使いながら、その一方で、法則を完全に一般化することの限界を意識した表現であると言える。

不測の事態が起こり得る現実世界において、推論の論理的妥当性を保証するためには、推論そのものが仮定的にならざるを得ない。「はずだ」は現実世界における妥当な推論の限界を体現する形式であるとも言える。

第2章2.2節で見たように、「はずだ」は、認識的モダリティの体系の中で、位置付けが定まらない形式であった。「ようだ」「らしい」との共通性を指摘する益岡（1991: 117–121）、「かもしれない」「にちがいない」との共通性を指摘する森山（1989a）、現段階での位置付けは困難であるとする井島（1994）などに分かれている*4。

(44) 証拠に基づく認識を表す類：ようだ、らしい、（はずだ）
　　　蓋然性を表す類（証拠に基づくのではない類）
　　　　：かもしれない、にちがいない、（はずだ）

「はずだ」が他の形式とどのような類似点、相違点を持つのかは、すべての形式の考察を終えた第10章第3節で見ることになる。ここでは前章までの範囲で考察を終えている「ようだ、らしい、（し）そうだ」と「はずだ」との共通点について見ておくに留める。両者の共通点は容易に見い出せる。次に示すように、それぞれ種類は異

なるが、いずれも推論に用いられる「知識」（根拠と帰結との関係）の特徴について述べる形式である。

(45) ようだ：カテゴリーの含有関係
　　　らしい：「広義因果関係」
　　　（し）そうだ：隣接関係
　　　はずだ：十分な含意関係

　ただし、これらの知識を比較した場合、「はずだ」の表す推論に用いられる「十分な含意関係」だけが、Sweetser（1990）の言う認知領域が他とは異なり、認識領域（epistemic domain）の関係である（第2章「視点2」）。他の知識は、内容領域（content domain）の関係となる。この「はずだ」の特徴が、「かもしれない」「にちがいない」の類と「はずだ」との共通性につながっていく（第10章2.3節）。

　また、「前提E」の意識化という点において、「はずだ」は他のすべての形式と対立することになる。「前提E」が意識されていることを表すのは「はずだ」のみである（「視点4」）。

＊1 「はずだ」の意味の記述を行った先行研究には、森田（1980）、篠崎（1981）、山田（1982）、寺村（1984）、野田（1984）、仁田（1989）、森山（1989a, 1995b）、益岡（1991）、奥田（1993）、三宅（1993）、松田（1994）、田村（1995）、岡部（1998）、中村亘（2003）、太田（2005）などがある。
＊2 漢数字を算用数字に変更した。また、この文の成立のためには、ある文脈を必要とする。この点については、3.2.1節で述べる。
＊3 推論が仮定的であるという点に関し、shouldと「はずだ」は、よく似たふるまいを見せる。
　・He should have passed the examination easily.（澤田2006: 215 例（79））
　この文は、二つの解釈が可能であるとされる。ひとつは「彼は試験に受かったはずだ」と予測、もうひとつは「彼は試験に受かったはずなのに」という解釈である。後者の場合は、試験の結果がすでに判明している場合であり、現実との食い違いが生じている。　　　　　　　　［澤田2006: 215］
＊4 「のだ」や「わけだ」との共通性が指摘される場合もある（寺村1984: 261–311、仁田1989: 46など）。

第8章
根拠の非明示性と推論の方向性

1. はじめに

　非現実事態の認識を因果という観点から見てみると、結果の認識と原因の認識とがある。「無理な運転をする」ことから「事故が起きる」という結果を予測する場合もあるし、逆に「事故が起きた」ことから「無理な運転をした」という原因を推定する場合もある。認識的モダリティ形式は、原因推論表示の得意、不得意に関して一定の特徴を示す。

　本章の目的は、「かもしれない」「にちがいない」の意味について考察を行うことにある。考察上の重要な課題は、これらの形式が推論の方向性（原因推論の表示の可否）について示す特徴を記述し、その特徴と意味との関連を探ることにある。

　「かもしれない」と「にちがいない」が、推論の方向性に関して示す特徴の概略を見ておこう。「かもしれない」は、結果推論の表示に適するが、原因推論の表示は不得意である。これとは逆に、「のかもしれない」は原因推論の表示を得意とし、結果推論の表示は得意ではない。次の例（1）（2）は、このような推論の方向性に関する「かもしれない」「のかもしれない」のふるまいを示している。(1)は結果推論の、(2)は原因推論の例である。

（1）　　（無理な運転をしていることを根拠に）
　　　a.　事故が起きるかもしれない。
　　　b.??事故が起きるのかもしれない。
（2）　　（事故が起きたことを根拠に）
　　　a. ?無理な運転をしたかもしれない。
　　　b.　無理な運転をしたのかもしれない。

　一方、「にちがいない」は、推論の方向性に関して制約を受けな

い。次の例（3）は結果の、例（4）は原因の推論の例であるが、どちらの推論も表示できる。

(3) （無理な運転をしていることを根拠に）
　　事故が起きるにちがいない。
(4) （事故が起きたことを根拠に）
　　無理な運転をしたにちがいない。

推論の方向性に関し、「かもしれない」と「にちがいない」が示す特徴はこれだけではない。このような推論の方向性に関する特徴について記述・説明することが、本章の重要な課題となる。

以下、本章では「かもしれない」と「にちがいない」について、次の順に考察を進める。

(5) (i) 「かもしれない」と「にちがいない」の意味に関する先行研究を概観する。　　　　　　　　　　（第2節）
　　(ii) 本研究の仮説を提示する。　　　　　　　（第3節）
　　(iii) 推論の方向性に関する特徴を記述する。
　　　　　　　　　　　　　　　　　　　（第4節、第5節）
　　(iv) 推論の方向性と意味との関連について考察を行う。
　　　　　　　　　　　　　　　　　　　　　　（第6節）

2. 可能性と確信

2.1　可能性の高低

「かもしれない」と「にちがいない」の表す確からしさの程度には、差異がある（寺村1984、野田1984、中畠1993など）。「かもしれない」は確かさ（蓋然性、確信）の度合いが低いこと、「にちがいない」は高いことを表す。

多くの指摘にあるように、「きっと」や「ひょっとしたら」との共起関係の相違は、この確からしさの違いの反映と見てよいだろう。「かもしれない」は、確からしさの度合の低さを表す「ひょっとしたら」とは共起するが、高さを表す「きっと」とは共起しにくい。「にちがいない」はその逆のふるまいを見せる。

(6)　　ひょっとしたら明日は大雨になるかもしれない。

(7)　　＊きっと明日は大雨になるかもしれない。
(8)　　＊ひょっとしたら明日は大雨になるにちがいない。
(9)　　きっと明日は大雨になるにちがいない。

「ひょっとしたら」と「きっと」の確からしさの程度差は、次の例で確かめられる。

(10) A：　一人でできないときは、手伝ってくれるかな。
　　 B：　ひょっとしたらね。
(11) A：　一人でできないときは、手伝ってくれるかな。
　　 B：　きっとね。

「ひょっとしたら」という話者Bの回答を得た場合、「手伝ってくれる」かどうか話者Aは不安を感じるのに対し、「きっと」という回答を得れば安心するであろう。これは、それぞれの示す確からしさの程度差の反映だと考えられる。

以上のように、「かもしれない」と「にちがいない」の意味を確からしさの高低とする記述は、言語直感にも沿い、一定の説明力を持っている。しかし、両形式の特徴はこれでは捉えきれない。次節では、それぞれの意味を可能性、確信／必然性とする記述と比較しつつこの点について、見ていく。

2.2　可能性の存在・確信

「かもしれない」は可能性を、「にちがいない」は確信を表すと記述されることがある（大鹿1992、三宅1992, 1993, 2011、田中俊子1993、日本語記述文法研究会編2003など）。「にちがいない」は、必然性を表すとされる場合もある（仁田2000、益岡2007など）。この記述には、前節で見た確からしさの高低差が含意されるだけではなく、「かもしれない」「にちがいない」のふるまいに関し、さらに多くの事実の説明が可能となる。

まず、「かもしれない」ついて、二つの事実を見てみよう。ひとつは、「かもしれない」が認識内容の実現に対し、肯定的態度を表すという事実である。

(12) 太郎は合格するかもしれないね。

この場合、「合格する」ことを認める方向への傾きが表されている。

この理由は、「かもしれない」が可能性のあることを表すならば自然に説明される。「ある」と「ない」との対立の中で、「ない」のではなく「ある」ことを認める認識を表すのだから、「合格する」ことへの傾きが示される。
　しかし、「かもしれない」が可能性の低さを表すとすれば、説明は困難である。「合格する」と「合格しない」という二つで可能性のすべてが尽くされている中で「合格する」可能性の方が低いならば、「合格する」ことを認めない傾きを持つはずである。実際、例(12)の「かもしれない」を「可能性が低い」に言い換えれば意味が大きく異なり、「合格する」ことを否定的に捉える態度が強く出る。
　(13)太郎は合格する可能性が低いね。
　可能性があることを表すとする意味記述のほうが妥当であることは、次の例からもわかる。
　(14)泊まるかもしれないし泊まらないかもしれない。どっち
　　　にしても相当おそくなる。　　　　　　［三宅1992 例 (7)］
　「かもしれない」が可能性があることを表すならばこの文が容認されることは、自然に理解される。矛盾対立する可能性を共に「ある」と認めることは可能である。しかし、「可能性が低い」ことを表すならば説明は困難である。「泊まる」と「泊まらない」ですべての可能性が尽くされているのだから、一方の確からしさが低ければ、他方の確からしさは高くなる。両方の可能性（「泊まる」可能性と「泊まらない」可能性）が共に低いということはあり得ない。
　この場合の「かもしれない」も「可能性が低い」に言い換えられない。これも「かもしれない」が可能性の低さを表すのではないことの傍証となる。
　(15)　*泊まる可能性も低いし泊まらない可能性も低い。どっ
　　　　ちにしても相当おそくなる。
　以上のように、「かもしれない」が可能性があることを表すという記述は、可能性の低さを表示するという記述よりも、説明力がある。
　一方、「にちがいない」についても、確信／必然性を表すという記述のほうが、確からしさの度合いの高さを表すとする記述よりも

妥当であると考えられる。次例を見てみよう。

(16) ＊容疑者はまだ絞り込めていない。アリバイのないA氏の犯行である<u>にちがいない</u>し、強い犯行動機を持つB氏がやった<u>にちがいない</u>。

この文において「にちがいない」が容認されない理由を、確からしさの度合の高さを表すとすることでは説明できない。「容疑者」の候補は「A氏」「B氏」「C氏」「D氏」……と複数あると考えられる。その中の「A氏」と「B氏」を取り上げた場合、取り上げられなかったその他（「C氏」「D氏」……）との比較の中で、「A氏」と「B氏」の「可能性」が共に高いということはあり得る。「にちがいない」が可能性の高さを表すならば、例（16）は非文とならないはずである。実際、例（16）の「にちがいない」を「可能性が高い」と言い換えれば、容認可能な文となる。

(17) 容疑者はまだ絞り込めていない。アリバイのないA氏の犯行である<u>可能性も高い</u>し、強い犯行動機を持つB氏がやった<u>可能性も高い</u>。

しかし「にちがいない」が確信を表すならば、例（16）が非文となる理由は、自然に説明可能である。言うまでもなく、ある命題もそれと矛盾する命題もどちらも確信しているということはあり得ない。

以上のように、「かもしれない」「にちがいない」が確からしさの高低を表すとする記述より、「かもしれない」は可能性を、「にちがいない」は確信／必然性を表すという記述のほうが説明力を持つ。本研究はこの記述に拠りつつ、可能性、確信／必然性という概念を、推論という枠組みの中で捉えなおす。

3.「可能性」と「必然性」

「かもしれない」と「にちがいない」の意味は次のように記述可能であると考えられる。

(18) かもしれない：「可能性」を表す。
　　　にちがいない：「必然性」を表す。

第8章　根拠の非明示性と推論の方向性　　193

この記述は2.2節で見た先行研究の記述そのままであるかのようにも見えるが、そうではない。可能性、確信／必然性という概念を推論という枠組みの中で捉えなおしたものであり、ここで言う「可能性」「必然性」は、あくまでも推論の帰結の特徴である。したがって、この記述には、「かもしれない」と「にちがいない」は推論の帰結（認識内容）の特徴を表すが、手掛かりと認識内容との関係がどのような特徴を持つかについては述べない形式であることが含意されている。

　このように推論という枠組みの中で捉えれば、単に可能性、確信／必然性を表すとする場合よりも、二つの意味で説明力が増す。ひとつは、これらの形式が推論の方向性（原因推論の表示が可能か）に関して示す特徴が説明可能となるということである。この点については次の第4節、第5節で言語事実を詳述の上、第6節で意味との関連を考えていく。

　もうひとつは、「にちがいない」が「蓋然性」を表す理由の説明が可能となるという点である。「にちがいない」は他の認識的モダリティ形式と同じく「蓋然性」を表す。これは言質をとられる発言とはならないことから確かめられる。次例を見てみよう。

(19)これらのことを利用して、効率のよい勉強法を考えていけばかならず（お子さんの：引用者の補注）成績も伸びていくにちがいありません。　　　　[『わが子を算数大好きに変える本』]

(20)これらのことを利用して、効率のよい勉強法を考えていけばかならずお子さんの成績も伸びていきます。

　「にちがいない」が、確信／必然性を表すとした場合、「蓋然性」を表す理由の説明は困難であると思われる*1。必然性という概念そのものに不確かさは含まれていないであろうし、また、確信という概念が不確かさを含むかどうかは曖昧である。次例に見るように、確信という語は「にちがいない」だけではなく、確言／断言（非蓋然性）を表す確言形とも共起する。

(21)急に静かになったと思ったら、外から車のエンジン音が聞こえ、その音が次第に遠のいていく。義父が家を出て行ったに違いないと確信した。　　　　　　　　　　[『ひまわり』]

(22) 衝動をこらえながら言うと、父の表情が揺れた。その顔を見て、栗子は「大丈夫」と思った。近い将来、父は間違いなくこの家に戻ってくるに違いないと、確信した。
　　　　　　　　　　　　　　　　　　　『パラダイス・サーティー下巻』
(23) その返答に、やはり沢木は何もわかっていないとアリスは確信した。　　　　　　　　　　　　　　　　　『花雪の降る場所で』
(24) この時点で、写真の撮影地は間違いなくこのロケーションであることを確信した。　　　　『神戸発、尾道まで行ってきます』

　例 (23)(24) の確言形は、確言／断言を表していると見てもよさそうである。この場合、「確信」は「蓋然性」を含意するとは言い切れない。

　これに対し、「にちがいない」の意味を (18) に示したように「必然性」と記述した場合、それは推論の帰結としての特徴であることを意味する。したがって、推論過程の中に蓋然的要素が含まれる可能性を検討する余地が生まれる (6.2節)。

4. 「認識結果重視型」・「原因探索型」の原因推論

　「かもしれない」と「にちがいない」が推論の方向性に関して示す特徴について考察していくにあたり、本節ではまず、「かもしれない」が原因推論に関して抵抗を示す文脈について見ていく。

4.1 「広義因果関係」と原因／結果の推論

　すべての認識的モダリティ形式は、原因推論（原因について推論したことの表示）に適するか結果推論に適するかという点から見た推論の方向性について、何らかの特徴を示す。この点について、田窪 (2001: 1013) では、「かもしれない、だろう、はずだ」は「推量、予測などの仮想的状況への構成」に、「ようだ、らしい」は「原因となる状況の構成」に関わると指摘されている（第1章5.4節）。
　類似する指摘は幸松 (2007) にもある。幸松 (2007) は、時間的に逆行し、過去へさかのぼる推論の帰結が表示可能かという点について、新たに「にちがいない」「のだろう」「のかもしれない」も

考察対象に含めコーパスを用いて調査し、考察対象が重なる形式については、田窪（2001）と同様の結果を得ている。その結果を本研究なりにまとめれば次のようになる。下線に示すとおり、「かもしれない」が表せるのは時間の流れに順行する推論のみだが、「にちがいない」は順行も逆行も表せる。

(25) 時間的に逆行する推論の帰結を表示する：
のだろう、のかもしれない、らしい、ようだ、<u>にちがいない</u>、はずだ

(26) 時間的に順行する推論の帰結を表示する：
だろう、<u>かもしれない</u>、<u>にちがいない</u>、はずだ

同様の指摘は、木下（1998a, 1998b, 2009, 2011）にもある。そこでは、推論の方向性の基盤となる因果関係を「広義因果関係」（第3章第3節）と見ている。

(27) かもしれない：「広義因果関係」の原因推論に抵抗を示す。
にちがいない：「広義因果関係」の原因推論も結果推論も表せる。

「広義因果関係」の原因推論の多くが時間的に逆行する推論であることを考えると、(25)(26) と (27) の記述は整合性を持っていると言える。ただし、「広義因果関係」は、時間的な前後関係だけではない。たとえば、次の(28)に示す「広義因果関係」は時間的な前後関係にはないが、「かもしれない」はこの原因推論も表示しにくい。例(29)では「のかもしれない」が使われているが、これを「かもしれない」に置き換えると不自然である。

(28) ［残り時間を気にしている→時計を見る］
(29) たしかにこの男（湯川：引用者の補注）のいうとおりだった。石神がどんな仕掛けを施したのか、靖子は全く知らなかった。同時に、なぜ自分に対する刑事たちの攻撃が思ったよりも激しくないのか不思議だった。（中略）その秘密を湯川は知っている——。

彼は時計を見た。残り時間を気にしている<u>のかもしれない</u>。
「このことをあなたに教えるのは、実に心苦しい」彼は実際、苦痛そうに顔を歪めていた。　　　　［『容疑者Xの献身』］

以上のように、「かもしれない」「にちがいない」は、共に結果の推論表示ができる。しかし、原因推論表示に関して差異があり、「かもしれない」は原因の推論に抵抗を示す。以下、両形式が推論の方向性について示す特徴についてさらに詳細に記述をしていく。問題となるのは、専ら原因の推論表示の可否である。

4.2 「認識結果重視型」・「原因探索型」

「かもしれない」は、原因推論の表示に抵抗を示すだけであって、表示できないわけではない。次例では、(31)に示した「広義因果関係」における原因が推論されたことを表していると考えられる。

(30) とたんに、ジョンストンの猛烈なライナーが二遊間に飛んだ。大歓声があがった。だれもがヒットと思った<u>かもしれない</u>。　　　　　　　　　　　　　　　　[『消えたエース』]

(31) ［みながヒットだと思う→大歓声があがる］

このように「かもしれない」には原因推論の表示に適する場合と適さない場合とがあるわけだが、それぞれどのような場合なのだろうか。原因推論が可能な例 (30) と、抵抗を示す次例とを比較してみよう。次例は (33) の「広義因果関係」に基づく原因推論の例である。「石神」は「靖子」の犯した殺人の隠蔽工作をする共犯者であり、「石神」主導で警察への対応策を練る場面である。このとき「かもしれない」は不自然である。

(32)「おそらく（警察によって：引用者の補注）凶器が特定されたんでしょう」石神は電話口にいった。
　「凶器というと……」
　「電気炬燵のコードです。あなた方はあれを使ったわけでしょう？」
　電話の向こうで靖子は無言になった。富樫を絞殺した時のことを思い出した<u>のかもしれない／??かもしれない</u>。
　「絞殺すれば、凶器の痕がまず間違いなく首に残ります」石神は説明を続けた。　　　　　　　　　　[『容疑者Xの献身』]

(33) ［絞殺したときのことを思い出す→無言になる］

原因推論の表示が可能な例 (30) と不自然な例 (32) とを比較

第8章　根拠の非明示性と推論の方向性　　197

すると、認識結果がどのようなものかが重要な文脈においては、原因推論の表示が可能となるのだと言える。例（30）では「皆ヒットだと思ったか」ということが重要なのであって、「歓声をあげた」理由を不可思議に思ったのではない。認識内容を提示することが重要であり、それが何らかの事態の原因であることは重視されていない。

これに対し、原因推論の表示に不適な例（32）の場合、「靖子が無言になったこと」は、原因を探るべき不可解な事態である。この文ではその原因について述べることが重要であり、認識内容（「絞殺したときのことを思い出したか」）が重要なのではない。このことは、「石神」は「靖子」が「絞殺したときのことを思い出した」かどうかという問題にかかわることなくそれを無視して、淡々と警察への対応策を提示していく文脈に示されている。

「かもしれない」が原因推論を表せる場合とそうではない場合との差異は以上のように考えられる。ただしこの差異は、文脈の解釈に依存するため微妙である。言語事実をさらに見ていく必要があるが、この点については次の第5節で確かめていくことにし、本節ではまず、原因推論に二種類あることを見ておく。その種類の相違が「かもしれない」の原因推論表示の適否に関わることになる。

ひとつは、例（30）のように、何らかの根拠から帰結（認識内容）が得られ、それを提示することこそが重要な場合である。認識結果が「広義因果関係」の原因であることに注意は向けられていない。これを「認識結果重視型」と呼ぶことにする。もうひとつは、例（32）のように、「なぜか」という問いのもとに不可解な事態の原因が推論される場合である。これを「原因探索型」と呼ぶことにする*2。

(34) 認識結果重視型：非現実世界の認識について述べることに焦点が当てられる場合

原因探索型：原因について述べることに焦点が当てられる場合*3

この二つの原因推論は、推論の型が異なる。「原因探索型」の場合、認識内容が「広義因果関係：p → q」（[p → q]と表記する）の

原因であることが意識され、推論は次のような型を持つ。

(35)「原因探索型（逆行型）」*4

根拠P：[p → q]
_____
　　　　　q
帰結Q：　p

認識の手掛かりと認識内容を結ぶ知識は「広義因果関係：p → q」であり、「広義因果関係」をさかのぼっていることに焦点が当てられている。だからこそ原因を推論しているという意識が出る。「逆行型」と併記してあるのはそのためである。

一方、「認識結果重視型」の原因推論においては、原因を推論している意識は希薄だから、「広義因果関係：p → q」が知識として使われる必要はない。重要なのは根拠Pから帰結Qが導かれることである。したがって、推論には、単なる含意関係、すなわち「知識：q → p」（q → pと表記する）が用いられていると考えられる。この推論は、次のように示せる。

(36)「認識結果重視型（順行型）」

根拠P：q → p
_____
　　　　　q
帰結Q：　p

「順行型」と併記してあるのは、原因をさかのぼるのではなく、専ら、根拠Pから帰結Qが導かれたことが問題とされていることを示したものである。認識内容の表示に関心があり、その認識内容が何かの原因であるという意識、すなわち根拠と帰結との間に因果関係が成立するという意識は希薄である。

5. 二つの原因推論と原因推論表示の適否

原因推論に二種類あることを認めた上で、あらためて原因推論に関する「かもしれない」「にちがいない」のふるまいを整理すると次のようになる。

(37)「かもしれない」：「認識結果重視型」の原因推論ならば表せる。　　　　　　　　　　　　　（5.1節、5.2節）

　　　　「にちがいない」：「認識結果重視型」の原因推論も「原因探
　　　　　索型」の原因推論も表せる。　　　　　　　　　（5.3節）
　本節では、この記述の妥当性を示す事実を見ていく。「認識結果重視型」か「原因探索型」かは、文脈の影響を受け、比較的容易に変わり得る。この点についてはとくに、5.2節で触れることになる。

5.1 「かもしれない」と二つの原因推論

　「かもしれない」が「認識結果重視型」の原因推論に適するが「原因探索型」の原因推論に抵抗を示すことは、すでに例（30）（32）で見たとおりである。ここでは類例を提示しておく。
　「原因探索型」の原因推論に抵抗を示す例から、見ていこう。次例は、「のかもしれない」が（c）に示した「広義因果関係」の原因推論を表示する実例であり、いずれも「かもしれない」に置き換えると不自然である。例（38）の場合は「肘を支えてくれた」、例（39）の場合は「玉子が複雑な顔をした」という不可解な事態に接し、それを契機に原因を推論している。認識内容は「手掛かりの原因」として手掛かりを解説する側に回っているとも言える。

(38)a.　車のドアを開けてくれる時、ちょっと手を出して肘を支えてくれただけである。再婚者というのは、どうしてもああいう余裕ができてしまう<u>のかもしれない</u>。
　　　　　　　　　　　　　　　　　　[『幸福という名の不幸』（下）]

　　b.??再婚者というのは、どうしてもああいう余裕ができてしまう<u>かもしれない</u>。

　　c.　[再婚者は余裕ができる→ちょっと手を出して肘をささえるという気のきいたことができる]

(39)a.　玉子と感じが似ているので、お嬢さんですか？と聞く患者があり、玉子は複雑な顔をしていた。
　　　　自分はあれほどオカメではないと思う<u>のかもしれない</u>。
　　　　　　　　　　　　　　　　　　　[(『夕御飯食べた?』（上）]

　　b.　玉子（人名：引用者の補注）と感じが似ているので、お嬢さんですか？と聞く患者があり、玉子は複雑な顔をしていた。

         *自分はあれほどオカメではないと思うかもしれない。
    c. ［自分はオカメではないと思う→オカメのような女性と
       母娘ではないかと言われて複雑な顔をする］

これに対し、次の例（40）から（43）の（a）の「かもしれない」は、（b）に併記した「広義因果関係：p→q」の原因推論を表している。いずれの例においても認識結果について述べることが重視されているという解釈が無理なく成立する。例（40）は行動経路の是非が、例（41）は自分を支配する相手の意図を読み取ることが重要な文脈であると理解される。また例（42）は現在の自分の状態が、例（43）では料理の量の適否が問題とされていると解釈される。いずれの例においても手掛かりとなる事態を話者が知り得る以前から文脈の中に問いがある。

(40)a. 五階の扉は閉まっていた。階段を間違えたかもしれない。　　　　　　　　　　　　　　　［『オバケヤシキ』］
   b. ［のぼる階段を間違えた→開いているはずの扉が閉まっている］
(41)a. 「さあ逃がしてやる」
     「？」
     「うん、逃がしてやる。だけど、取り引きだ。ここまでどうやって逃げてきたか、教えてくれ。な、いいだろう？　それが分からないと、俺は記者会見やれないんだよ」私は黙った。私に白状させる策略かもしれない。
　　　　　　　　　　　　　　　　　　［『ジールス国脱出記』］
   b. ［白状させる策略である→取引を持ち出す］
(42)a. いい気分になってきた。少し酔っぱらったかもしれない。　　　　　　　　　　［『小説新潮／2003年11月号』］
   b. ［酔っぱらった→いい気分になる］
(43)a. こうして相当食べたはずなのに、見回すと、どのお皿にもまだ山ほど残っていて、いっこうに減っていない。これなら三十人といわず、百人はゆうに食べられたかもしれない。　　　　　　　［『住んでみたいサウジアラビア』］
   b. ［もっとたくさんの人が食べられた→料理が余る］

以上のように、「かもしれない」は「認識結果重視型」の原因推論は表せるが、「原因探索型」の原因推論に抵抗を示すと考えられる。

5.2 「認識結果重視型」原因推論の成立条件

「認識結果重視型」か「原因探索型」の原因推論かは、文脈の影響を受けて比較的容易に入れ替わる。本節では「認識結果重視型」と解釈されやすい文脈の特徴を整理し、その文脈下では「かもしれない」が原因推論を表せることを見ていく。

「認識結果重視型」と解釈されやすいのは、次のような場合である。

(44)(i) 疑問の答になる場合　　　　　　　　　　　(5.2.1 節)
　　(ii) 理由を表す接続助詞「〜から」と共起する場合
　　　　　　　　　　　　　　　　　　　　　　　(5.2.2 節)
　　(iii) 名詞述語文に後続する場合　　　　　　　　(5.2.3 節)

5.2.1 疑問の答

「原因探索型」の原因推論においては、原因を推論していることに意識が向けられているのに対し、「認識結果重視型」は、認識内容を提示することに注意が向けられている場合である。したがって、認識内容の真偽に対する問いが文脈の中にあれば、手掛かりは原因を探るべき不可解な事態ではなく、単なる根拠と理解される。つまり、「認識結果重視型」と解釈されやすい文脈となり、「かもしれない」が容認されることになる。

次に示すのは、原因推論の例である。

(45)a.　（ネズミがいるのを知って）あの家は古いかもしれない。
　　b.　［家が古い→ネズミがいる］

この原因推論において「かもしれない」の容認度が高いのは、「ネズミがいる原因は何か」よりも、「家が古いかどうか」のほうが、一般的に重要であるからだと考えられる。文脈として明示されてはいなくとも、述べられている認識内容そのものが、認識結果の重視性を示していると考えられる。

この例文の容認度は、認識内容の如何を問題にしていることを問いとして明示すれば、なお安定する。

(46) A: あの家、新しそうだけど、実は古いのかな。
　　　B: この間、ネズミを見たからね。実は古いかもしれないよ。

「かもしれない」は次例においても原因推論を表すことができる。もとの文では「のかもしれない」が使われているが、「かもしれない」に置き換えても容認可能となるのは、いずれの文においても認識内容の如何が重要であるからだと考えられる。例(47)(48)の場合は「車が故障しているのかどうか」、例(49)(50)の場合は「友達が泊まっていったかどうか」が重要な状況だという解釈が可能である。

(47) 車が故障しているのかもしれない。新しい車なのにエンジンの調子が少しおかしかった。　［『コーヒー・ブレイク11夜』］

(48) 車が故障しているかもしれない。新しい車なのにエンジンの調子が少しおかしかった。

(49) 床も見えないほど、4畳半の部屋はちらかっていた。友達が泊まっていったのかもしれない。　［『夕御飯食べた?』(上)］

(50) 床も見えないほど、4畳半の部屋はちらかっていた。友達が泊まっていったかもしれない。

疑問の答であることを明示すれば、容認度がさらに安定するのも先の例(45)の場合と同様である。

(51) A: 車、故障しているのかな。
　　　B: 故障しているかもしれない。新しい車なのにエンジンの調子が少しおかしかった。

(52) A: 友達が泊まっていったのかな。
　　　B: 床も見えないほど、4畳半の部屋はちらかっていた。泊まって行ったかもしれない。

　以上のように問いを明示すれば「認識結果重視型」の文脈に解釈が固定され、「かもしれない」の容認度が上がる。このことは「原因探索型」の解釈が優先される状況下の発話でも同様である。次例(53)は、時間をさかのぼる推論であり、因果関係が意識されやす

第8章　根拠の非明示性と推論の方向性　203

い文脈である。しかし、問いを設定すれば容認度が上がる。

(53) ?(事故が起きたことを根拠に)
　　　無理な運転をしたかもしれない。　　　［例 (2a) を再掲］
(54) A：ドライバー、無理な運転をしたと思う？
　　　B：うーん。事故が起きたのだから、無理な運転をしたか<u>もしれない</u>。

　次例も同様である。「桃子が電話に出た」という不可解な事態に接してその理由を探る場面であり、「原因探索型」と解釈されやすい。この場合「かもしれない」は不自然である。

(55) 時計の針は十一時を過ぎていたが、久野家の電話にはすぐに応答があった。ハスキーな声なので、母親だろうと思ったが、電話機の向こうにいるのは桃子本人だった。ティーンエイジャーのいる家庭では、夜の十時すぎに電話には両親が出てはいけない、という不文律ができている<u>のかもしれない</u>／??かもしれない。　　　［『レベル7』］

しかし、「電話の出方に家庭内の不文律ってあるのかな」という問いを文脈として示せば、容認度が上がると思われる。

(56) A：電話の出方に家庭内の何かルールってあるのかな。
　　　B：昨日、夜11時過ぎに電話をかけたら桃子が出た。ティーンエイジャーのいる家庭では、夜の十時すぎに電話には両親が出てはいけない、という不文律がある<u>かもしれない</u>よ。

5.2.2 根拠と帰結の関係表示

　手掛かりと認識内容との関係を「〜から」で明示した場合にも、「認識結果重視型」と解釈されやすい。根拠Ｐと帰結Ｑの論理関係が明示されると同時に、因果関係という観点から見れば「〜から」と逆行する方向性を持つことが問題とされていないことが示される*5。

　次の例 (57) は、例 (32) の一部を取り出したものである。「絞殺したときのことを思い出した」かどうかが問題となっているのではなく、「殺人のことを話題にしたら無言になった」という事実を

契機にその原因が推論されている。この場合、「かもしれない」は不自然である。

(57)　電話の向こうで靖子は無言になった。富樫を絞殺した時のことを思い出したのかもしれない。
　　　　　　　　　　　　　　　　　　　　　　［『容疑者Ｘの献身』］

(58)　??電話の向こうで靖子は無言になった。富樫を絞殺した時のことを思い出したかもしれない。

しかし、内容に大きな変更を加えなくとも、問いを設定し根拠を「〜から」で示せば、容認度は上がる。

(59)「靖子は自分が富樫を絞殺した時のこと、思い出しただろうか」
　　「そのことを話題にしたら電話の向こうで無言になったから、思い出したかもしれない。」

5.2.3　名詞に後続する場合

名詞に後続する場合にも、「認識結果重視型」と解釈されやすい。次の例文では、事故現場を見てその原因が探られており、「原因探索型」と解釈されやすい。

(60)　??（車の事故現場を見て）
　　　　　酒を飲んで運転をしたかもしれない。

しかし、内容はそれほど変えず、「酒を飲んで運転をした」を名詞（飲酒運転）に変更しただけで、容認度はかなり上がる。

(61)（車の事故現場を見て）飲酒運転かもしれない。

実際、「かもしれない」が原因推論を表す場合、名詞に後続する例が多い。次に示すのはいずれも、「かもしれない」が（b）に示した「広義因果関係」の原因推論を表している例である。

(62) a.　「平日にしてはどうも乗客が少なすぎる」と私は言って首をひねった。「ひょっとして日曜日かもしれない」
　　　　　　　　　　　　　［『世界の終りとハードボイルドワンダーランド』］
　　 b.　［日曜日だ→乗客が少ない］

(63) a.　すると、佐賀の人がニコッと笑って、あなたの左手に（あなたの眼鏡を：引用者の補注）持っていますよ、と

第8章　根拠の非明示性と推論の方向性　205

言った。私はちゃんと持っていた。私は、眼鏡ごとき小事にはこだわらない性格<u>かもしれない</u>。

[『奄美ほこらしゃ』]

  b.　［小事にはこだわらない性格→
    眼鏡を持っていることに気づかない］
(64) a.　目を凝らしてみると、それはツグミらしかった。褐色の羽根をもつ鳥と言えば、ツグミしか思い当たらない。しかし、ツグミよりいささか小さいから、ツグミに似たほかの鳥<u>かもしれない</u>。　　　［『ワーグナー紀行』］
  b.　［ツグミに似たほかの鳥→やや小さい］

　このように名詞が使われると「かもしれない」が容認されるのは、名詞述語文の持つ判断性という特質によると考えられる。次の例を見てみよう。

(65) 委員長はあの人です。

尾上（2001）によれば、名詞述語文は問いを含み、例（65）の場合、「「委員長は」という題目語を立てることによって問いを当該文自身の中に含んで」(p.87) いる。また、題目を含まない場合についても次例をあげ、同様の特徴が見られることを指摘している。

(66) あの人が委員長です。　　　　　　　　［尾上2001: 86 例］
(67) 大阪が私の生まれ故郷です。　　　　　［尾上2001: 86 例］

 「誰か委員長がいる」「『私の生まれ故郷』というものがある＝私には生まれ故郷がある」という前提を聞き手と共有している場面で（前提の内容によってはそのような共有が恒常的に成り立っていることもあるが）、且つ「それは誰か」「それはどこか」という問題設定のもとにはじめてこれらの文は存在できるのであり、これは原理的に「委員長は誰か＝誰が委員長か」などの問いが存在することに等しい。　　　［尾上2001: 86-87］

　このように、名詞述語文には、問いと答の構造が埋め込まれていると考えられる。名詞に後続する場合に「かもしれない」が原因推論の表示がしやすいのは、このためだと考えられる。名詞によって問いの存在が暗示され、認識内容はその答であるという解釈が保証される。

以上のように、「認識結果重視型」と解釈されやすい文脈下((44)の(i)から(iii))ならば、「かもしれない」は原因推論を表せる。つまり、原因推論の中でも「認識結果重視型」ならば表せると言える。

5.3 「にちがいない」と二つの原因推論
　次に「にちがいない」が推論の方向性に関してどのような特徴を示すのか(原因推論表示の適否)について見ていこう。「にちがいない」の場合、含意関係に順行する「認識結果重視型」だけではなく、「原因探索型」の推論も表すことができると考えられる。

　次例は、「にちがいない」が(b)に示した「広義因果関係」の原因推論を表している例である。これは「認識結果重視型」の原因推論であると考えられる。「普段着なのはなぜか」ということよりも、高級住宅地を歩いている「女」がどこに住んでいるのかに関心が向けられていることが、後続文から読み取れる。また、認識の手掛かりが「〜から」で表示されており、「根拠P」と「帰結Q」との間に含意関係が成立することが明示されてもいる。

(68)a.　(女は：引用者の補注)きちんと化粧をし、髪もふわふわカールさせている。ベビーカーも、中で眠っている子どもも、とても可愛かった。女は普段着だったから、近くのマンションから出てきたに違いない。自分とそう変わらない年齢のような気がするのだがどうしてこんなところ(高級住宅街：引用者の補注)に住んでいるのだろう。　　　　　　　　　　　　　　　[『下流の宴』]

　　b.　[近くのマンションから出てきた→普段着だ]

　これに対し、次例は「原因探索型」であると考えられる。「影村が不愉快かどうか」ということよりも、「むっとしたような顔」を契機に、その原因が推論されている。

(69)a.　「あなただと？」影村はむっとしたような顔でいった。先生といわずにあなたといったことが影村には不愉快に思えたにちがいない。　　　　　　　　　　[『孤高の人』]

　　b.　[不快に思えた→むっとした顔をする]

この場合、「〜から」で手掛かりを表示するには馴染まない。これは、例（69）の推論が「原因探索型」であることの傍証となる。
　(70)　??むっとしたような顔でいった<u>から</u>、先生といわずにあなたといったことが影村には不愉快に思えた<u>にちがいない</u>。

以上のように、「にちがいない」は「認識結果重視型」の原因推論も、「原因探索型」の原因推論も表すことができる。

6. 論理の飛躍

　「かもしれない」と「にちがいない」が推論の方向性に関して示す特徴（37）は、各形式の意味から説明可能である。「可能性」、「必然性」という意味は、各形式の推論過程に次のような特徴をもたらすと考えられる。
　(71)　かもしれない：根拠と帰結との間の論理の飛躍（論理的に妥当ではないこと）を表さない。　　　　　（演繹推論）
　　　　にちがいない：根拠と帰結との間の論理の飛躍（論理的に妥当ではないこと）を表す。　　　　　　　（帰納推論）

　本節では、両形式が推論過程について上記（71）の特徴を持つことについて見ていこう。この特徴を持つならば、原因推論表示の適否に関するふるまいの相違は自然に理解できる。「原因探索型」の原因推論は（35）で見たように、含意関係を逆行するという意味で論理の飛躍を含む。「かもしれない」が「原因探索型」の原因推論の表示に適さない一方で「にちがいない」が表示可能なのは、そのためだと説明されることになる。

6.1 「かもしれない」と論理の飛躍

　「かもしれない」「にちがいない」の表す「可能性」「必然性」は、推論の帰結（認識内容）の特徴であり、手掛かり（根拠）と認識内容（帰結）との関係に関する特徴ではない。推論の帰結について述べるのであるから、これらの形式も何らかの手掛かりの存在を示す。しかし手掛かりが存在すると述べるだけで、その特徴については述

べないのだと言える。

　「手掛かりの特徴について述べない」ことは、「かもしれない」の場合には自然である。なぜならば、「可能性」は非現実世界の本来的特徴だからである。たとえば、何も情報を持たなければA町の昨日の天気は「晴れ、雨、曇り……」というように、またBさんの昨夜の食事内容は「魚料理、肉料理……」というように、「可能性」の広がりとして把握される。

　むろん、「可能性」は無限の広がりを見せるのではなく、話者の知識のフィルターを通して限定された一定の範囲の「可能性」に留まる（第2章4.2節）。しかし、それでも、話者が非現実世界の範囲を限定する度合いが低いことに変わりはない。したがって手掛かり（根拠）は、話者の知識の総体であると述べれば十分であり、どのような手掛かりであるかを取り立てて述べる必要度は低い。以上のような理由から、「可能性」について述べる場合、手掛かりがどのような特徴を持つかを明示しなくとも、論理の飛躍が含意されることはないと考えられる。

6.2 「にちがいない」と論理の飛躍

　これに対し、「にちがいない」は「必然性」を表し、ひとつの非現実世界への強いコミットを表明する。本来は広がりを見せる「可能性」に、話者なりの限定をかけるのである。そうであるのに、手掛かりがどのようなものかを述べないことは、非論理性（論理的に妥当ではないこと）を際立たせる。「にちがいない」が「蓋然性」を表す理由もここに求められる。

　「にちがいない」に非論理性という特徴を認めるとき、その特徴は以下の三点から明確にされる必要がある。

(72)(i)　「にちがいない」が論理的に妥当ではない推論（論理の飛躍）を表すというとき、そこには、含意関係を逆行する推論だけではなく、手掛かり（根拠）と帰結との蓋然性の度合が乖離した推論も含まれる。

(ii)　「にちがいない」は論理の飛躍を表すのであって、手掛かり（根拠）がないことを表すのではない。

　　　　(iii)「にちがいない」の表す推論過程には論理の飛躍が認め
　　　　　　にくい例もあるが、その場合も、飛躍は存在すると考
　　　　　　えるのが妥当である。
　順に見ていこう。

(i) 蓋然性の度合の乖離
　第2章3.1節で見たように推論には演繹推論と帰納推論とがあり、その区分は次の(73)に示す二つの視点からなされる。また、この観点から見ると帰納推論は(74)の(i)(ii)いずれかの特徴を持つ。
　(73)(i)　含意関係に順行した推論かどうか。
　　　(ii)　根拠と帰結における蓋然性の度合が、乖離しているかどうか。　　　　　　　　　　　　　　　　[第2章(38)を再掲]
　(74)「帰納推論」
　　　(i)　含意関係に順行しない。
　　　(ii)　蓋然性の度合が乖離している。
　「にちがいない」は、(i)(ii)どちらの帰納推論も表示可能である。(i)は「原因探索型」の推論が表示できることを意味する。(35)を見れば明らかなように、「原因探索型」の原因推論は、含意関係を逆行する推論を表し、論理の飛躍を含むのであった。本章5.3節で見たように、「にちがいない」は「原因探索型」の原因推論を表せる。
　「にちがいない」はまた、(ii)の意味での非論理性、すなわち、根拠と帰結における蓋然性の度合が乖離し、根拠に比して強い主張を表示することもできる。このことは、次に示すように、発言に責任を持つことを求められる次のような状況下では使えない(寺村1984、三宅1993、森山1995bなど)という事実から見てとれる。
　(75)　　(診察を終えて)この薬を飲めば10日ほどで咳はとまるはずです。
　(76)　　(診察を終えて)
　　　　　??この薬を飲めば10日ほどで咳はとまるにちがいありません。

論理の飛躍を含む推論の帰結について述べることは、責任ある態度が求められる場面では、不適切である*6。「にちがいない」という形式そのものが論理の飛躍を表すことは、根拠を文脈で明示しても発言に責任を持つ態度は示されないことからわかる。次例は、二重下線部に手掛かりが明示された例である。

　(77)　??（診察を終えて）<u>この薬はこの症状によく効きますから</u>、これを飲めば10日ほどで咳はとまる<u>にちがいありません</u>。

この場合も医者の発言としては不自然さが否めない。「にちがいない」という形式自体が、論理性の欠如（根拠と帰結の乖離）を表しているのだと考えられる。

　むろん、医者であっても責任を持つことが不可能な難しい判断について述べるであれば、すなわち、論理の飛躍を含むことがやむを得ない場合であれば「にちがいない」も容認される。

　(78)　今までいろいろ検査をしましたが、この病気は肺繊維症にちがいありません。　　　　　　　　［森山1995b 例(45)］

(ii) 手掛かりの存在

　「にちがいない」が論理の飛躍を表すと言うとき、それは手掛かりの不在を意味するのではない。この点について宮崎(2002)は、「にちがいない」と「にきまっている」とを比較し、次のように述べている。「一定の根拠に基づいて推論するような文脈では、「にちがいない」を用いるのが自然」であり、逆に「とくに根拠なく、直感的な判断を述べる場合には、「にちがいない」よりも「にきまっている」を用いるほうが自然である」(p.149)。日本語記述文法研究会編(2003:159-160)にも同様の指摘がある。宮崎(2002)で示されているのは次の例である。

　(79) 彼は相当眠そうだ。昨夜、徹夜した｛にちがいない／#にきまっている｝。　　　　　　［宮崎2002:149 例(80)］
　(80) 宝くじを買ったって、どうせ当たらない｛??にちがいない／にきまっている｝。　　　［宮崎2002:150 例(81)］

例(79)の場合は一定の根拠の存在が示されるが、例(80)の場

合には、とくに根拠と呼べるようなものの存在は感じにくい。そしてこのとき「にきまっている」が選択される。

　以上のように「にちがいない」は、手掛かりの不在を意味するのではないと考えられる。

(iii) 論理の飛躍を認めにくい場合
　「にちがいない」の例には、論理の飛躍（論理的に妥当ではないという特徴）が読み取りにくい場合もある。次例の「にちがいない」は、「必然性」を表すにふさわしい手掛かりに基づいて推論した結果を表しているように思われる。二重下線部に示したように「～から」によって根拠が明示されてもいる。

(81)安田は二十日の上野発十九時十五分の《十和田》で青森に出発したと言っているから、彼はかならず二十日の午後までは東京にいたに違いない。　　　　　　　　[『点と線』]
(82)保坂さんは今でも私より五十歳年下なのだから、あのときもそのくらい年下であったにちがいない。

[『一冊の本／2001年3月号』]

　しかし、この場合にも論理の飛躍を認めておくのが妥当であると考えられる。その理由は「はずだ」との対立である。上記の例文中の「にちがいない」は「はずだ」に置き換えられる。しかし、「にちがいない」を用いた場合には、「はずだ」のような論理性は感じられない。

　また、(i)で見たように「にちがいない」を用いると発話に対する責任を表現できないことも、このように考える妥当性を裏付ける。責任ある態度が望まれる場合ならば（そしてそのような態度を示すことがもともと不可能な困難な問題について述べているのでなければ）、例(81)(82)はいずれも不適切な発話となるだろう。

　以上のように、「にちがいない」は、論理の飛躍（論理的に妥当ではないこと）を表す。この特徴は「必然性」を表すにもかかわらず、どのような手掛かりに基づく認識であるのかについては述べないことによると考えられる。

「かもしれない」は「原因探索型」の原因推論に抵抗を示すが、「にちがいない」は表せる。本節で見たようにこの事実は、「可能性」「必然性」というそれぞれの意味から説明可能である。

7. おわりに

「かもしれない」は「可能性」を表し、「にちがいない」は「必然性」を表す。これは第2章「視点2」から見た推論の特徴であり、いずれも認識内容（推論の帰結）の特徴である。したがって、「可能性」「必然性」は何らかの根拠が存在することを含意し、存在するはずの根拠について「特徴付けをしない」ことが意味を持ってくる。

「可能性」について述べる場合、手掛かりの特徴を明示しないことは不自然ではない。しかし、「必然的」な帰結について述べるとき、手掛かりがどのようなものかを示さなければ、論理の飛躍を含む推論であるという含意が生じる。

この特徴は、とくに、推論の方向性（原因推論の表示が可能か）に関するこれらの特徴を説明する上で意味を持ってくる。すなわち、「かもしれない」は、飛躍を伴う「原因探索型」の原因推論に抵抗を示し、原因推論の表示のためには「認識結果重視型」の推論であると解釈できるような、明示的／非明示的文脈を要求する。これに対し「にちがいない」の場合はどちらの原因推論も表示可能である。

---

*1 「にちがいない」が確信を表すとする先行研究においても、確言形との差異についての言及がないわけではない。たとえば、三宅（1993, 2011）は、「（「にちがいない」は：引用者の補注）命題が真であることを確信はしているが、「断定」のように現実に真であると認識しているわけではないので、結果として、不確実であることが表される」（三宅1993: 38）と述べている。

*2 杉村（2009）はこの二つの原因推論を区別しない立場である。杉村（2009: 17）では、本研究における原因推論が帰納推論、結果推論が演繹推論と呼ばれ、原因推論の中にこの二種が存在することは重要視されていない。

*3 「結果を証拠としての原因の予測」、「結果を証拠としての原因の説明」(澤田 2012: 72–76) という区分は、それぞれ「認識結果重視型」と「原因探索型」に対応するのではないかと思われる。

*4 この推論は、「らしい」の表す推論と同じ型である (第4章)。「らしい」は、形式そのものがこの推論過程を表示する。「にちがいない」はこの型の推論も表せるが、その他に「認識結果重視型」の推論も表せるし、また因果関係の結果を推論したことも表せる。

*5 第3章4.2節に関連する考察がある。

*6 「にちがいない」が不適切になる理由についての説明は、三宅 (1993) に負うところが大きい。この事実は寺村 (1984: 181) の鋭い観察によって最初に指摘されたが、そこでは事実の指摘に留まっている。また、森山 (1995: 181) では「排他的に強く主張はするが本来未知であるというぎりぎりの判断の内容が (「にちがいない」の表す認識内容が:引用者の補足)、「風邪」という簡単な診断だからである」と説明されている。

第9章
非現実世界の蓋然的特徴と主観性

1. はじめに

　認識的モダリティは、主観的な認識の表現、すなわち、発話時の話者の認識の表現であると定義される場合がある。主観性そのものをモダリティの定義概念とすると、主観とは何か、主観と客観の分岐点はどこか、という難題に突き当たる。この点を踏まえ、本研究は認識の「客体的・対象的」側面の特徴を記述するという立場から考察を進めてきた。しかしながら、認識を問題にするとき、認識主体の存在は無視できない（第1章3.1節）。

　本章では、「だろう」について、主に「かもしれない」と比較しつつ考察を行う。「だろう」の意味には認識主体の存在が深く関わる。「だろう」は過去や否定の形を持たず、常に発話時の話者の認識を表示する。このような特徴を指して金田一（1953a, b）は「だろう」を不変化助動詞と呼んだ。また、仁田（1989: 34-35）においては「「発話時における」「話し手の」といった要件を充たした心的態度」を表す「真正モダリティ」と、「この要件から外れたところを有している心的態度」を表す「疑似モダリティ」との対立が示され、「だろう」は「真正モダリティ」に位置付けられている。益岡（1991）においても同様に、「だろう」は「一次的モダリティ」形式、その他の形式は「二次的モダリティ」形式と呼ばれ、主観性の差異が記述されている（第2章2.3節）。

(1)　「真正モダリティ形式」「一次的モダリティ」形式：だろう
　　　　「疑似モダリティ形式」「二次的モダリティ」形式：
　　　　　　ようだ、らしい、かもしれない、にちがいない、はずだ

このように「だろう」は真の主観表現という特徴を有する。しかし、主観的認識の表現と見るだけで、「だろう」と他の形式との差

215

異を捉えるのは容易ではない。たとえばすべてが発話時の話者の認識を表すと考えられる例（2）と（3）を比較した場合、「だろう」の意味は、他の形式の意味の否定としてしか捉えられなくなる。

(2) 明日は晴れる<u>だろう</u>。
(3) 明日は晴れる<u>ようだ</u>／<u>らしい</u>／<u>かもしれない</u>／<u>にちがいない</u>／<u>はずだ</u>。

「だろう」を真の主観表現と呼ぶとき、それは、「だろう」の意味の本質とどのように関わるのか。また、他の形式が主観性を二次的に持つとはどういうことか。これが本章の考察課題である。

2. 談話現場における判断形成過程

「だろう」の意味記述には大きく分けて、二つの立場がある。ひとつは、「推量」を表すとする立場である。「推量」は、「想像」「間接的認識」という用語を用いて「<u>想像・思考</u>という<u>間接的な認識</u>によって導き出したこととして、命題内容が真であると判断している」（宮崎 2002: 124、下線は引用者）、「話し手の<u>想像</u>の中で命題を真であると認識する」三宅（2011: 196、下線は引用者）と概念規定される。

このように記述されるとき、推量という特徴は、他の認識的モダリティ形式にも該当するとされる場合も、「だろう」と一部の認識的モダリティ形式にのみ、該当するとされる場合もある。三宅（2011: 197）では、「だろう（でしょう）、う／よう、まい」のみが「推量（想像）」を表す形式とされ、その他の形式は「推量」から除外されている。

これに対し宮崎（2002）では、「だろう」を含めてその他の認識的モダリティ形式も「推量」を表すのだとされ、「その事柄を直接確認していないこと（<u>間接認識</u>、引用者の補注）を表す、という性質を共有している」（宮崎 2002: 142）とされる。この場合、たとえば「はずだ」であれば、間接認識の中でも十分な含意関係に基づく「間接的認識」を表示するというように、各形式がさらに詳細な意味特徴を持つことになる。

「だろう」が推量、想像、間接認識と呼べるような意味を持ち、他の形式の意味を包括するような広い概念を持つことは、「だろう」の性格を的確に捉えていると考えられる。考えるべきは、その意味の広さの実体について検討を加えることである。その際、考察の視点として重要な役割を果たすのは、「真正モダリティ」という、他の形式と鋭く対立する特徴である。この特徴は「だろう」の意味を特徴付けているのではないか。

　「だろう」の意味記述のもうひとつ立場には、「談話現場における判断形成過程」（森山1992, 2000）、「断定保留」（益岡1991, 2007、益岡・田窪1992）とする立場がある。このうち森山（1992, 2000）では「判断形成過程」という概念について、詳細な検討が加えられている。

　森山（1992）が注目したのは疑問文である。「だろう」は過去形や否定形にならないという点で、他の認識的モダリティ形式と異なるふるまいを見せるだけでなく、疑問文となることができるという点でも特異である。

　（4）　　景気は回復するだろうか。
　（5）　　*景気は回復するかもしれないか／にちがいないか／ようか／らしいか。*1

疑問化可能という特徴は、「だろう」の意味に迫る上でとくに重要である。認識を表明しつつ、同時にそれに疑問を呈するのは矛盾である。しかし「だろう」に限って疑問化が可能なのはなぜか。森山（1992）はこれを出発点に、説得力のある論を展開している。

　疑問化の可否を問題にするのであるから、まず、疑問文の特徴を捉える必要がある。疑問文は、「矛盾対立する内容が、選択すべき関係にある」（森山1992: 70）ことを表す。次に示すように、発話時の話者自身の感情が疑問の対象とならないのは、この条件を満たせないからである。

　（6）　　*（私は今）うれしいか。

話者自身の感情は通常、確実に知ることができる。つまり「うれしい」と述べる以上、これと矛盾対立する「うれしくない」という事態が成立する余地はない。したがって、「矛盾対立する内容が、選

択すべき関係にある」という疑問文の意味と相容れない。

　疑問文の意味をこのように整理すると、疑問化が可能であるのだから「だろう」は、認識内容の妥当性を表さないことになる。妥当性を表すならば、それと矛盾対立する認識とが「選択すべき関係にある」ことは表せない。上記例 (4) の場合、「回復するだろう」という認識が妥当ならば「回復しないだろう」とは選択関係になれないはずである。

　しかし、「だろう」は疑問化可能である。つまり、何らかの認識内容を提示する一方で、その認識が妥当ではない（「景気は回復しないだろう」という認識が妥当である）可能性を否定していないことになる。つまり、「だろう」は認識内容の妥当性を主張せず、「結論を出さない述べ方」をする形式であると考えられる。森山 (1992, 2000) では、この特徴が「談話現場における判断形成過程」と呼ばれている。

　本研究は、森山 (1992, 2000) の提示したこの概念を推論という枠組みの中に位置付け、「だろう」の特徴を考察していく。それは「推量」「想像」という概念を規定する試みであると言えるし、また「真性モダリティ」という特徴を、推論という枠組みの中で捉えなおす試みであるとも言える。

　ただし、本研究における「判断形成」は、非現実世界の認識が確定するという意味に限定して用いられる。森山 (1992, 2000) の言う「判断形成」はこれより広く、談話現場における情報の確定を指していると思われる。このことは、「確認要求」についての考察から見てとれる。「だろう」は、次例に示すように「確認要求」の用法を持つ。

　　(7) 君も一緒に行くだろう。　　　　　　　〔確認要求〕

「確認要求」の実現は、「談話現場における判断形成過程」という概念によれば、次のように説明される。

　　「だろう」は、談話現場で判断を形成する過程を表すのであり、判断形成であるゆえに、聞き手もその判断の成立に参画することができる。そのため、その内容に関する情報を持った聞き手が談話現場にいれば、その聞き手を判断の形成に参加させるこ

とになる。　　　　　　　　　　　　　　　　［森山2000: 65］

　この記述を、本研究なりに整理するならば、「談話現場における判断形成過程」は、「だろう」を用いて述べられた内容に関連する情報を持った聞き手が談話現場にいるかどうかによって、次の二つの意味を持つと考えられる。
　(8) 情報を持った聞き手が存在する：談話現場における情報の
　　　不確定性

　　　情報を持った聞き手が存在しない：認識内容の不確定性
本研究において推論という枠組みの中に位置付けを検討するのは、このうち、「認識内容の不確定性」という意味での「判断形成過程」である。このように限定することにより、他の認識的モダリティ形式との間に、非現実世界の認識について述べるという共通性が確保され、これらと比較する基盤が整う。「確認要求」は認識的モダリティからの意味拡張として捉えられることになる（第6節）。

3. 非現実世界の変化可能性

　認識の不確定性という意味での「判断形成過程」は、推論という枠組みの中に次のように位置付けられる。
　(9) だろう：非現実世界（推論の帰結）の変化可能性が否定さ
　　　　　　　れていない。
　むろん、「だろう」に限らず、すべての認識的モダリティの表す非現実世界は、変化する可能性は否定されていないという特徴を持つ。たとえば、
　(10) 景気は回復する<u>かもしれない</u>／<u>にちがいない</u>／<u>ようだ</u>／<u>らしい</u>。
と述べる場合にも、新たな情報、たとえば「最近閉店する店が多いことに気付いた」「自分の会社の商品が売れない」などの情報を得た場合、認識が変化しないとは言い切れない（第2章「視点6」）。
　この特徴は、現実世界が変化しない（と捉えられている）ことと鋭く対立する。「目の前にリンゴがある」という現実の認識が、「実はない」という認識へと変化する可能性を、認識時の認識者は認め

第9章　非現実世界の蓋然的特徴と主観性　　219

ていない。

　現実世界の認識がこのような特徴を持つのに対し、非現実世界は、変化可能性が否定できない世界である。ただし、非現実世界について述べるとき、常にこのことが意識され、認識内容が暫定的なものとして述べられるとは限らない。「だろう」の特徴は、必ずしも明示される必要のない「変化可能性が否定されていないこと」を明示する点にある。それは、非現実世界について述べる際、「非現実世界について述べているのだ」とあえて注釈を付けるのに等しい。

　変化という観点から見た場合、「だろう」と他の認識的モダリティ形式との相違は、以下のように整理できる。

　　(11) だろう：認識内容が変化する可能性が否定されていないことを表す。

　　　　他の認識的モダリティ形式：
　　　　　　認識内容が変化する可能性が否定されていないことを取り立てて述べず、単に認識内容を提示する。

　「だろう」の特徴をこのように理解するとき、認識の提示を放棄するのではないことには注意が必要である。「だろう」は何らかの認識を提示はするのであり、提示された認識内容が相対化される可能性を否定しないだけである。このことは、「だろうか」と比較すると明らかである。次の例文を見てみよう。

　　(12)　　あの子に重責が果たせるだろうかと心配している。
　　(13)　　*あの子に重責が果たせるだろうと心配している。

「だろうか」は、「重責が果たせるだろう」と「果たせないだろう」とが選択関係にあり、どちらかに決することができないことを表す。「果たせない」可能性と選択関係にあるからこそ「心配する」。これに対し、「だろう」を用いた場合、発話時の話者はあくまでも「果たせる」という認識を提示するのであり、したがって、「心配する」ことはない。

　以上、本節では「談話現場における判断形成過程」という概念が推論という枠組みの中に、「変化可能性が否定されていない」という特徴として位置付けられることを見てきた。これにより、他の認識的モダリティ形式と比較を行う基盤が整ったことになる。推論と

いうひとつの枠組み内における特徴把握はとくに「かもしれない」との共通性の把握に関し、資するところが大きい。次節以降で見るように、両形式は、主観性の程度については差があるが、推論の方向性（原因を推論したことを表示できるか）に関しては、よく似たふるまいを見せる。

本章では以下次の各節で、他の認識的モダリティ形式と比較つつ、「だろう」の特徴について見ていく。

(14) 主観的特徴　　　　　　　　　　　　　　　　　（第4節）
　　 推論の方向性について示す特徴　　　　　　　　（第5節）

4. 認識的モダリティ形式と主観性

本節では、「だろう」の主観的特徴と意味との関連性について考察を行い、さらに他の認識的モダリティ形式についてもそれぞれの意味と主観性との関連について考察を行う。本節の構成は以下のとおりである。

(15) (i) 「だろう」と主観性　　　　　　　　　　　　　（4.1節）
　　 (ii) すべての形式と主観性（否定形・過去形に関するふるまい）　　　　　　　　　　　　　　　　　　　　（4.2節）
　　 (iii)「かもしれない」と主観性についての補足　　（4.3節）

4.1 「だろう」と主観性

認識には「客体的・対象的」側面と、「主体的・作用的」側面とがある（第1章3.1節）。認識内容が変化する可能性（以下、「変化可能性」とする）が否定されていないという「だろう」の意味は、認識内容、すなわち認識の「客体的・対象的」側面の特徴である。

この特徴は「主体的・作用的」側面からも捉えなおすことができ、認識者や認識時が異なれば、認識内容が異なる可能性が否定されていないことを意味する。つまり「だろう」の表す認識内容には、認識時の認識者のものという限定が付けられているということになる。

逆に、認識時の認識者のものという限定付で認識内容について述べるならば、異なる認識者、異なる認識時との対比が生じ、認識内

容は相対化される。つまり、認識時や認識者の変更により、認識内容が変化する可能性は否定できず、暫定的な認識であるという意味が生じる。

このように、「変化可能性」が否定されていないという認識の「客体的・対象的」側面と、認識時の認識者の認識（に限定された）認識を表すという「主体的・作用的」側面とは、相即的である。この指摘は、「「だろう」は当該の真偽判断が表現者個人の判断であるという限定を付するところに特徴がある。言うならば、「私的な判断」であることを明示して、断定的な表現になることを避けるわけである」益岡（1991: 112）という記述と同じ方向性を持つと思われる。

このように見てくると「真正モダリティ形式」、「一次的モダリティ」という呼び名は、意味から派生した言語現象についての名付けではなく、「だろう」の意味の本質であると言える。すなわち、「変化可能性」という認識の「客体的・対象的」側面の特徴を「主体的・作用的」側面から見れば、認識時の認識者の視点から見た認識（「真正モダリティ」「一次的モダリティ」）だということになる。

4.2 認識的モダリティ形式と否定形・過去形

本節では、否定形・過去形に関するふるまいという観点から、「だろう」以外の認識的モダリティ形式も含め、主観性について考察を行う。「だろう」の意味（9）の中には、認識内容が認識時の認識者のものであることが組み込まれている。これに対し、「だろう」以外の認識的モダリティ形式の場合、その「客体的・対象的」側面の特徴に応じて、認識時の認識者の認識を表示する制約を受ける程度、すなわち「主体的、作用的」側面を意味の中に取り込む程度が異なることになる。

4.2.1 否定形・過去形と主観性の三段階

次の表（16）は、認識的モダリティ形式が否定形、過去形になることができるかを示したものである。日本語記述文法研究会編（2003: 138）の表から、本研究が考察対象とする形式だけを残し、

扱われていなかった「（し）そうだ」を新たに加え、疑問化の可否に関するふるまいを除いて整理をした。

（16）認識的モダリティ形式と否定形・過去形（その1）

	否定形・過去形になる	否定形にならないが、過去形になる	否定形・過去形にならない
認識的モダリティ形式	はずだ （し）そうだ	かもしれない※ にちがいない※ ようだ らしい※	だろう

※過去形は話しことばではほとんど用いられない。

　否定形、過去形の可否は、発話時の話者の認識を表すという制約を受ける程度の反映である。自ら認識を提示し、同時に否定するのは矛盾であるから、発話時の話者の認識（主観性）を表すならば、否定形にはならないはずである。また過去形になることは、当該形式が、発話時を離れた認識を表示できることを意味する。

　否定形、過去形の可否を考察するにあたり、（16）の表に若干の修正を加えておく。表中では「ようだ」の否定形は不可能だとされているが、次例に示すように決して否定形にできないわけではない。

（17）目だけが露出している。つい五間ほど先の位置だ。ひとの影は大股に、速足でまっすぐこちらに向かってくる。銃を持っている<u>ようではない</u>。刀も抜いていない。武装していない？　　　　　　　　　　　　　　　　　　　『北辰群盗録』

（18）フイオノ・セニオは誰よりも厳しい表情をしていた。彼は交渉上のはったりで、ものを言っている<u>ようではない</u>。もし私がナファヌアの称号をここで辞退すると、彼は以前に伐採作業を即座に停止させたように、署名式典も即刻中止させるであろう。　　　　　『ナファヌア　熱帯雨林を救う森の守護神』

（19）昭子は工場の中の機械や部品類に圧倒されたり、これをおそれたりしている様子はなかった。機械油や工具を嫌悪している<u>ようではない</u>。この年頃の女には珍しいのではないかと多門は思った。自動車工の女房になっても、なんとか

第9章　非現実世界の蓋然的特徴と主観性　　223

うまくやってくれるのではないかという気がした。

[『疾駆する夢』]

　このように「ようだ」を否定形にできないわけではない。ただし、「ようではない」の使用頻度が他の形式の否定形に比べて低い可能性はあり、この点については、今後の課題として残される。ここで言えることは、少なくとも上記の例文の存在は、「ようだ」の否定形が不可能ではないことが示しているということである。

　「ようだ」の否定形が可能であるとすると、「ようだ」は「はずだ」「(し)そうだ」と一群を成すことになり(16)の表には、右にいくほど主観性の度合が強くなる次の傾向が指摘されていることになる。

　(20) ようだ、はずだ、(し) そうだ
　　　　＜かもしれない、にちがいない、らしい　＜だろう

　この記述は、今井(1992)の観察結果とも重なる。今井(1992)は明治以降の小説59冊について、過去形、否定形の出現率、名詞節、従属節における出現率などを調査し、上記(20)のうち、「はずだ」を除く主観性の程度差を記述した*2。(20)では同列に扱われている「かもしれない、にちがいない、らしい」の間に主観性の程度差が認められ、より詳細な記述となっているが、その点を除けば(20)に示されている程度差は、今井(1992)に共通する。

　(20)に示した三つの程度差を、主観性の度合の低いほうから「段階1」「段階2」「段階3」と呼ぶことにする。「段階1」から「段階3」に向けて、主観性の度合が高くなる。否定形、過去形の可否という観点から見るならば、「段階1」は否定形にも過去形にもなり、「段階2」は否定形にはならないが、主に小説の地の文では過去形で使われ、「段階3」は否定形にも過去形にもならない。表に整理しなおすと次のようになる。

(21) 認識的モダリティ形式と否定形・過去形（その2）

	段階1	段階2	段階3
	否定形・過去形になる	否定形にならないが、主に小説の地の文で過去形になる	否定形・過去形にならない
認識的モダリティ形式	はずだ （し）そうだ ようだ	かもしれない にちがいない らしい	だろう

　以下、ここに示された主観性の差異と、意味との関連について考察していく。

4.2.2 「段階1」・「段階2」

　本節ではまず「段階1」と「段階2」との差異について考察を行う。この二つの段階の相違は、推論の結果についての次の二つの述べ方（第1章5.3節、第4章5.3節）の可否に対応している。

(22) (i) 手掛かり（根拠）から、認識内容（帰結）が得られたと述べる。

　　 (ii) 認識内容（帰結）に至る手掛かり（根拠）が存在すると述べる。

「段階1」の形式も「段階2」の形式も(i)の述べ方はできる。しかし、(ii)の述べ方ができるかどうかについては、次に示す差異がある。

(23) (ii) の述べ方の可否

　　「段階1 ((し)そうだ、ようだ、はずだ)」：可能

　　「段階2 (かもしれない、にちがいない、らしい)」：不可能

(i)と(ii)とでは、述べられる内容の属する世界が異なる。認識内容について述べる((i))ということは、現実世界と関連付けつつも、非現実世界について述べることであるのに対し、手掛かりについて述べる((ii))とは、非現実世界と関連付けつつも、現実世界について述べることである。このうち手掛かり（現実世界）に関して述べるのであれば、他の現実の事態について述べる場合と同

様に、過去時の事柄であると述べることも、また、現実世界に存在しないと否定することも可能である。「段階1」の形式が、否定形、過去形になれるのは、このためだと考えられる。

　手掛かりの特徴を表す形式は「らしい」を除き (ii) の述べ方が可能である。「段階2」の形式のうち、「(し)そうだ、ようだ」は、〈現実の描写〉が可能である。次の例 (24) の場合「食べたい様子 (食べたいという認識に至る手掛かり)」の存在、例 (25) の場合主として「太郎の風貌 (太郎君だという認識に至る手掛かり)」の存在について述べていると思われる (第4章5.3節、第6章3.3節)。

　(24) 太郎君、食べた<u>そうにしている</u>けど、いらないのかな。
　(25) あれ誰だろう。太郎君の<u>ように見える</u>けど違うね。

　同じく「段階2」の「はずだ」は、次の例 (26) のように認識内容と現実との間に食い違いがあり、その両方を正しいと認識しているときに使うことができる (第7章3.2節)。認識内容について述べる側面は消えてはいないものの、食い違いのない例 (27) と比較すると手掛かりの存在について述べる側面が強く出る。

　(26) 電話で：太郎はまだそっちに着いていないの？　もうとっくに着いている<u>はず</u>なのに。
　(27) これだけ勉強しているのだから、合格する<u>はずだ</u>。

　例 (26) の「はずだ」の場合、「着いている」と主張することよりも「着いている」と言える根拠の存在について述べる意味 ((ii)) が強くなる。

4.2.3　「段階2」・「段階3」

　「段階2」と「段階3」の形式は、「段階1」とは異なり、推論の帰結 (認識内容) の特徴について述べる述べ方 ((22) の (i) の述べ方) しかできない。認識内容は、認識者によって構築された世界である。非現実世界の存在を認めると同時にそれを否定することは矛盾であるから、「段階2」と「段階3」の形式は、どちらも否定形にならない。

　しかし、過去形についてはふるまいが異なる。「段階2」の「かもしれない、にちがいない、らしい」は過去形になり得るが、「段

階3」の「だろう」はならない。このような相違が生じるのは、「主体的・作用的」側面から見た意味の相違によると考えられる。

「だろう」の意味を「主体的・作用的」側面から見れば、認識時の認識者という限定付きの認識であることを表す(4.1節)。これに対し、「かもしれない」「にちがいない」「らしい」の場合、「だろう」のような限定はない。したがって、「段階2」と「段階3」の間には、次に示す差異がある。

(28) 認識時の認識者の認識であること

「段階2（かもしれない、にちがいない、らしい）」：
明示しない。

「段階3（だろう）」：明示する。

むろん認識内容という内的な事柄について述べられるのは、基本的に認識時の認識者である。したがって、「段階2」の形式でも、発話時の発話者が述べられるのは、通常、自らの認識である。しかし、「段階2」の形式の場合、視点を認識時の認識者に移動できるのならば、そこに視座を置いて述べることはできる。それが自然に許容されるのは小説の地の文である。

小説の地の文は特異な言語世界である。話者（語り手）は自由に他者の内面に入り込むことが可能であり、話者（語り手）と他者（作中人物）との人称対立は曖昧になる。次例において語り手は、「彼」と「周二」の認識内容について述べている。会話文では、このように他者の認識内容について述べることは許されない。

(29) 母は答えなかった。そのことが彼は気がかりだった。昏睡のうちに、何か変なことを口走った<u>かも知れなかった</u>。しかしそれを母に問うことがこわかった。　　［『青春の蹉跌』］

(30) 両手に風呂敷包みをさげた頭でっかちの黒い影、それはあきらかに、そのときまでなお病院に泊まりこんでいた野呂瀬の後ろ姿<u>にちがいなかった</u>。周二は声をかけようとした。

［『楡家の人々』］

小説の地の文ではまた、過去形が「〈過去というダイクティックな現実的時間〉を表さず、〈非現実的時間＝叙事詩的時間〉として機能する」（工藤真由美 1995: 21）。それに伴い、作中人物の認識

第9章　非現実世界の蓋然的特徴と主観性　227

内容も、上記例文が示すように、しばしば過去形で表現される。小説の地の文において語り手は、自由に作中人物（認識時の認識者）の視点に立つことができ、「かもしれない」「にちがいない」「らしい」は自然に過去形になると言うことができる。

　しかし、「だろう」はそうではない。これは、小説の地の文であっても過去形は「作中人物の意識の対象化」という意味を持つからだと考えられる。小説の地の文において、認識内容は過去形でしか表現できないわけではない。「意識の直接的再現である〈内的独白〉であれば、非過去形を使用しなければならない。が、非過去形にかえて、あえて、過去形を使用するとなれば、作中人物の意識の〈対象化〉」（工藤真由美1995: 194）が起こる。

　このことは、先の例（29）（30）の過去形を、非過去形に変えてみれば、「彼」や「周二」の内的独白と理解されることによって確かめられる。

　（31）母は答えなかった。そのことが彼は気がかりだった。昏睡のうちに、何か変なことを口走ったかも知れない。しかしそれを母に問うことがこわかった。
　（32）両手に風呂敷包みをさげた頭でっかちの黒い影、それはあきらかに、そのときまでなお病院に泊まりこんでいた野呂瀬の後ろ姿にちがいない。周二は声をかけようとした。

　以上のように、小説の地の文における認識的モダリティの過去形は、「発話時の話者（＝語り手）」が「認識時の認識者（＝作中人物）」から、やや距離を置いていることを表す機能を持つ。「かもしれない」など「段階2」の形式の場合、その距離は問題にならない。これらの形式の表す認識内容は、認識時の認識者の視点からならば述べられるからである。

　しかし「だろう」は、認識時の認識者のものであるという限定付きの認識内容を表すのであり、それについて知ることができ、述べられることができるのは、認識時の認識者のみである。つまり、「発話時の発話者」と「認識時の認識者」は同一でなければならないのであって、「発話時の話者」が「認識時の認識者」の視点に立つことは許されない。これが小説の地の文においても「だろう」が過去

形にならない理由だと考えられる。

　以上のように、認識的モダリティ形式は「客体的・対象的」意味に応じた形で、発話時の話者の認識を表すという制約を受けると考えられる。

4.3　「かもしれない」と客観性／一般性
　「かもしれない」は、同じ認識を他の人も持っている確率が高いという意味で客観性を表すと言われることがある。この客観性は、前節で見た意味での客観性、すなわち発話時の話者以外の認識を表せるという意味での客観性とは異なる。たとえば、次のように言う場合、
　(33)明日は晴れるかもしれない。
この文は発話時の話者の認識を表しており、この意味で主観的である。しかし、他の人も同じ認識を持っている確率が高いことを客観的と呼ぶならば、その意味で客観的と言うこともできる。
　二つの客観性は相互に関連するであろうが、本節では、客観性を他の人も同じ認識を持っている確率の高さという後者の意味に限定し、「かもしれない」が客観性を持つかについて考察を行う。この客観性を、前節で考察を行った客観性と区別するために、客観性／一般性と表記することにする。
　(34)客観性／一般性：他の人も同じ認識を共有していること
　　　　客観性：発話時の話者の認識を表すという制約を受ける程
　　　　　　　　度の低さ
　英語法助動詞に客観性／一般性を持つものがあることは、Lyons (1977: 797-798) によって指摘されている。次例を見てみよう。
　(35) Alfred may be unmarried.
　　　　　　　　　　　　（アルフレッドは未婚の可能性がある）
この文は、二つの解釈が可能であるとされる。ひとつは、話者が何らかの理由に基づいて「未婚である」可能性を推測する場合である。もうひとつは、アルフレッドを含む90人のうち、30人が未婚であることがわかっているような場合で、このときアルフレッドが未婚

である可能性は、話者なりの捉え方ではなく、論理上の客観的なもの、つまり、他の人も共有している確率の高いものとなる。

　「かもしれない」を前者の意味で用いることは可能だが、後者の意味で用いることが可能かどうか、容認度判定は困難である。しかし、次例ならば「かもしれない」の使用に問題はなく、そこに、他の人も同じ認識を持っている確率の高さという意味での客観性／一般性という特徴を認めてもよさそうに思われる。

(36)　　　一般に宝くじというものは当たるものですか。
　　　a.　—宝くじというものは当たる<u>カモシレナイ</u>し、当たらない<u>カモシレナイ</u>ものだ。
　　　b. *—宝くじというものは当たらない<u>ニチガイナイ</u>ものだ。

〔杉村 2009 第2章例 (11)〕

　この文脈では、「当たる」と「当たらない」とですべての可能性が尽くされている。したがって、どちらの可能性もあると述べることは、誰もが同じ認識に至るような客観的／一般的な把握であると言うことができる。この例文について、杉村（2009: 45、下線は引用者）では、「発話時点において推論的判断を下したものではなく、<u>一般的真理として複数事態の成立可能性が同時に存在することを述べているにすぎない</u>」と指摘されている。黒滝（2005: 191）にも同様の記述があり、「カモシレナイ」は「発話時点での推論によって導き出されたものではなく、一般的事実として既に話しての脳裏に構築され知識として備わっている場合にも許容される」と述べられている。

　しかし、この例文における「かもしれない」についても認識時の認識者独自の捉え方という側面すなわち、主観的側面は消えていないと考えられる。つまり、「当たる」「当たらない」どちらの可能性もある（わからない）と表明する点に話者の独自性があると見ることができる。

　このことは、上記例文だけを見ていると判然としないが、「可能性がある」と比較すると捉えやすい。この点について、日本語記述文法研究会編（2003: 155、下線は引用者）では、次のように述べられている。「「可能性がある」や「おそれがある」も、可能性を表

す表現であるが、「かもしれない」が話し手の個人的な判断を表すのに対して、これらは、現実に即した客観的な可能性の存在を述べる表現である」。

　さかのぼって、森山（2002）にも同様の指摘がある。「かもしれない」と「可能性がある」との比較がなされ、「かもしれない」に「話し手のとらえ方」（p.24）という側面が残るとされて次の例があげられている。

(37) 同報道官はさらに「核物質が完全にIAEAに申告されなかった可能性がある」などと、北朝鮮が核施設、核物質を隠している疑いを改めて指摘し、この疑念を解くことが「絶対に必要だ」と強調。

［森山2002 例（30）、もとの例文は朝日新聞1993/03/13］

(38) たとえば偏見、強権、国境、人種差別、戦争、悪意などが国籍を持たないアトムの憎むべき敵だった。それは、悪いおとなに善い子どもが立ち向かう姿だったかもしれない。

［森山2002 例（31）、もとの例文は朝日新聞1989/02/10］

　例（37）は、「「核物質が完全にIAEAに申告されなかったかもしれない」とすると、全く個人の考え方の提示という意味になるように思われる」。これに対し例（38）の文脈で「「可能性がある」「ことがあり得る」などの形式を使うと、意味はわかるにせよ、表現としては大きな違和感がある」。なぜならこの文脈は「事実についてのコメントではなく、話し手のいわば個人的な思いや意見を表すにすぎ」（森山2002: 24）ない場合であり、これらの形式の意味が述べられている内容にあわないからである。

　「かもしれない」が「可能性」を表すと言う場合、それは話者の知識によって、一定の範囲に限定された「可能性」である（第2章4.1節）。例（36）のようにすべての可能性を列挙する場合にも、すべての可能性の存在を認めるという点で話者独自の捉え方が示されており、「客観性／一般性」を表すとは言い切れないと考えるのが妥当であろう。

　以上、本節（第4節）では「だろう」を中心に他の認識的モダリ

ティ形式も含め、主観的特徴について考察を行った。

5.「だろう」と推論の方向性

「だろう」と「かもしれない」は、推論の方向性に関してよく似たふるまいを見せる。両形式は共に「認識結果重視型」の原因推論は表せるが、「原因探索型」の原因推論の表示には抵抗を示す。「かもしれない」のこの特徴については、前章（第8章第5節）で見たとおりである。本節では「だろう」について記述し、その理由について考察を行う。

5.1 「だろう」と「原因探索型」の原因推論

原因推論には「認識結果重視型」と「原因探索型」とがある（第8章4.2節）。それぞれの定義を再掲する。

(39)認識結果重視型：非現実世界の認識について述べることに焦点が当てられる場合

原因探索型：原因について述べることに焦点が当てられる場合　　　　　　　　　　　　［第8章（34）を再掲］

「だろう」はこのうち、「認識結果重視型」の原因推論ならば表せる。次の例を見てみよう。それぞれ（b）に示された「広義因果関係」に基づく原因推論を表しているが、いずれも「認識結果重視型」である。

(40) a. （クマ牧場の運動場の隅にできた雪山を登って塀を乗り越え、クマが脱走した事件をめぐって、雪氷工学の専門家は：引用者の補注）雪山の高さから、「一度でなく、断続的な吹雪で徐々に形成されただろう」とみている。

［読売オンライン 2012/4/9］

b. ［雪山は一度でなく、断続的な吹雪で徐々に形成された→かなりの高さになった］

(41) a. 空港を出発しても、平壌市内への沿道に花を手にした人波が続き、驚いた。60万人も出たというから、動員があっただろう。

［幸松2007 例（24）、もとの例文は毎日新聞2000/8/4］
　　b.　［動員があった→60万人の人出になった］
　例（40）は「どのように雪山が形成されたのか」、例（41）は「動員があったか」が問題とされている文脈であり、例（41）の場合には、「～から」で根拠が明示されてもいる。これは「認識結果重視型」と解釈可能な文脈である（第8章5.2節）。
　これに対し、「だろう」は「原因探索型」の原因推論表示には馴染まない。次例を見てみよう。「即席で誰かに教わったかどうか」ということは、「ぎこちない」動作を見てはじめて生じた疑問であって、その疑問そのものが動作を見る以前からあったのではない。
　(42)　「こいつを見せてやろう」間宮はパソコンのマウスを動
　　　　かした。だが手つきがぎこちない。たぶん誰かに即席
　　　　で教わったのだろう。「これだ」　　　［『容疑者Ｘの献身』］
　(43) a. ??（例（42）と同じ文脈で）たぶん誰かに即席で教わった
　　　　だろう。
　　　b.　［即席で教わった→マウスを動かす手がぎこちない］
　「だろう」が「原因探索型」の原因推論に抵抗を示すことは、「だろう」が容認され難い例（43）においても、「認識結果重視型」の原因推論であると解釈されやすい文脈を示せば、容認度が上がることからわかる。次例では、「即席で教わったかどうか」が問題であることが文脈に示されており（Ａの発話がそれを示している）、「～から」節で根拠が提示され、かつ、名詞に後続している。これは第8章5.2節で見たように「認識結果重視型」と捉えられやすい文脈である。この場合、例（43）とは異なり、「だろう」は容認可能だと思われる。
　(44) A：　どのぐらいかけて練習したのかな。
　　　B：　手つきがぎこちないから、たぶん即席だろう。
　以上のように、「だろう」と「かもしれない」は推論の方向性に関し、よく似たふるまいを見せる。すなわち、「原因探索型」の原因推論に抵抗を示す。

5.2 「だろう」と論理の飛躍

　「だろう」が「かもしれない」と同様に「原因探索型」の原因推論に抵抗を示すのは、両者の意味に共通点があるからだと考えられる。

　「だろう」は「かもしれない」「にちがいない」と同じく、認識内容の特徴について述べる形式であり、認識の手掛かりと認識内容との関係の特徴については述べない。したがって、文脈で特定されていない限り、認識の手掛かりは認識時の認識者の知識の総体であると解釈される。

　(45) そのうちいいこともある<u>かもしれない</u>／<u>だろう</u>／<u>にちがいない</u>。

　しかし、「だろう、かもしれない」と「にちがいない」との間には、推論過程について次のような相違がある。この特徴が推論の方向性に関するふるまいを決定付ける。

　(46) かもしれない、だろう：根拠と帰結との間の論理の飛躍
　　　　　　（論理的に妥当ではないこと）を表さない。（演繹推論）
　　　　にちがいない：根拠と帰結との間の論理の飛躍（論理的に
　　　　　　妥当ではないこと）を表す。　　　　　　（帰納推論）

　論理の飛躍を表さなければ「原因探索型」の原因推論に抵抗を示すことは、第8章第6節で見たとおりである。「原因探索型」の原因推論は、因果関係をさかのぼる推論であり、そこには含意関係を逆行するという形で論理の飛躍が見られる。

　また、これらの三つの形式のうち「かもしれない」と「にちがいない」が(46)に示したような特徴を持つことについても、すでに第8章で考察を終えている。「かもしれない」は「可能性」を表す。「可能性」を表すならば、非現実世界を限定して特徴付ける度合いは低く、強い主張を持たない。したがって、たとえば明日の天気が「晴れ、曇り、雨……」である可能性があると述べるならば、認識時の認識者の持つ知識（たとえば、天気には、晴れ、曇り、雨……があるという知識）に基づいて述べているとすれば十分である。論理の飛躍は含意されない。（第8章6.1節）。これに対し、「にちがいない」は「必然性」を表す。ひとつの非現実世界を提示してい

るにもかかわらず、手掛かりの特徴について述べないことは、非論理性を際立たせる（第8章6.2節）。

　一方、「だろう」の場合は、推論の結果ただひとつの帰結が導かれたことを表すという点では、たしかに「にちがいない」と同じ特徴を持つ。次例に示すように、「だろう」も「にちがいない」と同じく矛盾対立する帰結が同時に導かれたことは表せない。

(47)　　来るかもしれないし、来ないかもしれない。
(48)　　*来るだろうし、来ないだろう。
(49)　　*来るにちがいないし、来ないにちがいない。

　しかし、「だろう」の場合は、認識内容に「変化可能性」があることを表し、認識時の認識者からの見え方であるという限定が付けられている。「にちがいない」のようにひとつの認識世界の存在を主張するわけではない。したがって、手掛かりの特徴を明示しなくとも、手掛かりは話者の知識の総体と理解されるのが自然であり、論理の飛躍は含意されない。「原因探索型」の原因推論の表示には適さないのはこのためだと考えられる。

6.「だろう」の主観性と多義性

　本節では、「だろう」の多義的意味の広がりについて考察を行う。認識的モダリティとして非現実世界の「変化可能性」を表すことは、「確認要求」の用法へ意味拡張していく際の十分な動機付けとなる。

6.1　認識と情報領域

　多くの論考で指摘されているように、「確認要求」は、聞き手が当然知っていると思われる事柄について述べるときに生じる意味である。知らないことについて、確認を要求することは不可能であるから、これは当然のことと言ってもよいかもしれない。聞き手に向かって「これはあなたが知っていることである」と述べれば、結果として当該の情報の有無や妥当性について、確認を要求することになる。

　具体例を見てみよう。次の例文において述べられているのは、聞

き手の感情である。聞き手が直接知ることができる内容であり、聞き手が知っていること（現実）であるとみなされる。

(50)（君は今）痛いだろう。

聞き手にとっての現実（と話者がみなす情報）には、聞き手が推論によって知ることができると見込まれる内容も含まれる。次はその例である。

(51)（私が）痛いだろう。叩くのをやめろよ。

この場合、聞き手は痛みを与えた者としてその痛さを推論できるとみなされる。「だろう」が使えるのはこのためである。したがって、聞き手が痛さを推論できることを示す「叩いた」という状況を取り去ると、「だろう」は容認されない（宮崎1993）。

(52)　＊君はこの靴がいいと言ったけど、履いてみると、（私が）痛いだろう。　　　　　　　　　［宮崎1993 例(31)］＊3

以上のように、「確認要求」は、聞き手が確言／断言可能であろうと見込まれる事態、すなわち聞き手にとっての認識上の現実について述べる場合に生じる意味である。

「聞き手」の存在抜きに考えることのできない「確認要求」について考察するには、談話における情報という視点が欠かせない。話者にとっての認識上の現実（確言／断言できる事態）を「話者の領域内の情報」、非現実（蓋然的事態）を「話者の領域外の情報」と呼ぶことにする。同様に聞き手にとっての認識上の現実（だと話者がみなす情報）を「聞き手の領域内」の情報、非現実（だと話者がみなす情報）を「聞き手の領域外」の情報と呼ぶことにする。

「確認要求」が「聞き手にとっての認識上の現実」について述べる場合に生じる意味だということを、情報という用語を用いて言い換えるならば、「聞き手の領域内の情報」について述べる場合に生じる意味だということになる＊4。

認識と情報との関係をこのように捉えると両者は完全に並行的であるかのように見える。つまり、現実を領域内、非現実を領域外と言い換えたにすぎない。しかし両者の関係はこのように単純なものではない。

それは、認識と情報では所有の在り方が異なるからである。非現

実世界の認識は認識者がそう認識している限りにおいて存在し、当該の認識の所有者は認識者である。これに対し、情報は話者と聞き手との間で共有可能である。同じ情報を話者と聞き手それぞれが別々に所有しているという捉え方もできる。

　したがって、情報の所有のあり方は認識の所有のあり方とは異なり、やや込み入った様相を呈することになる。「確認要求」は「聞き手の領域内の情報」について述べる場合に生じる意味である。「聞き手の領域内の情報」は、話者が同じ情報を共有していなければ、単に「話者の領域外の情報」である。

　しかし、話者と聞き手とが情報を共有し、同じ情報が二つあるという見方をした場合には、「聞き手の領域内の情報」と同じ情報が「話者の領域内」にもあることになる。この二つの情報のうち、「聞き手の領域内の情報」は話者から見れば「話者の領域外の情報」であるが、もうひとつの情報は「話者の領域内」にある。つまり、「話者の領域外（聞き手の領域内）」にある情報が、同時に「話者の領域内」にもある場合があり得る。

　情報の所有のあり方を以上のように整理した上で、次節では多義的意味間の関係について考察を進める。

6.2　多義性と意味拡張の動機

　「認識的モダリティ」と「確認要求」は、各々独立した意味である。両者の間には関連性が見出せる一方で、どちらかの意味に還元できない相違がある。「認識的モダリティ」と「確認要求」を含め、「だろう」は、次の三つの意味を持つと考えられる。

(53) 意味1　（認識的モダリティ）：
　　　　　〈話者にとっての非現実世界〉〈変化可能性〉
　　意味2　（確認要求）：〈聞き手領域内の情報〉
　　意味3　（包括的意味）：〈推論の帰結〉〈変化可能性〉

「意味1」は認識的モダリティである。本章で考察を行ったとおり、この場合の「だろう」は〈非現実世界の認識〉〈変化可能性〉という意味を持つ。「意味2」は「確認要求」である。前節で見たように、〈聞き手の領域内の情報〉を表す。「意味3」は、ここでは

「包括的意味」と呼ぶに留め、本節で後ほど考察を行う。

結論を先取りすれば、「意味1」から「意味3」は、相互に関連する次のような構造を持つと考えられる*5。

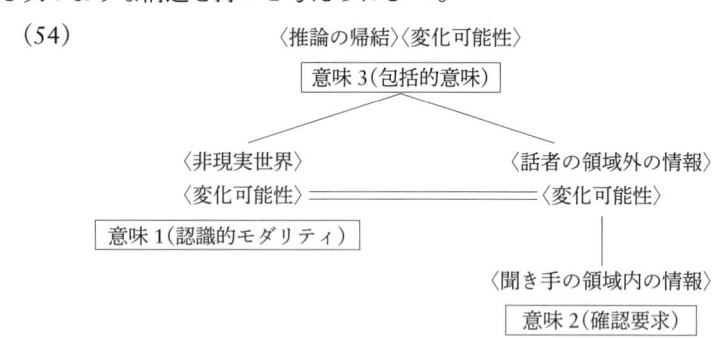

(54)

〈推論の帰結〉〈変化可能性〉
意味3(包括的意味)

〈非現実世界〉　　　　　〈話者の領域外の情報〉
〈変化可能性〉＝＝＝＝＝＝＝〈変化可能性〉

意味1(認識的モダリティ)

〈聞き手の領域内の情報〉

意味2(確認要求)

　この図は、Langacker（1987）のネットワーク・モデルを援用したものであり、多義語の確立した意味が相互に関連性を持つものとして捉えられている。図中の実線は「スキーマ関係」であり、一般化と詳細化の関係である。二重線は「拡張関係」であり、意味的な不一致を含みつつ広がる関係である。

　このモデルに示されているこれらの関係は、籾山（2000: 179-180）において、レトリックの観点から整理され、「スキーマ関係」はシネクドキーの関係、「拡張関係」はメタファーの関係であると指摘されている。すなわち、「意味1」と「意味2」は類似の関係にあるが、「意味3」は、「意味1」と「意味2」を一般化したものということになる。(53)で「包括的意味」としたのはその名付けである。

　三つの意味間の関連性について、次に示す順に考察を進める。
(55) (i)「認識的モダリティ（意味1）」と「確認要求（意味2）」
　　 (ii)「包括的意味（意味3）」と
　　　　「認識的モダリティ（意味1）」「確認要求（意味2）」

(i)「認識的モダリティ」と「確認要求」
　「意味1」と、「意味2」の共通点として最初にあげられるのは、〈推論の帰結〉という特徴である。まずこの点について見ていこう。
　「意味1」は、〈話者の認識上の非現実〉を表す。これは情報とい

う観点から見れば、〈話者の領域外の情報〉である。認識上の〈非現実世界〉は〈推論の帰結〉であるし、〈話者の領域外の情報〉は〈推論の帰結〉として述べられる。両者は、〈推論の帰結〉を共通点とし、類似関係にあると言える。

〈話者の領域外の情報〉は、聞き手の領域との関係から（A）（B）（C）に分けられ、それが、「確認要求」そのものの実現と、その下位カテゴリーの実現とに関わる。具体例を併記し、以下に整理しておく。

(56)〈話者の認識上の非現実〉——（例）明日は晴れるだろう。
　　〈話者の領域外の情報〉┬〈聞き手の領域外の情報〉（A）
　　　　　　　　　　　　　│　（例）明日は晴れる<u>だろう</u>。
　　　　　　　　　　　　　│
　　　　　　　　　　　　　└〈聞き手の領域内の情報〉
　　　　　　　　　　　　　　├〈話者の領域内にはない情報〉（B）
　　　　　　　　　　　　　　│　（例）（君は）うれしい<u>だろう</u>。
　　　　　　　　　　　　　　└〈話者の領域内にもある情報〉（C）
　　　　　　　　　　　　　　　　（例）ほら、ここに本がある<u>だろう</u>。

〈話者の領域外の情報〉は、聞き手の情報との関係の中で、まず、聞き手もよく知らない、あるいは知っているかどうかわからない〈聞き手の領域外の情報〉（聞き手にとっての非現実）（A）と、〈聞き手領域内の情報〉（聞き手にとっての現実）とに分けられ、後者は、さらに（B）（C）の二つに分けられる。

「〈話者の領域外の情報〉〈聞き手の領域外の情報〉」（A）は、話者と聞き手、双方にとっての非現実である。この用法は認識的モダリティとの区別はなく、「意味1」に還元される。つまり、「確認要求」という認識的モダリティとは異なる意味として確立しているのは、（B）（C）のみ、すなわち〈話者の領域外の情報〉〈聞き手の領域内の情報〉である。つまり、〈話者の領域外の情報〉の一部が「確認要求」として実現するのであり、〈話者の領域外の情報〉（A）（B）（C）と〈聞き手の領域内の情報〉（B）（C）とは一般と特殊の

関係、すなわち、シネクドキーの関係にあると言える。

〈聞き手の領域内の情報〉について述べる場合は、「〈話者の領域外の情報〉〈聞き手の領域外の情報〉」（A）について述べる場合とは異なり、一方的な述べ立ては不自然である。このとき、〈変化可能性〉が重要な役割を果たすと考えられる。聞き手が持つ情報によって話者が提示した情報が変化する可能性を示すことになり、一方的な述べ立ては回避できる。

「だろう」以外の形式が「確認要求」を表さないことは、この傍証となる。他の認識的モダリティ形式も、認識上の〈推論の帰結〉を表す以上、情報領域として〈聞き手の領域内〉に情報があると述べる動機は持つと考えられる。しかし、〈変化可能性〉を表さないため、聞き手の領域内に情報が存在すること（聞き手にとっての現実）について述べられないのだと考えられる*6。

（B）（C）は、それぞれ「命題確認の要求」「知識確認の要求」（三宅 2011: 211–215）に対応する。それぞれ「伺い型の確認」「押し付け型の確認」と呼ばれることもある（森山 1992: 80）。

（B）は、「命題が真であることの確認を要求」（三宅 2011: 211–212）するものである。(56) に例として示した「（君は）うれしいだろう」はこの場合であり、話し手と聞き手は情報を共有していない。「（君は）うれしい」という情報は話者の領域内にはないが、聞き手の領域内には存在する（と想定されている）。

（C）は「命題が真であることは話し手にとって確実なのであるが、その命題内容を聞き手が知っているかどうかが、話し手にとって不確実」であり、「当該の知識を聞き手が有していることの確認を要求するものである」（三宅 2011: 211–212）。(56) に例として示した「ほら、ここに本があるだろう」はこの場合である。話し手と聞き手は情報を共有している。同じ情報が〈話者の領域内〉にも〈聞き手の領域内〉にもあり、同じ情報が複数あると捉えられている場合であり、このうち、〈聞き手の領域内〉にある情報は〈話者の領域外の情報〉とみなされる。

以上のように、「認識的モダリティ」と「確認要求」とは、〈推論の帰結〉〈変化可能性〉を共通点、〈推論の帰結〉が認識世界のもの

か情報領域のものかを相違点とする関係にある。類似性に基づくメタファー的意味拡張をしていると考えられる。

(ii)「包括的意味（意味3）」と「認識的モダリティ」「確認要求」
「意味3」は、次例のような場合を言う。
　(57) お疲れでしょう。今日はゆっくりお休みください。
　　　　　　　　　　　　　　　　［安達1999 第8章例（43）］
この場合の「だろう」は「確認要求」とも「認識的モダリティ」とも言える。奥田（1984,1985）、安達（1999）、仁田（2000）などにおいて指摘さている認識的モダリティと確認要求との「双方にまたがる」（仁田2000: 125）用法に相当する。この場合、〈話者にとっての非現実世界〉〈変化可能性〉すなわち、認識的モダリティを表しているとも言えるし、〈聞き手の領域内の情報〉について述べ、「確認要求」を表しているとも言える。そしてその意味はどちらかに特定されていない。すなわち、両者を包括するスキーマ的意味の実現形だと考えられる。

7．おわりに

　「だろう」は「変化可能性」が否定されていないことを表す。この特徴は非現実世界が本来的に持つ特徴であり、「だろう」はそれを明示するのみである。つまり、話者なりに認識内容に限定を加えて述べる度合いは低く、非現実世界について述べる際、「非現実について述べている」とあえて注釈を付けることを表す形式だとも言える。

　「変化可能性」が否定されていないという特徴は、認識の「客体的・対象的」側面から「だろう」の意味を記述したものであるが、これを「主体的・作用的」側面からも捉えることができる。「主体的・作用的」側面から見れば、他者のあるいは他の時点の認識ではなく、あくまでも認識時の認識者の視点から見える認識世界について述べているという限定が付けられていることを意味する。「だろう」については、従来、真の主観表現であるという指摘がなされて

きた。これは「だろう」意味を「主体的・作用的」側面から的確に捉えていると言える。

　このように、「だろう」の意味には、主観性（発話時の話者の認識を表すという限定を受けること）が塗り込まれている。一方、他の認識的モダリティ形式の場合には、それぞれの「客体的・対象的」意味に応じて主観性の程度に差が生じる。認識的モダリティと主観性に関するこのような見方については、尾上（2001）に指摘がある。「非現実事態を表す際には、そこで結果的に話し手の思いが表現されるということもありうる→主観性（推量）」（尾上2001: 447）。

　「変化可能性」が否定されていないという本研究における記述は、「談話現場における判断形成過程」（森山1992）に負うところが大きい。本研究はこれを推論という枠組みの中で捉えなおしたわけだが、それにより他の認識的モダリティ形式との類似点と相違点が明確になったのではないかと思われる。とくに、論理の飛躍を表さないという、「かもしれない」と「だろう」との共通性の把握については得るものが大きい。「だろう」も「かもしれない」も手掛かりが存在することは示すものの、それがどのような特徴を持つのかは表さない。このことは両形式の場合、推論過程に論理的飛躍がないことを意味する。「かもしれない」は「可能性」を表す。「だろう」は、認識時にひとつの帰結を得るが、それが「変化可能性」を持つものであることを表す。どちらも、認識内容について強い主張を持たない。したがって認識の手掛かりは、話者の知識の総体であると理解されれば十分であり、手掛かりの特徴を明示しなくとも、論理の飛躍は含意されない。この特徴を持つことで「かもしれない、だろう」は推論の方向性に関して共通のふるまいを見せることになる。

　以上のように「変化可能性」という特徴によって「だろう」の主観的特徴、推論の方向性について示す特徴が説明可能となる。また、この特徴は、「確認要求」との間の意味的関連性も保証すると言うことができる。

*1 相手の発話をそのまま繰り返して尋ねる「問返し疑問」（安達1989）ならば容認される。
*2 ただし、名詞節、従属節内における出現の可否には意味的整合性が関与し、発話時の話者の認識を表す程度の差異をそのまま反映しているとは言い難い（ナロック2006）。
*3 宮崎（1993）の例文では、「じゃないか」との対比が示されている。また、例文中の「（私が）」は、本書が付け加えたものである。
*4 情報領域については金水（1992）、宮崎（1993）に負うところが大きい。
*5 木下（2001b: 12）の記述に若干の訂正を加えたものである。三宅（2011）にも類似の指摘がある。三宅（2011）における「命題確認の要求」「知識確認の要求」は、本研究における「意味2」の下位カテゴリー、つまり（56）の（B）と（C）に相当すると考えられる。ただし、三宅（2011）の記述は、次の点で本研究の記述とは異なると考えられる。1）（B）と（C）との間に「拡張」（メタファーの関係）が認められている。本研究は両者を文脈による変容とし、確立した多義的別義とは見ていない。2）「想像の中での認識」というスキーマを立てている。3）スキーマを意味間の共通性と捉え、独立の意味（意味3）として認めていない。
*6 次例の「ようだ」は、「聞き手にとっての現実」について述べているように思われる（第4章5.4節）。
　・（あなたは）ぼくの言っている意味がようやくわかったようですね。
しかし、この場合、「ようだ」はそのように認識できる状態の存在を述べており、「聞き手にとっての現実である」とみなしていることを表すわけではないと考えられる。したがって、確認要求とはならないのだと考えられる。

第10章
おわりに

1. 総括

　我々は、非現実世界をどのように認識しているのだろう。その多様な認識の有り様は認識的モダリティ形式の中に、どのように塗り込められているのだろうか。それが考察の出発点である。
　本研究が分析対象として取り上げたのは、以下の形式である。
（1）ようだ、らしい、（し）そうだ、はずだ、かもしれない、
　　にちがいない、だろう　　　　　　　［第1章（1）を再掲］
　分析において重要な役割を果たしたのは、本書のタイトルにもある推論である。先人の知見に導かれつつも、推論という新たな視点から見ることで、本研究なりに（1）の諸形式の意味の本質に一歩近づくことができたのではないかと思う。
　分析の枠組みとしての推論は、認識内容Qが何らかの手掛かりPから導かれる関係と規定され、かなり緩やかな広い概念である（第1章第4節、第5節）。認識的モダリティ形式（MOD）はこの関係を表示する。
（2）Q（MOD）：何らかの事態PとQとの間に関係（PからQが導かれる関係）がある。　　　　［第1章（50）を再掲］
　たとえば「明日は晴れるかもしれない」と言う場合、明日は晴れる（Q）という推論の帰結（非現実世界の認識）に「かもしれない」（MOD）が付くことで、何らかの手掛かり（P）と「明日は晴れる」（Q）との間に、導く、導かれるという関係が存在することが示される。
　推論（認識）は、「客体的・対象的」側面と、認識者がそれを認識するという「主体的・作用的」側面とから構成される。本研究の分析は推論の「客体的・対象的」側面から各形式の意味を捉え、

「主体的・作用的」側面に目配りをするという方向で進められた。推論の「客体的・対象的」側面は、次の二つに分けられる。

 (3)　「推論という枠組みから得られる視点」
   ＰとＱ（手掛かりと認識内容）との関係
   Ｑ（認識内容）の特徴　　　　　　　　　［第1章（51）を再掲］

この枠組みに基づいて、第2章では、以下の六つの視点を示した。「視点1」から「視点4」は、認識内容Ｑと手掛かりＰとの関係に関する特徴であり、「視点5」「視点6」は、認識内容Ｑに関する特徴である。

 (4)　視点1：推論には演繹推論と帰納推論とがある。
   視点2：推論の根拠と帰結とを結ぶ含意関係には、認知領域の異なるものがある。
   視点3：含意関係だけではなく、隣接関係や類似関係も推論の手段として用いられる。
   視点4：日常の推論は、例外を除くという非明示的な前提の下に成立する場合がある。
   視点5：推論の結果、ただひとつの帰結が導かれる場合（「必然性」）と、相互に矛盾する帰結が同時に導かれる場合（「可能性」）とがある。
   視点6：非現実世界（推論の帰結）は、変化する可能性が否定されていない場合がある。
        ［第2章（23）と（49）をあわせて再掲］

これらの視点から考察することにより、認識的モダリティ形式の意味は、次のように記述される。考察対象とする形式には多義性を示すものがあるが、ここに提示されているのは認識的モダリティとしての意味である。Ｑは、認識的モダリティ形式によって表示される認識内容（帰結）、Ｐは認識の手掛かりを指す。

 (5)　Ｑようだ：ＱがＰとカテゴリーの含有関係（ＰがＱを含む関係）がある可能性を表す。
    ＰからＱが導かれたことを述べれば「カテゴリー帰属（志向的）認識」となり、Ｑを導くことができるＰの存在について述べれば、「全体的類似性」の認識となる。

Qらしい：QがPの原因（「広義因果関係」の原因）である
　　　　　ことを表す。
　　　Qそうだ：QがPと隣接関係にあることを表す。
　　　Qはずだ：QがPと十分な含意関係（「法則」で結ばれる関
　　　　　係）にあることを表す。同時に「前提E」の存在を明
　　　　　示する。
　　　Qかもしれない：Qの「可能性」を表す。
　　　Qにちがいない：Qの「必然性」を表す。
　　　Qだろう：Qの「変化可能性」が否定されていないことを
　　　　　表す。
これは、各形式の意味を、認識の「客体的・対象的」側面から捉えて記述したものである。各形式は「客体的・対象的」側面から見た意味特徴に応じて発話時の話者の認識を表すという制約を受ける（主観性を表す）ことになる。中でも「だろう」の意味は主観性という観点から見て特異であり、次の（6）に示す「主体的・作用的」意味と「客体的・対象的」側面から見た意味が相即的である。
（6）Qだろう：Qが認識時の認識者の視点から見た非現実世界
　　　　であることを明示する。

2. 分析の視点と認識的モダリティとしての各形式の意味

2.1 推論という枠組みから得られる視点

　各形式の意味（5）を、（3）に示した推論の二つの要素という点から見るならば、次の（7）のようになる。
（7）「推論という枠組みから得られる視点」
　　　PとQ（手掛かりと認識内容）との関係を表す：
　　　　ようだ、らしい、（し）そうだ、はずだ
　　　Q（認識内容）の特徴を表す：
　　　　かもしれない、にちがいない、だろう
　「ようだ、らしい、（し）そうだ、はずだ」は、根拠P（手掛かり）と認識内容Qとの関係についての特徴を表すのに対し、「かもしれない、にちがいない、だろう」は、認識内容Qの特徴を表し、

手掛かりPについては存在することを示すのみで、どのような特徴を持つのかは表さない。

　このうちP（根拠）とQ（帰結）の関係を表示する形式については、次の二つの述べ方があり得る。

　（8）　Qと言えるPの存在について述べる。

　　　　（Pから導かれたものとして）Qについて述べる。

（第1章5.3節、第4章5.3節、第6章3.3節、
第9章4.2.2節）

「ようだ、（し）そうだ、はずだ」は、両方の述べ方が可能である。この点、「Pの存在について述べる」ことに比重を置いた表現に適さない「らしい」とは異なる。「Pの存在」について述べているのか「Qについて」述べているのかどちらか分別し難い場合もあるが、「Pの存在について述べる」とは、「ようだ、（し）そうだ」については〈現実の描写〉を主とする場合、「はずだ」については、認識結果と異なる現実が存在し、その両方の間で話者の認識がゆれるような場合である（第9章4.2.2節）。

　一方、認識内容Qの特徴を表す「かもしれない、にちがいない、だろう」は、それぞれの認識内容Qの特徴に応じ、推論過程について次のような特徴を含意する。

　（9）　Qかもしれない、Qだろう：Qを導くのにふさわしいPの
　　　　存在を示す（論理の飛躍を表さない）。

　　　　Qにちがいない：QとPとの間の論理の飛躍を表す。

［第9章（46）の表現を変えて再掲］

論理の飛躍の有無は、原因推論表示の適否に関わってくる。原因推論の中には、原因を推論しているという意識の強い推論（「原因探索型」）と、推論結果を因果という観点から見れば偶然原因であったにすぎない推論（「認識結果重視型」）があり、このうち「原因探索型」の原因推論には、論理の飛躍がある。「かもしれない、だろう」はこのタイプの原因推論に適さない（第8章第5節、第6節、第9章第5節）。

2.2 演繹推論・帰納推論（視点1）

(4) に示した六つの分析の視点は、各形式間の意味の類似点と相違点を反映している。以下、順に振り返っていく。

「視点1」は、演繹推論と帰納推論との区分である。演繹推論とは、論理的に妥当である（と話者が捉える）推論であり、帰納推論はそれ以外のすべての推論を言う。第2章（「認識的モダリティ分析の視点」）で見たように、論理的に妥当な推論とは、1）含意関係に沿った形で行われ、2）かつ、根拠と帰結との間に蓋然性の度合いの乖離がない（と話者が捉える）推論を言う（第2章 (36)）。

演繹か帰納かという視点から、各形式の意味を整理すると、次の(10) のようになる。帰納推論には多様な推論が含まれるため、下位カテゴリーを山括弧内に併記してある。根拠（手掛かり）と帰結とを結びつける推論の「知識の種類」は、次節で述べる「視点2」と「視点3」に関する事柄であるが、演繹、帰納の区分にも関連するため、ここに併記する。

(10) 推論の種類と知識

	推論の種類	知識の種類
ようだ	帰納推論〈カテゴリー帰属（志向的）認識〉	カテゴリーの含有関係
らしい	帰納推論〈遡及推論／リトロダクション〉	広義因果関係
(し) そうだ	帰納推論〈メトニミー的推論〉	隣接関係
はずだ	演繹推論	十分な含意関係
かもしれない、だろう	演繹推論	帰結表示にふさわしい含意関係
にちがいない	帰納推論	飛躍を含む含意関係

認識的モダリティ形式のうち演繹推論を表すのは「はずだ、かもしれない、だろう」である。このうち、「はずだ」は本研究で言うところの演繹推論の二つの条件、すなわち1）含意関係に順行する推論であり、2）根拠と帰結との間に蓋然性の度合の乖離がない、

第10章　おわりに　249

という条件を十分に満たしている。「かもしれない、だろう」は認識の手掛かりが存在することを示すのみであり、手掛かりの特徴について形式それ自体が述べるわけではない。したがって、特に文脈に示されていなければ、認識時の認識者の知識の総体を手掛かりとすると理解され、またこれらの形式の表す認識内容の特徴からすればその理解で十分であるために、推論が非論理的であること（妥当な推論ではないこと）は示されない。つまり演繹推論を表すと考えられる。

　帰納推論を表すのは、「ようだ、らしい、（し）そうだ、にちがいない」である。このうち、「ようだ、らしい、（し）そうだ」は、1) の要件を欠く。「ようだ」の表す推論を支える知識は「カテゴリーの含有関係」を基盤とした類似性であり、含意関係を順行する推論ではない。「らしい」の場合は「広義因果関係」であるが、これをさかのぼる（逆行する）推論であるため、帰納推論となる。「（し）そうだ」の場合は隣接関係に基づく認識を表すのであり、含意関係を順行する推論ではない。

　「にちがいない」の場合は、どのような根拠に基づく認識であるかを示さないにもかかわらず、ひとつの非現実世界が存在すると主張し、必然性を表す。ここに論理の飛躍が含意され、帰納推論となる。

2.3　推論の知識（視点2・視点3）

　推論の根拠の中でも、特に手掛かりと認識内容をつなぐのが「知識」である。認識的モダリティ形式の表す推論には、次のような「知識」が関わっている。

　　(11)「知識」の種類
　　　　　①「広義因果関係：pならばq」：らしい
　　　　　　「カテゴリーの含有関係」：ようだ
　　　　　②隣接関係にあるpとq：（し）そうだ
　　　　　③「法則：PならばQ」：はずだ
　　　　　④「知識：PならばQ」：
　　　　　　　　かもしれない、にちがいない、だろう

これらの知識を認知領域（Sweetser 1990）という観点から見れば、次の領域に属すると言うことができる（第2章3.2節）。これらの「知識」のうち、小文字のpとqを用いて表記されているのは内容領域内の関係であり、大文字のPとQを用いて表記されているのは認識領域の関係である。

（12）内容領域：①②
　　　認識領域：③④

①の「広義因果関係：pならばq」は「らしい」の表す推論を支える知識であり、「pならばqというように、事態は存在、生起するという、事態のあり方（存在や生起の仕方）についての認識の型」（第3章3.1節）のことを言う。たとえば「無理な運転をすれば事故が起きる」などがこれに当たる。「内容領域（content domain）」における含意関係である。

　「ようだ」の表す認識を支えるのは、「カテゴリーの含有関係」である。「広義因果関係」は「カテゴリーの含有関係」とも捉え得るが、その逆はそうとは限らない。未分化の感覚を言語化する認識（例：（コートを試着して）小さいようだ。）を支えるのは、「カテゴリーの含有関係」ではあるが、「広義因果関係」には含まれない（第4章第4節）。

　②の隣接関係は「（し）そうだ」の表す認識を支える知識である。隣接関係と「広義因果関係」は共に内容領域の関係であり、両者には重なるところもある。次の関係を見てみよう。

（13）「痛い」と「顔をゆがめる」

　「痛い」ことと「表情」とは、内面と外見として隣接関係を構成しており、同時に「広義因果関係」でもある。したがって、表情を見て「痛い」という感覚を推論する場合、「（し）そうだ」でも「らしい」でも表せる。

（14）（表情を見て）痛そうだ。
（15）（表情を見て）痛いらしい。

ただし、「らしい」は、「広義因果関係」を原因へさかのぼるという方向性を持たなければならない。したがって、次例の場合には言い

第10章　おわりに　251

換えができない。

(16) （怪我をして擦り傷ができている腕の写真を見て）
痛そうだ。
(17) ＊（怪我をして擦り傷ができている腕の写真を見て）
痛いらしい。

この容認度はあくまでも、腕の様子のみを見て述べる場合であり、泣いている、顔をゆがめている等々の写真はないものとする。

　この場合に「（し）そうだ」が容認されるのは「擦り傷ができている」と「痛い」という次の関係が、外見と内面として隣接関係を構成し、外から内へという自然な認識の順序性に沿っているからである。

(18) 「擦り傷ができている」と「痛い」

　しかし、(18)を「広義因果関係」として見るならば、「擦り傷が出来ている」ことは原因で「痛い」は結果である。「擦り傷ができている」ことから「痛い」ことを推論するのは結果推論となり、原因推論を表す「らしい」は不適である。

　③の「法則：PならばQ」は、「はずだ」の表す推論の「知識」であり、十分な一般性を持った含意関係を指す。

　「法則」は「広義因果関係」と属する認知領域が異なり、「認識領域（epistemic domain）」における含意関係の一種である。「法則」には、「内容領域（content domain）」の関係である「広義因果関係：pならばq」の逆も含まれ得る。たとえば「無理な運転をすれば事故が起きる」という「広義因果関係：pならばq」の逆（事故が起これば無理な運転をした）に十分な一般性があると捉えている話者にとっては、「法則」でもあるということになる。

　④の「知識：PならばQ」は「かもしれない、にちがいない、だろう」における推論の「知識」であり、「認識領域（epistemic domain）」における含意関係である。これらの形式はいずれも、手掛かりと認識内容との関係がどのような特徴を持つのか述べることはなく、文脈で手掛かりが明示されなければ、認識者の知識の総体に

基づく認識結果を表示していると理解される。これらの「知識」が「PならばQ」であると言うのは、根拠Pと帰結Qを結ぶ何らかの関係があるという程度の意味である。(10)の表で「かもしれない、にちがいない、だろう」の知識に言及した際、これらに関わる知識を単に「含意関係」と表示したのは、このためである。

2.4 推論における例外の排除（視点4）

　日常の推論には、例外的な事態を考慮しないという前提が関与する。本研究では、これを坂原（1985, 1993）にならって「前提E」と呼んだ。「前提E」は「はずだ」の表す推論を特徴付ける。「前提E」が関与することは、「はずだ」が十分な含意関係に基づく推論を表すことと無縁ではない。推論にもともと不確かさが含まれているならば、例外を意識すること自体あり得ない。「例外を除けば」という意味は、論理的に妥当な推論を表すからこそ持ち得る意味である。

　ただし、十分な含意関係に基づく推論において「前提E」が意識されている場合と、不確かさを含む不十分な含意関係に基づく推論との境界は、ややまぎらわしい。次の例を見てみよう。

(19) 名古屋で8時に東京行の新幹線に乗ったなら、10時に東京駅へ着くはずだ。

(20) 　　根拠P：名古屋から東京まで新幹線で2時間かかる。
　　　　　　　名古屋で8時に東京行の新幹線に乗った。
　　　　　　　途中で事故が起きない。（「前提E」）
　　　　　　　……………………………………………………
　　　帰結Q：10時に東京駅に着く。

　この時、「途中で事故が起きない」という「前提E」で表されている事態は、その頻度が高くなると、「知識」の中に取り込まれることになる。事故が多発し、2時間半かかったり3時間かかったりということが頻繁に起きるようになった場合、それはもはや例外的な事態ではなく、「知識」の中に取り込まれる。そして、「名古屋から東京まで新幹線で2時間ぐらいかかる」（「pならばおよそq」）という不確かさを含んだ「知識」が成立する。

「前提E」を意識しつつも含意関係を十分なものであると捉えるか、「前提E」を含意関係の中に取り込み、含意関係そのものを不確かなものであると捉えるかは、話者次第である。

2.5　可能性と必然性（視点5）

「視点5」から見た推論の特徴は、「かもしれない、にちがいない」を特徴付ける。「かもしれない」と「にちがいない」との相違は、「可能性」を表すか「必然性」を表すかという点にある。

「必然性（推論の結果ただひとつの帰結が導かれたこと）」を表すのは、「にちがいない」だけではない。「かもしれない」以外の形式も「にちがいない」とこの特徴を共有する。しかし、「にちがいない」以外の形式の場合、推論についてその他の点で特徴付けがなされている。特徴付けのあり方のひとつは、手掛かりと認識内容との関係の指定である。「はずだ」は十分な含意関係に基づいた推論結果を、「ようだ」はカテゴリー化がほぼ可能であることを表す。また「らしい」は「広義因果関係」をさかのぼって原因を推論したことを、「（し）そうだ」は隣接関係に基づいた推論を表すという具合である。「だろう」の場合は、認識内容の「変化可能性」を表すために、無条件に「必然性」を述べたてることにならない。

以上のように、単に「必然性」の表示という点だけで特徴付けられているのは「にちがいない」のみであり、「にちがいない」の場合、存在するはずの手掛かりの特徴が明示されないことが意味を持ち、その推論過程は論理の飛躍を合意する。

2.6　非現実世界の「変化可能性」（視点6）

「視点6」（認識内容の変化可能性が否定されていないこと）は、「だろう」の特徴である。この意味を持つことによって、「だろう」は、疑問文となるなど特異なふるまいを見せる。

また、「変化可能性」という認識内容の特徴は、認識内容が発話時の話者のものという限定付きであること、すなわち「だろう」が真の主観表現であることを意味する。

2.7 蓋然性

認識的モダリティ形式には、「蓋然性」を表すという共通性がある。「蓋然性」は、次のように概念規定される。

(21) 蓋然性：異なる推論の帰結（非現実世界）の存在が否定されていない。　　　　　　　　　　　［第2章（52）を再掲］

「蓋然性」は、各々異なる次のような理由で表される。

(22) ようだ：カテゴリー帰属認識を志向すること（極めて類似度の高い類似性）を表す。　　　　　（第4章参照）

らしい：「広義因果関係」をさかのぼる推論を表す。
　　　　　　　　　　　　　　　　　　　　（第4章参照）

(し)そうだ：隣接関係に基づく推論を表す。（第6章参照）

はずだ：「前提E」の存在が意識されていることを表す。
　　　　　　　　　　　　　　　　　　　　（第7章参照）

かもしれない：「可能性」を表す。　　　（第8章参照）

にちがいない：「必然性」を表す一方で、手掛かりとの関係について述べず、論理の飛躍を表す。　（第8章参照）

だろう：認識の「変化可能性」が否定されていないことを表す。　　　　　　　　　　　　　　　　（第9章参照）

以上のように、「蓋然性」は各形式の意味から、さまざまな理由でもたらされる。

3. 推論の諸特徴から見た形式間の類似性

従来、認識的モダリティには、次のような対立が認められてきた（第2章）。

(23) (i) 「ようだ、らしい」の意味が類似しており、また、「かもしれない、にちがいない」の意味が類似している。

(ii) 「はずだ」はそのどちらの類（「ようだ、らしい」の類とも「かもしれない、にちがいない」の類）とも類似する（あるいは対立する）意味を持つ。

(iii) 「だろう」は「ようだ、らしい、かもしれない、にちがいない、はずだ」と対立する意味を持つ。

[第2章 (3) を再掲]

　この対立は、本研究で示された意味記述の中にも読み取れる。(i) は、推論という枠組みのどこが特徴付けられているかという (7) の観点から見た対立、つまり、「認識内容と手掛かりとの関係を表す」「ようだ、らしい」と「認識内容の特徴」について述べる「かもしれない、にちがいない」との対立である。あるいは、推論に用いられる知識の認知領域に関する (12) の観点から見た場合の「内容領域（ようだ、らしい）」と「認識領域（かもしれない、にちがいない）」の対立であるとも言える。(iii) は「変化可能性」という「視点6」の観点から見た対立である。

　(ii) に見られるように「はずだ」の位置付けが一定しないのは、形式間の類似性を捉える視点の相違による。「はずだ」と「かもしれない、にちがいない、だろう」との類似性を捉えるのであれば、内容領域の関係ではなく、認識領域における含意関係に基づく認識を表すという共通性を取り出せばよい。「ようだ、らしい」との類似性を捉えるのであれば、(7) の観点から見ることで「認識内容と手掛かりとの関係を表す」という共通性を取り出せばよい。

　むろん、これらは類似性のひとつの見方にすぎないのであって、「視点4」に示した「前提E」の意識化の有無という観点から見れば、次の (24) に示すように「はずだ」は他の全ての形式と対立することになり、「視点5」の観点から見れば、次の (25) のような対立を示すことになる。

(24)「視点4」から見た場合
　　「前提E」の存在が意識されている：<u>はずだ</u>
　　「前提E」の存在が意識されていない：
　　　　ようだ、らしい、（し）そうだ、かもしれない、にちがいない、だろう
(25)「視点5」から見た場合
　　推論の結果ただひとつの帰結が導かれた：ようだ、らしい、<u>はずだ</u>、にちがいない、だろう
　　推論の結果相互に矛盾対立する帰結が同時に導かれた：
　　　　かもしれない

さらに、「視点6」として示した認識内容の「変化可能性」が否定されていないことの明示という観点から見れば、次のようになる。

(26)「視点6」から見た場合

  否定されていないことを明示する：だろう

  否定されていないことを明示しない：

   ようだ、らしい、（し）そうだ、かもしれない、にちがいない、<u>はずだ</u>

4．本書の意義と今後の課題

　本研究は推論という枠組みを設定し、認識的モダリティ形式の意味を分析してきた。枠組みとして設定された推論は、認識的モダリティ形式の意味を体系的に捉える上で有効であったと思われる。認識の手掛かりPと認識内容Qとの関係は、「ようだ、らしい、（し）そうだ、はずだ」の意味を特徴付ける決定的な要素となり、認識内容Qの特徴について述べる「かもしれない、にちがいない、だろう」にとっては、存在するはずの手掛かりの特徴について「述べない」ことが意味を持ってくる。これらは、推論という概念を広く捉えることで、はじめて見えた特徴だと言える。

　本研究で示した各形式の意味記述は、従来の記述における主要な知見とも矛盾しない。「ようだ、らしい」は証拠、「（し）そうだ」は未確認、「はずだ」は論理的妥当性、「かもしれない」は可能性、「にちがいない」は確信、「だろう」は推量を表すとする従来の記述における呼び名を、(5)に示した各形式に再び与えることも可能であるように思われる。たとえば、「広義因果関係」の原因方向に向かう推論を表すという「ようだ、らしい」の意味に「証拠性」という名を与え、隣接関係を構成するまだ確認されていない一方についての認識を表す「（し）そうだ」の意味を「未確認」と呼ぶという具合である。同様に、「必然性」を表す「にちがいない」の意味を「確信」と呼ぶことは可能であろう。

　先行研究の知見との間に齟齬がないことは、研究対象が同じであることからすれば自然であり、本研究の記述が妥当な範囲にあるこ

とを示していると言うことができる。その一方で、従来の記述が(5)に示した各形式の意味のラベルとしてふさわしいのであれば、研究の前進は見られないかのように見えるかもしれない。

　しかし、重要なのは、証拠、未確認、確信、想像、推量等々のメタ言語の概念の明確化は、考察に値する課題として残されていたということである。たとえば、証拠性を外界の現実に基づく認識と捉えるならば、それは「ようだ、らしい」の特徴の一面にすぎない。また、「(し)そうだ」に「未確認」という意味を認めるならば、未確認とは何かという問題が検討されなければならない。「はずだ」の意味に論理性を指摘するとき、現実からの乖離を示す前提を認める必要がある。「かもしれない」の表す推論過程には飛躍が含まれないと考えなければ原因推論の表示に不適であることは説明できない。これとは逆に「にちがいない」が確信を表すというとき、その推論過程には論理の飛躍を認める必要がある。「だろう」が推量を表すという場合、その実体を推論という枠組みの中で捉えることで、主観表現であるという特徴が見えてくる。

　このような考察を支えたのが推論という枠組みである。推論という枠組みの設定は、このように各形式の意味を捉える上でも、また形式間の意味の関連を捉える上でも有意義であったと思われる。

　推論という枠組みの設定の意義はそれだけではない。この枠組みにより、各形式の特徴に、人間の思考、認識そのものに深く関わる普遍的な概念が埋め込まれているさまを見出すことが可能となった。演繹、帰納といった論理学の基本概念、レトリックの議論が示す類似関係、隣接関係等々の関係性が認識的モダリティ形式の意味を特徴付けている。含意関係には認知領域の異なるものがあり、その相違が形式によって区別されている。認識的モダリティ形式に塗り込められている思考過程は特異なものではなく、極めて一般的なものであると言えるだろう。

　普遍性の高い概念との接点は、今後の発展の可能性につながる。ひとつは、推論という枠組みが、他言語との比較基準を提供する可能性である。帰結の特徴、根拠と帰結との関係性に関する特徴、さらに(4)に示した六つの視点が、他の言語の分析に資するところ

はないだろうか。「ようだ、らしい」の分析から見えた証拠性という概念は、他の言語の特徴把握に役立たないだろうか。認識の手掛かりとの関係を表示しない形式が原因推論に抵抗を示すという現象は、他言語に見られないだろうか。

　もうひとつは、日本語教育への応用の可能性である。一般的な概念を用いた記述は、言語の相違を超えた概念理解に寄与し、学習者のトップダウン的な文法理解において有効に働く可能性がある。むろん、学習には、使用例に基づくボトムアップ的な理解が欠かせない（田中茂範2004、田中茂範・佐藤・阿部2006）。また、意味記述を目的とする本研究の考察結果をそのまま教育現場に持ち込むことはできないであろう（白川2005）。しかし、本研究の考察結果が応用の素材となり得るか否か、検討の価値はあると思われる。

　認識的モダリティ形式の意味記述そのものについて残された課題は多い。第1章で述べたように、本研究の考察対象は限定されてもいる。各語の多義性に関する分析、婉曲などの談話機能についての考察は今後の課題である。

参考文献

安達太郎（1989）「日本語の問い返し疑問について」『日本語学』8-8　pp. 30–40

安達太郎（1999）『日本語疑問文における判断の諸相』くろしお出版

尼ヶ崎彬（1990）『ことばと身体』勁草書房

有田節子（2007）『日本語の条件文と時制節性』くろしお出版

石神照雄（1993）「推量の認識と構文」『国語学』174　pp. 28–41

石原淳也（1992）「日本語のModalityと発話の倫理的責任」田島毓堂、丹羽一彌編『日本語論究』3　和泉書院　pp. 21–44

井島正博（1994）「推量文の多層的分析」『成蹊大学文学部紀要』pp. 29–93

市川伸一（1997）『考えることの科学―推論の認知心理学への招待―』中央公論新社

伊藤丈志（1997）「「らしい」・「ようだ」の基本的意味と談話制約」『International journal of Pragmatics』7　pp. 69–84

今井信悟（1992）「モダリティ形式のモダリティ度」『日本語教育』77　pp. 62–75

大鹿薫久（1992）「「かもしれない」と「にちがいない」―叙法的意味の一端―」『ことばとことのは』9　和泉書院　pp. 127–134

大鹿薫久（1993a）「「だろう」を述語にもつ文についての覚書き」『日本語文芸研究』45　pp. 20–34

大鹿薫久（1993b）「推量と「かもしれない」「にちがいない」―叙法の体系化をめざして―」『ことばとことのは』10　和泉書院　pp. 96–104

大鹿薫久（1995）「本体把握―「らしい」の説」宮地裕・敦子先生古稀記念論集刊行会編『日本語の研究』明治書院　pp. 527–548

大島資生（2002）「現代日本語における「だろう」について」『東京大学留学生センター紀要』12　pp. 21–40

太田陽子（2005）「文脈から見たハズダの機能」『日本語教育』126　pp. 114–123

大場美穂子（1999）「いわゆる様態の「そうだ」の意味と用法」『東京大学留学生センター紀要』9　pp. 75–99

大場美穂子（2002）「日本語の助動詞「ようだ」と「らしい」の違いについて」『マテシス・ウニウェルサリス』3（2）　pp. 99–114

大堀俊夫（1991）「文法構造の類象性」『記号学研究』11　pp. 95–107

大堀俊夫（1992）「現代言語学のトピックス⑳ "The bike is near the house./?? The house is near the bike."〈認知図式と構文〉」『月刊言語』21（7）　pp.

82–85

岡部嘉幸（1998）「ハズダの用法について」『東京大学国語研究室創設百周年記念国語研究論集』汲古書院　pp.947–960

奥田靖雄（1984）「おしはかり（一）」『日本語学』3-12　pp.54–69

奥田靖雄（1985）「おしはかり（二）」『日本語学』4-2　pp.48–62

奥田靖雄（1993）「説明（その3）―はずだ―」言語学研究会編『ことばの科学』6　むぎ書房　pp.179–211

尾上圭介（2001）『文法と意味Ⅰ』くろしお出版

尾上圭介（2004）「主語と述語をめぐる文法」尾上圭介編『朝倉日本語講座　文法Ⅱ』朝倉書店　pp.43–57

風間力三（1964）「「死にそうだ」と「死ぬようだ」」『口語文法講座』3　明治書院　pp.158–168

柏岡珠子（1980）「ヨウダとラシイに関する一考察」『日本語教育』41　pp.169–178

紙谷栄治（1995a）「助動詞「ようだ」「らしい」について」宮地裕・敦子先生古稀記念論集刊行会編『日本語の研究』明治書院　pp.549–573

紙谷栄治（1995b）「助動詞「だろう」について」『関西大学文学論集』44　pp.199–213

菊地康人（2000a）「「ようだ」と「らしい」―「そうだ」「だろう」との比較も含めて―」『国語学』51-1　pp.46–60

菊地康人（2000b）「いわゆる様態の「そうだ」の基本的意味―あわせて、その否定各形の意味の差について―」『日本語教育』107　pp.16–25

木下りか（1996）「ヨウダ・ラシイ―ハズダとの比較による考察―」『熊本大学留学生センター紀要』1　pp.71–84

木下りか（1997a）「ハズダの意味分析―他の真偽判断のモダリティ形式と比較して―」『日本語教育』92　pp.165–176

木下りか（1997b）「カモシレナイ・ニチガイナイ―真偽判断のモダリティの体系における「可能性」―」『ことばの科学』10　pp.41–56

木下りか（1998a）「ヨウダ・ラシイ―真偽判断のモダリティの体系における「推論」―」『日本語教育』96　pp.154–165

木下りか（1998b）「「真偽判断」を表す文末形式と「既定性」」『ことばの科学』11　pp.171–182

木下りか（2001a）「事態の隣接関係と様態のソウダ」『日本語文法』1　pp.36–59

木下りか（2001b）「ダロウの意味」『阪大日本語研究』13　pp.1–17

木下りか（2004）「直喩形式と類似性―ヨウダとニテイル―」『大手前大学人文科学部論集』4　pp.153–164

木下りか（2006）「直喩と真偽判断―ヨウダの多義性と類似点の焦点化」『日本語の教育から研究へ』くろしお出版　pp.197–205

木下りか（2009）「因果関係の逆の成立と原因推論―ダロウの表わす推論過程―」『大手前大学論集』8　pp.125–136

木下りか（2010）「副詞ドウヤラと判断の焦点化」『大手前大学論集』10　pp.111–123

木下りか（2011）「カモシレナイ・ニチガイナイと推論の方向性」『大手前大学論集』11　pp. 91–103

木下りか（2012a）「推論の多義的解釈―認識的モダリティ意味記述のメタ言語―」『大手前大学論集』12　pp. 125–138

木下りか（2012b）「Content Domainにおける含意関係を遡るふたつの推論―「ようだ」と「らしい」から見えるもの―」『日本認知言語学会論文集』12　pp. 259–271

木下りか（2012c）「好像に対応するモダリティ形式」『台湾日語教育学報』18　pp. 173–202

金東郁（1992）「モダリティという観点から見た「ようだ」と「らしい」の違い」『日本語と日本文学』17　pp. 21–31

金水敏（1992）「談話管理理論からみた「だろう」」『神戸大学文学部紀要』19　pp. 41–59

金田一春彦（1953a）「不變化助動詞の本質（上）」『國語國文』22-2　pp. 1–18

金田一春彦（1953b）「不變化助動詞の本質（下）」『國語國文』22-3　pp. 15–35

工藤浩（2000）「副詞と文の陳述的なタイプ」森山卓郎・仁田義雄・工藤浩編『モダリティ』岩波書店　pp. 163–234

工藤真由美（1995）『アスペクト・テンス体系とテクスト』ひつじ書房

工藤真由美（2005）「「ようだ」「らしい」とテンス」『日語研究3』商務院書館　pp. 1–20

国広哲弥（1992）「「のだ」から「のに」・「ので」へ―「の」の共通性―」カッケンブッシュ寛子・尾崎明人・鹿島央・藤原雅憲・籾山洋介編『日本語研究と日本語教育』名古屋大学出版会　pp. 17–34

黒滝真理子（2005）『DeonticからEpistemicへの普遍性と相対性　モダリティの日英語対照研究』くろしお出版

ケキゼ，タチアナ（2000）「「（〜し）そうだ」の意味分析」『日本語教育』107　pp. 7–15

近藤洋逸・好並英司（1964）『論理学概論』岩波書店

坂原茂（1985）『日常言語の推論』東京大学出版会

坂原茂（1993）「条件文の語用論」益岡隆志編『日本語の条件表現』くろしお出版　pp. 185–201

佐藤信夫（1992〔= 1978〕）『レトリック感覚』講談社

澤田治美（2006）『モダリティ』開拓社

澤田治美（2012）「日英語の認識的・証拠的モダリティと因果性」澤田治美編『ひつじ意味論講座第4巻　モダリティⅡ：事例研究』ひつじ書房　pp. 63–82

品川恭子（1997）「「らしい」と「ようだ」―客観性、主観性の観点から―」『日本語教育論集』pp. 109–118

篠崎一郎（1981）「「ハズ」の意味について」『日本語教育』44　pp. 43–56

柴田武（1982）「ヨウダ・ラシイ・ダロウ」国廣哲彌・柴田武・長嶋善郎・山田進・浅野百合子『ことばの意味3 ―辞書に書いてないこと―』平凡社　pp. 87–94

白川博之（2005）「日本語学的文法から独立した日本語教育文法」野田尚史編『コミュニケーションのための日本語教育文法』くろしお出版　pp. 43-62

蒋家義（2011）「日本語の証拠性表現―証拠存在明示とソース明示―」『大学院論文集』8　pp. 1-14

杉村泰（2009）『現代日本語における蓋然性を表すモダリティ副詞の研究』ひつじ書房

瀬戸賢一（1997）「意味のレトリック」巻下吉夫・瀬戸賢一『文化と発想とレトリック』研究社　pp. 94-177

田窪行則（1987）「統語構造と文脈情報」『日本語学』6-5　pp. 37-48

田窪行則（2001）「現代日本語における2種のモーダル助動詞類について」梅田博之教授古稀記念論叢刊行委員会編『梅田博之教授古稀記念　韓国語文学論叢』太学社　pp. 1003-1025

田中茂範（2004）「基本語の意味のとらえ方―基本動詞におけるコア理論の有効性―」『日本語教育』121　pp. 3-13

田中茂範・佐藤芳明・阿部一（2006）『英語感覚が身につく実践的指導』大修館書店

田中俊子（1988）「いわゆる推量のラシイとヨウダ―モダリティの強弱とコトの内容の構造の観点から―」『東北大学日本語教育論集』3　pp. 57-70

田中俊子（1993）「「～カモシレナイ」について」『東北大学留学生センター紀要』1　pp. 23-29

谷口一美（2003）『認知意味論の新展開：メタファーとメトニミー』研究社

田野村忠温（1990a）「文における判断をめぐって」崎山理編『アジアの諸言語と一般言語学』三省堂　pp. 785-795

田野村忠温（1990b）『現代日本語文法Ⅰ「のだ」の意味と用法』和泉書院

田野村忠温（1991a）「現代語における予想の「そうだ」の意味について―「ようだ」―との対比を含めて―」『国語語彙史の研究』12　和泉書院　pp. 左1-20

田野村忠温（1991b）「「らしい」と「ようだ」の意味の相違について」『言語学研究』京都大学言語学研究室　pp. 62-78

田野村忠温（2004）「現代語のモダリティ」尾上圭介編『朝倉日本語講座　文法Ⅱ』朝倉書店　pp. 215-234

田村直子（1995）「ハズダの意味と用法」『日本語と日本文学』21　pp. 43-53

デイヴィス，ウイリアム・H（1990）『パースの認識論』赤木昭夫訳　産業図書（William, H. D. (1972) Peirce's Epistemology. The Hague: Nijhoff.）

寺村秀夫（1984）『日本語のシンタクスと意味Ⅱ』くろしお出版

時枝誠記（1941）『國語學原論』岩波書店

中畠孝幸（1990）「不確かな判断―ラシイとヨウダ―」『三重大学日本語学文学』1　pp. 25-33

中畠孝幸（1991）「不確かな様相―ヨウダとソウダ―」『三重大学日本語学文学』2　pp. 26-33

中畠孝幸（1992）「不確かな伝達―ソウダとラシイ―」『三重大学日本語学文学』3　pp. 15-24

中畠孝幸（1993）「確かさの度合い―カモシレナイ・ニチガイナイ―」『三重大

学日本語学文学』4　pp.13–20
中村明（1977）『比喩表現の理論と分類』秀英出版
中村亘（2003）「「はず」における推論─〈予定〉〈記憶〉〈確認〉をめぐって─」『日本語教育』117　pp.13–22
ナロック, ハイコ（2002）「意味論的カテゴリーとしてのモダリティ」大堀壽夫編『シリーズ言語科学3　認知言語学Ⅱ　カテゴリー化』東京大学出版会　pp.217–251
ナロック, ハイコ（2006）「従属節におけるモダリティ形式の使用」『日本語文法』6-1　pp.21–37
仁田義雄（1989）「現代日本語文のモダリティの体系と構造」仁田義雄・益岡隆志編『日本語のモダリティ』くろしお出版　pp.1–56
仁田義雄（1991）『日本語のモダリティと人称』ひつじ書房
仁田義雄（2000）「認識のモダリティとその周辺」森山卓郎・仁田義雄・工藤浩『日本語の文法3　モダリティ』岩波書店　pp.81–159
日本語記述文法研究会編（2003）『現代日本語文法4』くろしお出版
野内良三（2000）『レトリックと認識』日本放送出版協会
野内良三（2003）『実践ロジカル・シンキング入門』大修館書店
野田尚史（1984）「～にちがいない／～かもしれない／～はずだ」『日本語学』3-10　明治書院　pp.111–119
野林靖彦（1999）「類義のモダリティ形式「ヨウダ」「ラシイ」「ソウダ」─三水準にわたる重層的考察─」『国語学』197　pp.左54–68
野村剛史（2003）「モダリティ形式の分類」『国語学』54-1　pp.17–31
服部雅史（2010）「演繹推論と帰納推論」楠見孝編『思考と言語』北大路書房　pp.2–29
早津恵美子（1988）「「らしい」と「ようだ」」『日本語学』7-4　明治書院　pp.46–61
藤城浩子（1996）「ヨウダ、ラシイ、─ソウダ、ダロウ─現状への事態の現れ、事態めあて、という2つの軸での比較」『三重大学日本語学文学』pp.左43–55
牧原功（1994）「蓋然性判断のムード形式と疑問化」『言語学論叢』13　pp.13–24
益岡隆志（1991）『モダリティの文法』くろしお出版
益岡隆志（2002）「判断のモダリティ─現実と非現実の対立─」『日本語学』21-2　明治書院　pp.6–16
益岡隆志（2007）『日本語モダリティ探究』くろしお出版
益岡隆志・田窪行則（1992）『基礎日本語文法─改定版─』くろしお出版
益岡隆志・野田尚史・森山卓郎編『日本語文法の新地平2　文論編』くろしお出版
松田礼子（1994）「「はずだ」に関する一考察─推理による観念の世界と、その外に実在する現実の世界をめぐって─」『武蔵大学人文学会雑誌』26-1　pp.53–89
三浦俊彦（2000）『論理学入門』日本放送出版協会
南不二男（1974）『現代日本語の構造』大修館書店

南不二男（1993）『現代日本語文法の輪郭』大修館書店
三原健一（1995）「概言のムード表現と連体修飾節」仁田義雄編『複文の研究（下）』くろしお出版　pp. 285–307
三宅知宏（1992）「認識的モダリティにおける可能性判断について」『待兼山論叢日本学編』26　pp. 35–47
三宅知宏（1993）「認識的モダリティにおける確信的判断について」『語文』61　pp. 36–46
三宅知宏（1994）「認識的モダリティにおける実証的判断について」『国語国文』63-11　pp. 20–34
三宅知宏（1995）「「推量」について」『国語学』183　pp. 86–76
三宅知宏（2006）「「実証的判断」が表される諸形式—ヨウダ・ラシイをめぐって—」益岡隆志・野田尚史・森山卓郎編『日本語文法の新地平2 文論編』くろしお出版　pp. 119–136
三宅知宏（2011）『日本語研究のインターフェイス』くろしお出版
宮崎和人（1993）「「〜ダロウ」の談話機能について」『国語学』175　pp. 左63–50
宮崎和人（2002）「認識のモダリティ」宮崎和人・安達太郎・野田春美・高梨信乃『新日本語文法選書4』くろしお出版　pp. 121–171
籾山洋介（1997）「慣用句の体系的分類—隠喩・換喩・提喩に基づく慣用的意味の成立を中心に—」『名古屋大学国語国文学』80　pp. 29–43
籾山洋介（1998）「換喩（メトニミー）と提喩（シネクドキー）—諸説の整理・検討—」『名古屋大学日本語・日本文化論集』6　pp. 59–81
籾山洋介（2000）「名詞「もの」の多義構造」山田進・菊地康人・籾山洋介編『日本語 意味と文法の風景』ひつじ書房　pp. 177–191
籾山洋介（2001）「多義語の複数の意味を統括するモデルと比喩」山梨正明他編『認知言語学論考 No.1』　pp. 29–58　ひつじ書房
籾山洋介（2010）『認知言語学入門』研究社
森田良行（1980）『基礎日本語』2　角川書店
森本順子（1994）『話し手の主観を表す副詞について』くろしお出版
森山卓郎（1989a）「認識のムードとその周辺」仁田義雄・益岡隆志編『日本語のモダリティ』くろしお出版　pp. 57–74
森山卓郎（1989b）「内容判断の一貫性の原則」仁田義雄・益岡隆志編『日本語のモダリティ』くろしお出版　pp. 75–94
森山卓郎（1989c）「コミュニケーションにおける聞き手情報—聞き手情報配慮非配慮の理論—」仁田義雄・益岡隆志編『日本語のモダリティ』くろしお出版　pp. 95–120
森山卓郎（1992）「日本語における「推量」をめぐって」『言語研究』101　pp. 64–83
森山卓郎（1995a）「推量・比喩比況・例示—「よう／みたい」の多義性をめぐって—」宮地裕・敦子先生古稀記念論集刊行会編『日本語の研究』明治書院　pp. 493–525
森山卓郎（1995b）「ト思ウ，ハズダ，ニチガイナイ，ダロウ，副詞〜φ—不確実だが高い確信があることの表現—」宮島達夫・仁田義雄編『日本語類義

表現の文法（上）』くろしお出版　pp.171–182
森山卓郎（2000）「基本叙法と選択関係としてのモダリティ」森山卓郎・仁田義雄・工藤浩『日本語の文法3　モダリティ』岩波書店　pp.3–77
森山卓郎（2002）「可能性とその周辺―「かねない」「あり得る」「可能性がある」等の迂言的表現と「かもしれない」―」『日本語学』21-02　明治書院　pp.17–27
山田進（1982）「チガイナイ・ハズダ」国廣哲彌・柴田武・長嶋善郎・山田進・浅野百合子『ことばの意味3―辞書に書いてないこと―』平凡社　pp.95–103
山梨正明（1988）『比喩と理解』東京大学出版会
幸松英恵（2007）「時間的に逆行している推論に関する一考察」『日本語文法』7-2　pp.120–136
湯本久美子（2004）『日英語認知モダリティ論―連続性の視座』くろしお出版
米盛裕二（2007）『アブダクション　仮説と発見の論理』勁草書房
渡辺慧（1978）『認識とパタン』岩波書店

Aikhenvald, A. Y. (2004) *Evidentiality*. Oxford: Oxford University Press.
Aoki, H. (1986) "Evidentials in Japanese," *Evidentiality: The Linguistic Coding of Epistemology*, ed. by W. Chafe and J. Nichols. Norwood: Ablex, pp.223–238.
Black, M. (1962) *Models and Metaphors*. Ithaca: Cornell University Press.
Glucksberg, S. and Keyser, B. (1990) "Understanding Metaphorical Comparisons: Beyond Similarity," *Psychological Review* 97, pp.3–18.
Johnson, M. (1987) *The Body in the Mind: The Bodily Basis of Meaning, Imagination, and Reason*. Chicago: University of Chicago Press.（萱野盾樹・中村雅之訳（1991）『心のなかの身体：想像力へのパラダイム転換』紀伊國屋書店）
Lakoff, G. and M. Johnson (1980) *Metaphors we live by*. Chicago: University of Chicago Press.（渡辺昇一・楠瀬淳三、下谷和幸訳（1986）『レトリックと人生』大修館書店）
Langacker, R. W. (1987) *Foundations of Cognitive Grammar*, Vol. 1. Stanford: Stanford University Press.
Langacker, R. W. (1991) *Foundations of Cognitive Grammar*, Vol. 2. Stanford: Stanford University Press.
Langacker, R. W. (2008) *Cognitive Grammar: A Basic Introduction*. Oxford: Oxford University Press.（山梨正明監訳（2011）『認知文法論序説』研究社）
Lyons, J. (1977) *Semantics*, Vol. 2. Cambridge: Cambridge University Press.
Palmer, F. R. (1986) *Mood and Modality*. Cambridge: Cambridge University Press.
Palmer, F. R. (1990) *Modality and the English Modals* (2nd ed.). London: Longman.

Palmer, F. R. (2001) *Mood and Modality*(2nd ed.). Cambridge: Cambridge University Press.

Peirce, C. S. (1965) *Collected Papers 5*. Cambridge: Harvard University Press.

Sweetser, E. E. (1990) *From Etymology to Pragmatics: Metaphorical and Cultural Aspects of Semantic Structure*. Cambridge: Cambridge University Press. (澤田治美訳 (2000)『認知意味論の展開:語源学から語用論まで』研究社)

Talmy, L. (1978) "Figure and Ground in Complex Sentences," *Universals of Human Language*, Vol. 4, ed. by Greenberg, J. et al. Stanford: Stanford University Press, pp.627-649.

Warren, B. (1999) "Aspects of Referential Metonymy," *Metonymy in Language and Thought*, ed. by Klaus-Uwe Panther and Günter Radden. Amsterdam: John Benjamins, pp.121-135.

実例の出典
・一般の書籍からの引用例の出典は以下のとおりである。
『秋の終わりの旅』(1976) 渡辺淳一 講談社文庫
「あの人に似ている」作詞・作曲さだまさし
『神の火』(1995) 高村薫　新潮文庫
『下流の宴』(2010) 林真理子　毎日新聞社
『消えたエース』(1985) 西村京太郎　角川文庫
『危険な童話』(1991) 阿刀田高　新潮文庫
『奇しくも同じ日に……』(1987) 佐野洋　講談社文庫
『コーヒーブレイク11夜』(1984) 阿刀田高　文春文庫
『幸福という名の不幸』(1975) 曽野綾子　講談社文庫
『残像』(1977) 三浦綾子集英社、
『ステップファザーステップ』(1993) 宮部みゆき　講談社
『ゼロの焦点』(1959) 松本清張　新潮社
『虹への旅券』(1977) 森村誠一　講談社文庫
『猫を数えて』(1990) 阿刀田高　講談社
『不安な録音機』(2001) 阿刀田高　文春文庫
『返事はいらない』(1991) 宮部みゆき　新潮文庫
『眼の壁　松本清張小説コレクション』(1995) 松本清張　中央公論社
『夕御飯食べた?』(1975) 田辺聖子　新潮文庫
『容疑者Xの献身』(2005) 東野圭吾　文芸春秋
『レベル7』(1993) 宮部みゆき　新潮文庫

・『新潮文庫の百冊』(1995) CD-ROM版からの引用例の出典は以下のとおりである。
『一瞬の夏』沢木耕太郎
『黒い雨』井伏鱒二
『女社長に乾杯!』赤川次郎

『雁の寺・越前竹人形』水上勉
『国盗り物語』司馬遼太郎
『孤高の人』新田次郎
『忍ぶ川』三浦哲郎
『砂の上の植物群』吉行淳之介
『砂の女』阿部公房
『処女懐胎』石川淳
『青春の蹉跌』石川達三
『世界の終わりとハードボイルド・ワンダーランド』村上春樹
『沈黙』遠藤周作
『点と線』松本清張
『楡家の人々』北杜夫
『野火』大岡昇平
『放浪記』林芙美子

・青空文庫（http://www.aozora.gr.jp）からの引用例の出典は以下のとおりである。
『非凡なる凡人』国木田独歩

・現代書き言葉均衡コーパスからの引用例の出典は、以下のとおりである。
『奄美ほこらしゃ』和眞一郎（2005）南方新社
『一冊の本／2001年3月号』小島信夫（2001）朝日新聞社
『オバケヤシキ』倉阪鬼一郎（2005）光文社
『神戸発、尾道まで行ってきます』森下尊久（2001）文芸社
『ジールス国脱出記』水木楊（1990）新潮社
『疾駆する夢』佐々木譲（2002）小学館
『小説新潮／2003年11月号』新潮社
『住んでみたいサウジアラビア』樋口健夫・樋口容視子（1986）サイマル出版
『ナファヌア　熱帯雨林を救う森の守護神』ポー・アラン・コックス（著）、岸本正之（訳）（2003）サクセス・マルチミディア・インク；東宣出版
『花雪の降る場所で』穂高巴里（2005）文芸社
『パラダイス・サーティー下巻』乃南アサ（2003）新潮社
『ひまわり』小山田歩美（2005）日本文学館
『北辰群盗録』佐々木譲（1999）集英社
『無明の闇』椹野　道流（2000）講談社
『ワーグナー紀行』塩山千仞（2004）春秋社
『わが子を算数大好きに変える本』小宮山博仁（1995）ごま書房

・第5章において（Webサイトより）と記載のある用例は、検索エンジンGoogleによる検索結果である。検索時期は、2003年9月から11月。
例（10）（http://www2.biglobe.ne.jp/oni_page/other/aqa/menu.html）
例（27）（http://www.infoseek.livedoor.com/~iida_tetuya/taiho0090.htm）
例（38）（http://plaza.rakuten.co.jp/conan0929/004030）

例（39）（http://www.rak2.jp/town/user/yamadaichiro/daialy1.html）
例（40）（www.himajin.net/diary/p1357.html）
例（41）（www.kt.rim.or.jp/~hakusan/SAMPLE/gogo3ji.html）
例（44）（www.h5.dion.ne.jp/~tehai/kenkyukaitoha.htm）
例（45）（www2u.biglobe.nejp/~yaaiju/）

あとがき

　1980年代後半から日本語のモダリティ研究が盛んになり、私が大学院に進学したのはその勢いの強さを感じる頃だった。次々と提示される研究成果は興味深く、考えていくべき豊かな世界を感じさせてくれた。モダリティを研究対象として選んだ理由のひとつには、このような時代の背景があった。学部生のとき教育心理学を専攻し、理解や思考など高次の認知能力について学んだことは、認識に対する関心に自然につながっていった。もしかすると高校までの英語の授業で法助動詞の学習に苦労した経験も、日本語の認識的モダリティについて知りたいという動機のひとつであったのかもしれない。

　大学院在籍中は、主指導教官として籾山洋介先生にご指導いただいた。言語学の基礎からご教示いただき、ことばを通して人間理解が可能であることを教えていただいた。また、論文執筆にあたっては広い視野からきめ細やかな指導を賜った。論文の経過報告は、理解が不十分で的確な記述ができないままに提出することがよくあった。しかしそんな稚拙な思考と記述の中にも何かを書こうとしているのだと常に認めていただいた。意味が不明の部分についてはレポートの余白に小さく印が付けられ、その部分について問いかけていただき掘り下げて考えるように励まされた。

　今振り返ってみれば、本書の骨格は、籾山先生の指導を受ける中でほぼ出来上がっていたと言うことができる。本書における認識的モダリティとレトリックとの関連についての考察は、先生のご指摘を端緒としている。大学院修了後の時間は、すでにある枠組みの間隙を埋めていく作業の時間、あるいは単に心象としてしか捉えられなかった事柄を文字で伝えるための熟成期間にすぎなかったとも言える。考察の責任が著者にあるのは言うまでもないが、本書のすべての基盤は大学院在籍の時にあると感じている。

大学院在籍中、滝沢直宏先生には副指導教官としてご指導いただき、言語使用の実態に基づく地に足をつけた分析の面白さと重要性を教えていただいた。先生の教えは、結論を急ぎがちなとき、淡々とことばに向い続ける地道な努力の大切さを思い出させ、戒めてくれている。

　大学の置かれている環境は大きく変化し続け、数年前を振り返るだけでも隔世の感がある。大学に職を得てからは日々の仕事に忙殺され、生活者としても時間に追われた。研究を継続していくにあたり、籾山先生主催の現代日本語学研究会の力は大きかった。ささやかな考察に耳を傾けてくれる人がいることがありがたく、励まされ勇気づけられた。研究会に参加の先生方、大学院生として同じ時代を過ごした人たちや大学院生の人たちと出会える貴重な機会でもあり、常に大きな刺激を受けている。

　本書の刊行にあたっては、ひつじ書房の松本功氏に大変お世話になった。広く門戸を開き、出版について相談の機会を提供していただかなければ、とても本書を世に出す勇気はなかった。編集を担当していただいた板東詩おり氏のご苦労にも感謝申し上げたい。校正の際にはかなり迷惑をおかけしたと思うが、笑顔で手際よく作業を進めてくださった。大変すまないと思っている。

　本書の刊行を契機に、ことばについて考えることが好きだという原点に返ることができた。共に考えることを楽しむのだという教師としての基盤を確認することもできた。勉強不足と力不足で十分に書くことができなかった箇所については忸怩たる思いもあるが、今後の自分への課題として前向きに捉えようと思う。

　最後に、日々の生活に共に立ち向かい精神的にも支えてくれている夫と、成長の喜びと楽しみを教えてくれる二人の子供たちに心から感謝したい。家族の存在なしで本書の刊行はあり得なかった。

　なお、本書は平成24年度科学研究費補助金（研究成果公開促進費）学術図書の交付を受けて刊行された。

　　2013年2月　　　　　　　　　　　　　　　　　　　　木下りか

索引

あ
アブダクション 46, 122
暗黙の前提 48, 53, 75

い
一般と特殊 44, 69, 102, 124, 156
因果関係 71

え
演繹推論 3, 24, 33, 44, 177, 184, 185, 208, 210, 249
婉曲 5, 125

か
外延 99
外観 150
蓋然性 15, 37, 39, 56, 80, 185, 194, 209, 255
蓋然性の度合の乖離 50, 209
確言／断定含有の立場 14
確言／断定非含有の立場 14
確言形 7, 14, 80, 184-185, 194
確信 191, 194, 257
確認要求 5, 218, 235
仮想世界 78
カテゴリー帰属（志向的）認識 96
可能性 54, 81, 191, 193, 231, 234, 254
「〜から」 71, 79, 88, 202, 204, 207, 212
含意関係 43, 50, 172, 207
感情・感覚 150, 160
含有関係 156

き
聞き手 116, 235
疑似モダリティ 40
既定性 84, 104, 124
帰納推論 3, 24, 44, 81, 208, 210, 249
客体的・対象的 8, 15, 22, 31, 43, 54, 221, 229, 245
客観性／一般性 229
客観的な事実 68, 83, 121
逆行型 199

く
クラスタリング 141

け
原因推論 33, 68, 81, 86, 189, 195, 199, 232
原因探索型 198, 210, 232
原因と結果 69, 103
言語化 25, 65, 101, 106, 251
言語類型 63
現実 1, 219, 225, 236

こ
広義因果関係 69, 96, 196, 198
広義因果関係の操作的定義 71
高次認識 149, 161

さ
作中人物の意識の対象化 228

273

し

指示 132, 136
視点1（演繹推論・帰納推論） 43, 58, 81, 88, 123, 246
視点2（認知領域） 43, 58, 70, 88, 187, 213, 246
視点3（隣接関係・類似関係） 44, 58, 123, 172, 246
視点4（推論における例外の排除） 44, 58, 177, 187, 246
視点5（可能性・必然性） 54, 58, 246
視点6（変化可能性） 54, 58, 219, 246
地と図 120
シネクドキー 42, 51, 156, 173, 238
主観／主観表現 8, 11, 36, 215, 221
主体的・作用的 8, 15, 22, 31, 43, 221, 242, 245
順行型 199
条件節 77, 183
証拠／証拠性 16, 27, 32, 36, 39, 63, 65, 170, 186, 257
小説の地の文 224, 227
真正モダリティ 40, 218, 215, 222

す

推量 216, 218, 257
推量判断実践文 13
推論 22, 30
推論の方向性 29, 48, 189, 194, 221, 232

せ

性質・内情 143, 146
責任 109, 210, 212
全体的類似性 97, 104, 133
全体と部分 107, 158, 162, 164, 173
前提E 177, 253

そ

遡及推論 122, 249

た

多義 4
探索過程 27
談話現場における判断形成過程 217

ち

知覚可能 148
知覚の連続性 153
力のダイナミクス 18
知識 43, 47, 53, 54, 148, 154, 182, 249, 250
知識：q→p 74, 199
知識確認の要求 240
知識の総体 21, 30, 209, 234, 250
知識表明文 13
直前 143, 147
直喩 5, 94, 127

て

手掛かり 21, 211
典型 5
伝聞 64, 111

な

内包 99, 107
内容領域 51, 70, 80, 187, 251, 252
納得 5

に

日常の推論 3, 42, 53, 179, 186
認識結果重視型 198, 232
認識時の認識者 221, 228
認識的モダリティ形式 7
認識内容の提示 160
認識内容の特徴 22, 31, 43, 54, 58, 194, 208, 234, 247
認識内容（帰結）と手掛かり（根拠）との関係 9, 22, 31, 43, 58, 208, 238, 247

認識領域　51, 70, 80, 187, 251, 252
認知領域　50, 187, 251

は

パターン認識　26, 118, 121, 141
発話時の発話者　9, 228

ひ

非現実　1, 8, 9, 12, 26, 30, 225, 236
必然性　54, 191, 193, 208, 234, 254
否定形、過去形　222
描写　113, 117, 154, 160, 226

ふ

部分的類似性　97, 137
分析の枠組み　42, 245

へ

変化可能性　57, 219, 235, 254

ほ

包括的意味　237
法則：PならばQ　177, 252
本体把握　118
本来確認可能　144
本来確認不可能　144

み

未確認　143, 166, 257

め

名詞述語文　202, 206
命題確認の要求　240
メタ言語　2, 22, 36
メタファー　42, 51, 156, 140, 238
メトニミー　42, 52, 95, 156, 172

も

目的因　86, 105
モノと属性　70, 103

り

理由節　77, 183
隣接関係　33, 44, 95, 124, 154, 156, 251

る

類似性　6, 44, 95, 124

れ

レトリック　4, 42

ろ

論理的に妥当な推論　44, 249, 253
論理の飛躍　83, 208, 234, 242, 250

わ

話者の捉え方　47, 96

木下りか（きした りか）

略歴

名古屋大学大学院文学研究科博士課程修了。名古屋大学大学院国際言語文化研究科助手、大阪大学大学院文学研究科講師を経て、現在、大手前大学総合文化学部准教授。博士（名古屋大学）。

主な論文

「ヨウダ・ラシイ—真偽判断のモダリティの体系における「推論」—」『日本語教育』96（1998年）、「事態の隣接関係と様態のソウダ」『日本語文法』1（2001年）、「Content Domainにおける含意関係を遡るふたつの推論—「ようだ」と「らしい」から見えるもの—」『認知言語学会論文集』12（2012年）など。

ひつじ研究叢書〈言語編〉第107巻
認識的モダリティと推論

発行	2013年2月14日　初版1刷
定価	7600円＋税
著者	©木下りか
発行者	松本功
ブックデザイン	白井敬尚形成事務所
印刷所	三美印刷株式会社
製本所	三省堂印刷株式会社
発行所	株式会社 ひつじ書房

〒112-0011　東京都文京区千石2-1-2 大和ビル2階
Tel: 03-5319-4916　Fax: 03-5319-4917
郵便振替 00120-8-142852
toiawase@hituzi.co.jp　http://www.hituzi.co.jp

ISBN978-4-89476-630-3

造本には充分注意しておりますが、落丁・乱丁などがございましたら、小社かお買上げ書店にておとりかえいたします。
ご意見、ご感想など、小社までお寄せ下されば幸いです。

刊行のご案内

〈ひつじ研究叢書（言語編） 第73巻〉

現代日本語における
蓋然性を表すモダリティ副詞の研究

杉村泰 著　定価6,200円+税

〈ひつじ研究叢書（言語編） 第82巻〉

意志表現を中心とした
日本語モダリティの通時的研究

土岐留美江 著　定価6,200円+税

〈神奈川大学言語学研究叢書1〉

発話と文のモダリティ
対照研究の視点から

武内道子・佐藤裕美 編　定価6,300円+税

〈神奈川大学言語学研究叢書2〉

モダリティと言語教育

富谷玲子・堤正典 編　定価4,200円+税